मनोहर श्याम जोशी

प्रतिनिधि व्यंग्य

सम्पादक

भगवती जोशी
प्रभात रंजन

राजकमल पेपरबैक्स

राजकमल पेपरबैक्स में
पहला संस्करण : 2016
तीसरा संस्करण : 2024

राजकमल पेपरबैक्स : उत्कृष्ट साहित्य के जनसुलभ संस्करण

राजकमल प्रकाशन प्रा.लि.
1-बी, नेताजी सुभाष मार्ग, दरियागंज
नई दिल्ली-110 002
द्वारा प्रकाशित

शाखाएँ : अशोक राजपथ, साइंस कॉलेज के सामने, पटना-800 006
पहली मंजिल, दरबारी बिल्डिंग, महात्मा गांधी मार्ग, प्रयागराज-211 001
1, अनमोल सोराबजी संतुक लेन, धोबी तलाव, मरीन लाइंस, मुम्बई-400 002
वेबसाइट : www.rajkamalprakashan.com
ई-मेल : info@rajkamalprakashan.com

बी.के. ऑफसेट
नवीन शाहदरा, दिल्ली-110 032
द्वारा मुद्रित

मूल्य : ₹ 199

PRATINIDHI VYANGYA
Satire by Manohar Shyam Joshi

ISBN : 978-81-267-2835-0

मनोहर श्याम जोशी

जन्म : 9 अगस्त, 1933 को अजमेर में।

लखनऊ विश्वविद्यालय के विज्ञान स्नातक मनोहर श्याम जोशी 'कल के वैज्ञानिक' की उपाधि पाने के बावजूद रोजी-रोटी की खातिर छात्र-जीवन से ही लेखक और पत्रकार बन गए। अमृतलाल नागर और अज्ञेय–इन दो आचार्यों का आशीर्वाद उन्हें प्राप्त हुआ। स्कूल मास्टरी, क्लर्की और बेरोजगारी के अनुभव बटोरने के बाद 21 वर्ष की उम्र से वह पूरी तरह मसिजीवी बन गए। प्रेस, रेडियो, टी.वी. वृत्तचित्र, फिल्म, विज्ञापन-सम्प्रेषण का ऐसा कोई माध्यम नहीं जिसके लिए उन्होंने सफलतापूर्वक लेखन-कार्य न किया हो। खेल-कूद से लेकर दर्शनशास्त्र तक ऐसा कोई विषय नहीं जिस पर उन्होंने कलम न उठाई हो। आलसीपन और आत्मसंशय उन्हें रचनाएँ पूरी कर डालने और छपवाने से हमेशा रोकता रहा। पहली कहानी तब छपी जब वह अठारह वर्ष के थे लेकिन पहली बड़ी साहित्यिक कृति तब प्रकाशित करवाई जब सैंतालीस वर्ष के होने को आए। केन्द्रीय सूचना सेवा और टाइम्स ऑफ इंडिया समूह से होते हुए सन् '67 में हिन्दुस्तान टाइम्स प्रकाशन में साप्ताहिक हिन्दुस्तान के सम्पादक बने और वहीं एक अंग्रेजी साप्ताहिक का भी सम्पादन किया। टेलीविजन धारावाहिक 'हम लोग' लिखने के लिए सन् '84 में सम्पादक की कुर्सी छोड़ दी और तब से आजीवन स्वतंत्र लेखन करते रहे।

प्रकाशित कृतियाँ : *कुरु-कुरु स्वाहा..., कसप, हरिया हरक्यूलीज़ की हैरानी, हमज़ाद, क्याप, ट-टा प्रोफेसर* (उपन्यास); *नेताजी कहिन* (व्यंग्य); *बातों-बातों में* (साक्षात्कार); *एक दुर्लभ व्यक्तित्व, कैसे किस्सागो,* मन्दिर घाट की पैडियाँ (कहानी-संग्रह); *आज का समाज* (निबन्ध); *पटकथा लेखन : एक परिचय* (सिनेमा)। *टेलीविजन धारावाहिक : हम लोग, बुनियाद, मुंगेरीलाल के हसीन सपने, कक्काजी कहिन, हमराही, जमीन-आसमान*।

फिल्म : *भ्रष्टाचार, अप्पू राजा, हे राम और पापा कहते हैं*।

सम्मान : उपन्यास क्याप के लिए वर्ष 2005 के *साहित्य अकादेमी पुरस्कार* सहित *शलाका सम्मान* (1986-87); *शिखर सम्मान* (अट्टहास, 1990); *चकल्लस पुरस्कार* (1992); *व्यंग्यश्री सम्मान* (2000) आदि।

निधन : 30 मार्च, 2006

बेशर्म समय की शर्म का व्यंग्यकार मनोहर श्याम जोशी

व्यंग्य जोशी जी के लेखन का स्थायी भाव है। 1980 के दशक में आधुनिकोत्तर उपन्यास लेखक के रूप में चर्चित होने से पहले वे एक व्यंग्यकार के रूप में हिन्दीभाषी समाज में घर कर चुके थे। 'साप्ताहिक हिन्दुस्तान' में प्रकाशित होनेवाले व्यंग्य स्तम्भ 'नेताजी कहिन' के माध्यम से उन्होंने हिन्दी में व्यंग्य की एक नई शैली विकसित की जिसमें बालमुकुन्द गुप्त से लेकर हरिशंकर परसाई तक के व्यंग्य लेखन का निचोड़ दिखाई देता है। बालमुकुन्द गुप्त की तरह भाषा का खेल और परसाई जी की तरह व्यंग्य के माध्यम से गहरी राजनीतिक टिप्पणियों के कौशल सन्तुलन के माध्यम से उन्होंने जिस व्यंग्य विधा का विकास किया, वह अपने–आपमें हिन्दी के लिए एकदम नई चीज थी।

अगर जोशी जी ने उपन्यास न भी लिखे होते तो भी एक व्यंग्यकार के रूप में हिन्दी में उनका आला मुकाम रहा होता। लेकिन उन्होंने अस्सी के दशक में अपने उपन्यासों के माध्यम से व्यंग्य विधा का पुनर्विष्कार किया। असल में जोशी जी हिन्दी की वाचिक परम्परा के सम्भवत: आखिरी बड़े लेखक थे। इसलिए बातचीत के माध्यम से किस तरह सहजता में व्यंग्य के मारक प्रसंग पैदा होते हैं, यह उनके लेखन में समझ में आता है।

इसी तरह उनके कुछ व्यंग्य वे हैं जो उन्होंने 'राजधानी के मसीहाई सलीब पर कुछ चेहरे' शृंखला के अन्तर्गत 'सारिका' पत्रिका के लिए लिखे थे। आजकल आप व्यंग्य भाव से किसी लेखक के व्यक्तित्व, उनके लेखन का विश्लेषण कर दीजिए तो कोर्ट–कचहरी की नौबत आ सकती है। लेकिन अगर आप उनके व्यंग्य लेख 'एक अपना ही अजनबी' को पढ़ें तो पाएँगे कि कवि–लेखक–विचारक अज्ञेय के व्यक्तित्व का ऐसा गहरा विश्लेषण शायद ही कहीं मिले, सो भी विनोद भाव से लिखा गया।

'जिस देश में जीनियस बसते हैं' पुस्तक में अलग–अलग विधाओं में लिखे उनके व्यंग्यों का एक प्रतिनिधि रूप देने का प्रयास किया गया है। जोशी जी फिल्म और टीवी जगत में भी बतौर लेखक अपनी धाक रखते थे। इस संकलन

में एक लेख है 'इस्टोरी से इस्क्रीन तक' जिसमें व्यंग्य भाव से उन्होंने बड़ी सहजता से एक फिल्म निर्देशक के 'स्टोरी सेशन' का वर्णन किया है। उनके द्वारा लिखे और प्रकाश झा द्वारा निर्देशित टेलीविजन धारावाहिक 'मुंगेरी लाल के हसीन सपने' ने भारतीय समाज को महज एक नया मुहावरा ही नहीं दिया, बल्कि व्यंग्य-विधा को मनोरंजन माध्यम में ठोस नैरेटिव-आधार भी दिया जिसका राजनीतिक सन्दर्भों में हाल के वर्षों में खूब इस्तेमाल हुआ है। उसी तरह, उनका व्यंग्य-स्तम्भ 'नेताजी कहिन' जब टेलीविजन के परदे पर 'कक्काजी कहिन' के रूप में आया तो ओम पुरी ने उनके व्यंग्यबोध को जीवन्त कर दिया। पुस्तक में इनके अंशों को शामिल करने का यही उद्‌देश्य है कि उनके व्यंग्य-लेखन की उस रेंज से पाठकों का परिचय करवाया जा सके जिसने उनको अपने दौर में इस विधा के एक ऐसे व्यंग्यकार के रूप में स्थापित किया, जिनके व्यंग्य-लेखों, व्यंग्य-कथा-प्रसंगों में गहरी राजनीतिक निराशा होती थी और एक गहरा विडम्बनाबोध। शायद व्यंग्य गहरे अर्थों में यही काम करता है—वह अपने समय के विद्रूप को इस तरह मुखर करता है कि वह आनेवाले समय के लिए सन्दर्भ-बिन्दु बन जाता है।

जोशी जी एक बौद्धिक व्यंग्यकार थे, जिनके व्यंग्य में आपको फूहड़ता या वह 'लाउड' छिछलापन नहीं मिलेगा जो समकालीन व्यंग्य लेखन की विशेषता मानी जाती है। इस अर्थ में देखें तो वे व्यंग्य की एक समृद्ध परम्परा के सशक्त हस्ताक्षर की तरह लगते हैं तो कई बार अपने फन में अकेले भी, जिसकी नकल करना आसान नहीं है। 'जिस देश में जीनियस बसते हैं' पुस्तक के आलेखों में उनकी यह खासियत उभरकर आती है। इसमें उनके उपन्यासों के अंश हैं, उनके संस्मरण के हिस्से हैं और उनके स्वतंत्र व्यंग्य-लेख भी जो उनके व्यंग्य की रेंज को भी दिखाते हैं।

अपने आखिरी दिनों के एक इंटरव्यू में उन्होंने कहा था कि हमारा समाज विद्रूप के मामले में अधिक आगे है, ऐसे में व्यंग्य-विधा उससे बहुत पीछे दिखाई देती है। अपनी आखिरी बातचीत में उन्होंने बीबीसी से यह कहा था कि 'हम एक बेशर्म समय में रहते हैं।' सच में, व्यंग्य हमारे भीतर की शर्म को जाग्रत करने की एक सशक्त विधा रही है, पुस्तक के लेखों में यह बात उभरती हुई दिखाई देती है। आशा है, पुस्तक के व्यंग्य-आलेखों को पढ़ते हुए महज जोशी जी के व्यंग्य की रेंज का परिचय नहीं मिलता है बल्कि हिन्दी व्यंग्य की सीमा और विस्तार का भी।

भगवती जोशी
प्रभात रंजन

अनुक्रम

रहिमन सिट साइलेंटली

हमारी धक्काशाही गाड़ी धोखा दे गई और हम घर जाने के लिए स्कूटर ढूँढ़ने लगे। स्टैंड पर कई स्कूटर थे लेकिन उनके चालकों का मूड हमारी तरफ जाने का था नहीं। हम उनसे गरमा-गरम बहस में उलझ लिये और नम्बर-वम्बर नोट करने लगे। वे हमें देखकर मुसकराते रहे।

इतने में एक गाड़ी तेजी से हमारी तरफ कुछ यों आई मानो कुचल देने का इरादा हो ड्राइवर का। हग वाद-विवाद जारी रखते हुए कूदकर फुटपाथ पर चढ़ गए। गाड़ी झटके से रुकी। संगीतमय हार्न की संगत में नेताजी का आलाप सुनाई दिया, "अरे सर आप! छोड़िए इन्हें। भाई लोगो, टी. बी. वी. बी. कभी देखते हो कि नहीं? पहिचाना नहीं इन साहिब को जो पब्लक को टयलीफून का लम्बर लिखवाते हैं कि इस्कूटर टयक्सीवालों की सिकायत यहाँ की जाए! पिलेन क्लोथ में हैं इस बखत, इंस्पेक्सन करि रहे हैं अस्टंडों का। धींगामस्ती मचाय हैं, आप लोग, अउर बद-नामी ससुर अडमंस्ट्रेसन की हुई रहि हय।"

हमें पूरा विश्वास था कि स्कूटरवाले ठहाका बुलन्द करेंगे, किन्तु वे सहसा गम्भीर हो गए। हम गाड़ी में बैठ गए। नेताजी ने कुछ आगे निकलकर संगीतमय हार्न बजाया और हिनहिनाए, "कइसी रही? डिमोसन करिके अडीटर को यस.पी. ट्रयफिक बनाए दिया तब बात बनी!"

"तुम्हारी कहानी का झूठ स्कूटरवालों के लिए पकड़ सकना कुछ मुश्किल नहीं था।" हमने कहा।

"इस देस का हर नागरक," नेताजी ने कहा, "इतना अक्लमन्द हुई गया हय कि आतंक, दगाबाजी, अउर भ्रस्टाचार को हर कहीं पा-सिबल माने अउर सीरयसली ले। एइसी कहानी सदा तब तक सच होती हय जब तक झूठ न साबत कर दी जाए, अउर उसके बाद भी सच होती हय क्योंकि सच के झूठ साबत कर दिए जाने की पा-सबल्टी भी अक्लमन्दों पर उजागर हय।"

नेताजी हँसे और उन्होंने हार्न फिर बजाया। हमने आपत्ति की। इस पर वह बोले, "मिउजिकवाला लगवाए हैं नया, सुनने-सुनाने के लिए ही ना।" और उन्होंने हॉर्न फिर बजाया।

गाड़ी ने हमारे घर का रास्ता छोड़ा तो हम चिन्तित हुए। नेताजी ने बताया कि दुई मिनट मंत्रीजी से बात करनी हय, फिर आ-पहि की सेवा में रहेंगे। उन्होंने डैश-बोर्ड की ओर इशारा किया कि खोलिए। उसके अन्दर चैतन्य-चूर्ण की सामग्री थी। हमने बनाया, खाया और खिलाया।

मंत्रीजी की कोठी पर पहुँचकर नेताजी ने सबसे पहले गुलाब की क्यारी पर पीक थूका। उनकी थ्योरी है कि तम्बाकू से गुलाब की सेहत सुधरती है। इसके बाद उन्होंने पी.ए. नुमा एक प्राणी से पूछा, "साहिब आँय?" सूचना मिली—हैं। बाहर अनेकानेक अन्य नेताजी लान पर पसरे हुए थे, आरामकुर्सियों पर जमे हुए थे या बरामदे और बगीचे में टहल रहे थे। इन सबको 'साहिब' की याद सता रही थी, ये सब 'साहिब' के विषय में चिन्तित थे। और प्रसंगवश यह सारी बिरादरी खुजली से पीड़ित भी मालूम हो रही थी। अलग-अलग नेताओं के अलग-अलग जगह खुजली उठी हुई थी। खुजली का मानो आर्केस्ट्रा-सा प्रस्तुत था।

ठोढ़ी खुजाते हुए नेताजी ने पी.एस. नुमा एक प्राणी से पूछा कि साहिब से बात हुइ सकी दुई मिनट? प्राणी विशेष ने हमें बैठक में आसन दिला दिया जहाँ पहले से कुछ सौभाग्यशाली आसीन थे।

हमने नेताजी से पूछा कि यहाँ मैत्रीजी की कोठी में कौन साहब ठहरा हुआ है? उन्होंने हमें सूचित किया कि "वह एइसा हय हर मंत्री पार्लमंट अउर आम सभा में मंत्री कहिलाता हय, घर अउर दफ्तर में साहिब। न कहिलाए तो भाई लोग इन्तजाम सारा किरू लयवल करि दें ससुर। अरे हुकूमत चलाने के लिए साहिब न बनी तो सेवक बनी? हाँ जइसे आउ-टाफ पाबर हुआ कि बयताल फिर उसी पेड़ पर, जनता का सेवक!" नेताजी हिनहिनाए।

नेताजी हँसे नहीं, हिनहिनाए थे और सो भी अपनी ओर से दबे स्वर में ही ही। किन्तु उनका 'दबा स्वर' भी द्वार-भेदी सिद्ध हुआ और भीतर से मंत्रीजी ने उन्हें बुलवा लिया। वह हमें भी साथ ले गए। मंत्रीजी के साथ सफारी सूटधारी एक और सज्जन थे जो सम्पन्न व्यापारी मालूम हो रहे थे। मंत्रीजी ने हमसे कुशल-क्षेम पूछी। सफारी सूटधारी ने नेताजी को किसी आपसी मामले के सन्दर्भ में हँसते हुए लताड़ा और कहा, "जनता पार्टी से जेतना भी तू लोग आयल रहल न कांगी में ओम्मे कउनो भरोसा लायक मनहिं नाही।"

नेताजी मुसकराए और बोले, "ओठ्ठिन जनता पार्टी में भी हमसे एहि बात कहा गया रहा। ई अभागा हर दुआर दुत्कार ही पाया रहा। कउनो दुलराया नहीं एके।"

सफारीजी ने नेताजी के एक धौल जमाया और कहा बहुत लाड़ से, "दलबदलू सरहु! हमार गुस्सा त तू जनबे करल। का मतलब रहल तोहें हमार जिल्ला में ऐरन-गैरन से कंस्लटेसन करे के? हम तोहें दुलराइब कि लतियाइब?"

नेताजी ने सफारीजी के चरण पकड़ लिए और कहा, "हमें लतियाये के जरूरी हौ। अरे लतियाइएगा तभी न सिरी चरनों को पकड़कर अपने बदे जगह बनाएँगे। हम कउनो महरारू थोड़ों हैं, जउन दुलरो बने का खाहिस करें!"

सफारीजी ने नेताजी के एक और धौल जमाया और उन्हें 'साले' और 'आया राम गया राम' की उपाधियों से अलंकृत किया। नेताजी ने कहा, "वह एइसा है सरकार, दिस बीरबल, नय-वर कमिंग-गोइंग, बादसा अलबत्ता कमिंग एंड गो-वयंट-गउन!"

निश्चय ही इस राजदरबार में नेताजी की हैसियत मुँह-लगे विदूषक की थी। निश्चय ही मंत्रीजी व्यस्त भी थे। उन्होंने घड़ी देखी और उपसंहारस्वरूप फतवा दिया कि इस भाँड़ का नेचरुवा बदल नहीं सकता। उन्होंने भाँड़ से जानना चाहा कि इस भंडेतरी के अतिरिक्त 'अउर कउनो खास बात रही?' भाँड़ यानी नेताजी, मंत्रीजी को 'वह एइसा था सर!' कहकर एक तरफ को ले गए और उनके कान में कुछ कहते रहे। मंत्रीजी नहीं-नहीं करने लगे और नेताजी गिड़गिड़ाने लगे। फिर मंत्रीजी ने कोई सुझाव-सा दिया। नेताजी ने पायलागी की। सफारीजी ने नेताजी के एक और धौल जमाया और मंत्रीजी से अनुरोध किया कि अगली बार जिले के दौरे पर इस भाँड़ को भी लाएँ, बहुत मजा लगाता है। नेताजी ने सफारीजी की भी चरण-रज ली।

हम लोग बाहर निकले। खाज बिरादरी ने हमें ईर्ष्या से देखा कि इन्हें साहिब का 'अस्पेसल दर्सन' मिल गया झटपट।

कार में बैठते हुए हमने नेताजी से जिज्ञासा की कि सारी नेता-बिरादरी को खाज का रोग क्यों है? नहाते-वहाते नहीं क्या?

नेताजी ने गाड़ी कोठी से बाहर निकालते हुए कहा, "सारी को थोड़ो हय, आउ-टाफ पावरवाली को हय। जो पावर में होता हय उसकी सेहत बन जाती हय। साठ-सत्तर बरस का नेता बबुआ-एइसा निकल आता हय वटा-मन एम अउर पी खाय के।"

"यह क्या चीज है?"

"एम फार मनी, पी फार पावर, समझे, कक्का!" लायक भतीजाजी ने कहा, "जहाँ मिलनी सुरू हुई इन दुई वटा-मनों की डोज काक-भुसंडी भी कसमीरी सेब-सा दमक उठता हय।"

"जो सत्ता में नहीं हैं उन्हें खुजली का रोग क्यों?"

"यह एइसा हय खुजली उठना भविस्स में अच्छा-बुरा कुछ प्राप्त होने का लच्छन माना गया हय। हम लोग हैं छुटभइया। इसी उम्मीद में बइठे हैं कि कभी

बड़भइया बनेंगे। यही उम्मीदहि ससुर खुजली बनकर हमें सता रही हय। जिसे पावर हय उसे खुजली नहीं सताती अउर कहीं सताने लगे तो समझो गया!"

"अच्छा तो सत्ता पाने की खातिर इन्हें खुजली उठती है? सत्ता किसलिए?"

"सब कुछ ठीक कर देने के लिए। मामला फिट। लोग-बाग सयट। काम-काज टिंचिन!" नेताजी ने कहा, "समझे कक्का, इस देस में आपको हर आदमी यही यै कहता मिलेगा कि दुई दिन के लिए हमें पावर दिया जाए हम सब ठीक करा देंगे। जिस देस में जन-जन के मन में एइसा हउसला हो अउर पावर की इतनी खाज उठी हो, उस देस का पावरफुल हो जाना सुनिस्चते जानिए। कइसा हय यह अडिटोरियल?"

"बढ़िया है!" हमने कहा।

"चलिए इसी बात पर हुई जाय मिस्टान।" नेताजी ने कहा और गाड़ी एक पाँच-सितारा होटल की ओर मोड़ दी।

"यहाँ क्या मिष्टान्न मिलेगा!" हमने कहा।

"अरे जिस लयवल का हम बोले हैं अडिटोरियल उस लयवल का मिलबे करेगा।" नेताजी ने ठहाका बुलन्द किया।

होटल की पेस्ट्री की दुकान में घुसकर नेताजी ने हमसे पूछा, "जइसे अपने यहाँ काला जाम हय वइसे इन लोग के यहाँ बिलेक-विलेक वह क्या होता हय ससुर?"

"ब्लैक फारेस्ट पेस्ट्री?" हमने पूछा।

"दिया जाए।" नेताजी ने विक्रय-कन्या से कहा, "काला जंगल ससुर।"

"हाउ मैनी पीसेज सर?" कन्या ने पूछा।

"वाट बिलेडी कट-पीस।" नेताजी ने कहा, "टू किलो तौल दिया जाए।"

कन्या ने अंग्रेजी में बताया कि ब्लैक फारेस्ट का केक लेंगे तो किलो के हिसाब से मिलेगा, पेस्ट्री लेंगे तो नग के। नेताजी ने 'टू दर्जन' का आर्डर दिया। कन्या ने पूछा, "विल दैट बी आल, सर?"

"हाँ, ए-कहि जगह, आल इन वन डिब्बा।" नेताजी ने कन्या की अंग्रेजी अपने ढंग से समझते हुए आदेश दिया।

बिल चुकाने के बाद नेताजी ने हिसाब लगाकर कहा, "साढ़े छह रुपए की एक पेस्ट्री। सही नाम रखा हय ब्लैक फारेस्ट। ब्लैकहिवाले को हजम हुइ सकती हय।"

गाड़ी में बैठकर उन्होंने एक पेस्ट्री हमें दी, और हमारे चरण छूए। हमने कहा, "यह क्या!"

"वह एइसा हय कक्का" नेताजी ने कहा, "आपका जब भी दरसन हो गया हय या करके गए हैं, आँकड़ा सही खुला हय! नहीं आपसे सच बताते हैं बाई गाड की कसम। अरे आ–जहि लो, आप थे तो वहाँ मंत्रीजी के यहाँ रमअबधुआ भी मिल गए ससुर।"

"वह जो सफारी पहने हुए एक व्यापारी–सा था?" हमने पूछा, "वह तो तुम्हें लताड़ रहा था।"

"अरे लताड़ रहा था बोली से, गोली से मार तो नहीं रहा था ससुर! बहुत ऊँचा ब्यौपार हय उसका समझे। जिल्ला में पत्ता तक नहीं खड़क सकिता रमअबधुआ के बाजिब दान–दच्छना दिए बगइर। संरच्छकजी महाराज प्रसन्न तो चाहे जइसा धन्धा करौ प्रसन्नता से, वह नाराज तो कउनो धन्धा चलाने लायक रहि न सकोगे।" नेताजी ने गाड़ी स्टार्ट करके कहा।

"ऐसे आदमी का राजनीति में क्या काम?"

"अरे राजनीत भी तो धन्धा हय। राजनीत को तो जरूरते होइती हय एइसे आदमी की। अरे रमअबधुआ के जिल्ले में कउनो पाटी आज तक रमअबधुआ के सहजोग बिना जीती हो तो हमें बताइए। कउमनिस्ट, सोसलिस्ट, कांग्रेसी आप कउनो पाटी के नेता का नाम लेयँ हम उस नेता से रमअबधुआ का फ्रंड–सिप का किस्सा सुनाए दें।"

"राजनीति इस तरह गुंडागर्दी हो जाएगी।" हमने कहा, "आपस में तुम लोगों की मारपीट, खून–खराबे के समाचार आए दिन छपते हैं। शराफत का नाम तक मिटा दोगे तुम देश से।"

"राजनीत चलती हय वोट से अउर वोट मिलता हय नोट से अउर लाठी के चोट से, समझे! अउर जहाँ तक सराफत का सवाल हय, रमअबधुआ से जियादा सरीफ आदमी मिलना मुस्किल हय। ही इज ए मैन आन हिज वर्ड।"

"ऐसे शरीफ तुम्हें मुबारक।" हमने कहा, "सवाल यह है कि बाकी तमाम लोग जो इतनी शराफत नहीं सीख पाए हैं, वे क्या करें?"

"उनके लिए नीत–बचन कहि गए हैं रहीम : रहिमन सिट साइलेंटली वाचिंग वर्ल्डली वेज, बयटर–मंट व्हैन कम्स दैन मेकिंग नेबरडिलेज। कइसा हय?"

"अच्छा है!" हमने कहा, "अनुवाद तुमने किया?"

"नहीं, कराया हय एक ठो हिन्दी पोयट से ताकि फ्यूचर जनरेसन के आप जइसे लोगों को चुप हो बइठने की प्रेरना मिले। कि साहब, मेकिंग नेवर डिलेज? बोल सियापति रामचन्द्र के..."

"जय।" हमने कहा।

नेताजी ने हार्न बजाया खुशी से बार–बार।

हार्ट पुटिंग कौसलपुर किंगा

दिल्ली में भाड़ झोंकने का कोर्स बारह बरस का है और हम इसे दो बार पूरा कर चुके हैं। फिर भी हमारी स्थिति यह है कि 'युवा क्रान्ति' के बाद 1973 में दिल्ली आए नेताजी के बगैर हम इस नगर में अपने को निराधार अनुभव करते हैं। राजनीतिक तो राजनीतिक, हमें यहाँ की साहित्यिक दुनिया तक समझ से परे मालूम होने लगती है। तो स्वाभाविक ही था कि नेताजी के लगातार कई दिन तक दर्शन न होने, उनका फोन तक न आने से हमारा चित्त खिन्न हो उठा। फिर इस रविवार सुबह-सुबह नींद में ही मैंने सुना कि कोई गा रहा है, "इंटर दसिटि, डू इवरइ थिंगा, हार्ट पुटिंग कौसलपुर किंगा।" सुनकर हमें डबल धोखा हुआ। हमने पहले सोचा कि सपने में नेताजी को गाते हुए सुन रहे हैं। फिर हमें यह भ्रम हुआ कि विविध भारती से नेताजी मानस का अंग्रेजी में पारायण कर रहे हैं।

आँख खुली तो देखा कि नेताजी ड्राइंग रूम के सोफे में पालथी मारकर बैठे हैं और प्रवचन कर रहे हैं। श्रोता हैं काकी।

हमने पूछा कि भई यह सुबह-सुबह 'प्रविसी नगर कीजै सब काजा' क्या सुना रहे हो तुम ? उन्होंने बताया, "कुछ नहीं, फोरेन टुअर से लउटे हैं, काकी पूछ रही थीं वहाँ खाने-पीने का का करते हो, तो बता दिया वही खाते-पीते हैं जउन उ लोग खाते-पीते हैं। जइसा देस वइसा भेस, वइसा भोजन, अउर का! गोसाईंजी फारमूला फाटीफोर देय गए हैं, समझे कि नगर में पहुँच कर राम का नाम लेओ अउर हो जाओ सुरू! लंका हय ससुर वहाँ डंका सबै करम करने सेहि बजता हय। ट्रजडी यह हय इंडया में कि आपका जइसा बहुत-सा आदमी आयड्याज में गँवई का गँवई रहि गया हय ससुर। बात जिनगी के अस्टाइल की नहिन हय समझे कक्का—बइठे तो हम भी रामजी की दया से कुर्सी पर दिहाती अस्टाइल सेहि हैं—असिल मुद्दा हय द्रस्टकोन का। अरे आप कहिते रहिए हमहुँ माडन बनब, जब माइंडै ससुर माडन नहिन होगा कइसे माडन बनिएगा? सफर कीजिएगा अउर नहीं तो का।"

"सफर तो तुम कर रहे हो भतीजा!" हमने कहा, "कहाँ-कहाँ हो आए ?"

"अरे हम इंगिलस में बोले हैं सफर।"

"हम तो हिन्दी में बोले हैं, कहाँ हो आए?"

"हो तो आए अउर फिर जा रहे हैं, खेल इंटरनेसनल हय भतीजा का। सब बताते हैं पहिले तनि तैयार हो लिया जाए। आपको चलना हय हमरे साथ में ब्रेकफास्ट डप्लोमसी पर।"

"ब्रेकफास्ट यहीं करा देगी काकी।" हमने कहा।

"डप्लोमसी तो फाइव अस्टारे में हुइ हय!" नेताजी हुचहुचाए। नेताजी के हँसने और हिनहिनाने का वर्णन हम पहले कर चुके हैं। हुचहुचाना उनकी नई अदा है। शायद इंटरनेशनल मार्केट के लिए। इसमें उतना शोर नहीं होता और सुननेवाले को यह आभास मिलता है कि नेताजी एक सुराही हैं जिससे स्वस्तिजन्य, स्वस्तिप्रद आह्लाद ढुलकता चला जा रहा है निराश और तृषित जनता पर।

"अरे किस सोच में पड़े हैं कक्का। देस ससुरा तबाह हुए जा रहा हय अउर आप पत्रकारों को सोने-अँगड़ाने से फुर्सत नहीं। जल्दी आइए नहा-धोकर अउर कोई कायदे का कपड़ा पहिन के। काकी की ओर क्या देखते हैं, अरे सुनते नहीं क्या कहि रही हय विविध भारती की विज्ञापन सेवा—हमेसा पाँच तारा छाप जिनगी अस्तेमाल कीजिए।"

होटल की ओर जाते हुए हमने नेताजी से फिर पूछा कि कहाँ से आए, कहाँ जा रहे हो? उन्होंने बताया, "जनीवा गए रहे—तांत्रिकों जोतिसों का इंटरनेशनल जमावड़ा था।"

"तुम कब से तांत्रिक हो गए?"

"हम काहे होंगे तांत्रिक, हम तो नेता हैं। लीडराफ डलगेसन समझे। अपना हिन्दी छेत्र का जोतिस इंगलिस में थोड़ा मार खाता हय। बाकी साउथवाले रमन उमन बोलहि लेते हैं गिटिर-पिटिर। हम ससुर हिन्दी छेत्रवालों की इंगलिस-अफजाई के लिए गए रहे वहाँ।"

"तुम और अंग्रेजी।"

"अरे उसमें धरा क्या है ससुर! स्पीकिंग बिहाफ एस्टीम कुलीग फ्राम ऊ.पी. साइड आई डिक्लेयेरिंग नो बिग बार इन एट्टीफोर, हवना परफार्म बाइ हिम एट विंधवासनी। दिस टेम्पल नियर बैनेरस वाराणसी फार ह्विपर फ्लाइट अवलेबल फ्राम डेलही वाया आगरा-खजराहो, इन बिटवीन गुड साइड सीइंग। बिन्धबासनी मिराकलम्मेकिंग अचीव्ड सीटाफ गाडेस। माई कुलीग परफार्म हवना विद सीक्रेट मंत्राज ही लर्न फ्राम हिज फादर टाप तांत्रिस्ट मिरजापुर। नाव नो ईवल, नो वार टिल एट्टी सिक्स ह्वेन बिग कामेट कमिंग! स्योर-सर्टन मच

ईवल-अपहीवल दयन। ह्वाट अस्ट्रलोजर नाट, ईवन गाड अल्मायटी पोस्टपोन दयट। बट आफ्टर दयट इंडया बिकमिंग टाप पावर। नो टू ओपनयन। आई बिहाफ माई एस्टीम कुलीग रिक्मडिंग हिज एंड जीनडिक्सन अमरीका नेम फार नोबुल पीस प्राइज। थैंक्यू। जय हिन्द। कहिए कइसा रहा।'' नेताजी ने ठहाका बुलन्द किया।

''अद्‌भुत!'' हमने कहा, ''तो बस जेनेवा गए या और कहीं भी?''

''वहाँ से थोड़ा माउंटेन-फाउंटेन देखकर लौटि आए थे। दुबारा गए, कोलोन।''

''किस उपलक्ष्य में?''

''एइसे ही जुबा पर्जटन पर समनार का चक्कर था। हम भी घुस लिए मउका देखकर डलगेसन में।'' नेताजी हुचहुचाए।

''तुम्हारा पर्यटन से क्या सम्बन्ध!''

''अरे हमारा नहीं तो आप-एइसे घर-घुस्सुओं का होगा! पाँउ में सनीचर लेकर पइदा हुए हैं हम। सुबह से साम तक घूमते ही रहिते हैं।''

''अब कहाँ जा रहे हो?''

''दो चक्कर चला रखे हैं। एक तो मनीला में गोबर गैस सम्मेलन हय ससुर। दूसरा मारशस की सद्‌भाउ जात्रा का सिलसिला हय। कहीं तो जुगाड़ बइठेगा।''

''इतनी विदेश यात्राएँ कर कैसे लेते हो?''

''अरे सही बताते हैं आपसे हम, चाहें तो महीना में पचीस दिन फोरेने रहें ससुर। बाकी हम को उतना सउक हय नहीं। बीच-बीच में जाते हैं बिजनस-कम-प्लइजर-जियादा के लिए। फिरी फंड में जाने के हजार रास्ते हैं ससुर। अरे हम-आप जइसे फिरी फंड चलने के लिए आगे नहीं आएँगे तो क्या सरकारें हवाई जहाज अउर रेलगाड़ियों के फस्स क्लास इयरकंडीसन आधे खाली ही भेजती रहेंगी! चीज हय, अस्तमाल की जाए ससुरी। राजा-महाराजाओं के सलून-वलून फिर पटड़ी से लगाने का जो चक्कर चला हय, सो बहुत सही हय। किसके पइसे से चीज अस्तमाल हो रही हय, यह सवाल बाद में आता हय। असिल सवाल यहीये हय कि अस्तमाल हो रही हय कि नहीं?'' नेताजी हिनहिनाए।

फिर बोले, ''कहिए आपका बीमारीवाला फिरी टिकिट निकलवा दे हवाई जहाज का। इलाज करा लाइए विदेस में। काकी को ले जाइए अटंडंट फिरी में। नहीं आपसे सच बता रहे हैं। पहली मर्त्तबा में हमहु गुरुजी के साथ अटंडंट होकर गए रहे वीएना तीमारदारी के लिए।''

हमने लायक भतीजा को नालायक कहा और जानना चाहा कि हमें क्या बीमारी है जो ऐसी बकवास कर रहा है वह।

भतीजा उवाच, "आप बहुत उदास रहिते हैं कक्का, यह बीमारी का लच्छन हय। अरे राजकुमारी उदास रहिने लगती थी तो राजा सारे वैद-हकीमों की परेड करा देता था। आप कउनो राजकुमारी से कम हैं।"

नेताजी इस बार खुलकर हँसे।

गाड़ी उन्होंने होटल की ओर न मोड़कर उसके पिछवाड़े स्थित विभिन्न राज्यभवनों की ओर मोड़ी, तो हमने पूछा कि उधर किधर? वह बोले, "जरा डसडंस का मार्निंग टेम्परेचर लेइ आएँ, फिर चलते हैं असोका।"

हमने पूछा कि इतना झगड़ा क्यों होता है एक ही दल के विधायकों में?

नेताजी बोले, "इसे जरा समझ लिया जाए ध्यान से। सत्ता इसीलिए हय कि खुसियाँ बाँटे, खुसहाली पइदा करें। सत्तवान मुखमंत्री के इस जमाने में अपने कहिने को चार आदमी भी नहीं होते ससुर कि कभी लेट ही जाए लम्बा तो कन्धा देई दें। कउनो पाटी हो, मुखमंत्री अब दिल्ली का सिपाही होता हय। इसीलिए दिल्ली आता रहिता हय। राज के हवाईजहाज के पायलट की प्रेक्टिस एइसी हो जाती हय ससुर कि उड़ने के बाद सो लेता हय अउर आँख खुलती हय तो नीचे सफदरजंग दिल्लीए नजर आता हय। अब एहसा हय कि दिल्ली के इस सिपाही को लोकन सिपहसालारी भी करनी होती हय। इसलिए वह खुसी बाँटने में जुट जाता हय। इसी में पड़ता हय चालीसा का चक्कर। फर्ज किया प्रदेस में पार्टी के 199 विधायक हैं। पचास बना दिए मंत्री, साठ बना दिए निगमों के चियरमइन। बाकी बचे 89, इनमें से तीस को दिलवा दी अधच्छता जिला परिसदों की, उन्नीस को बनवा दिया बीस सूत्री कार्जक्रम का इंचार्ज। फिर भी बचे—चालीस। पहुँच गए दिल्ली डसडंट बनकर।"

"उन्हें भी कुछ दे-दिला क्यों नहीं दिया जाता?"

"अरे दिया तो इन्हें भी जाता हय रासन-पानी बराबर, लेकिन वह फिरी-फंड वाला किरू लयवल का मजा हय जो हम जइसे छुटभय्यों को भी मिल जाता हय। कहीं घूमने-घामने का मउका। सउदे में चार पइसा बना लेने का औसर। किसी निगम की डायरेक्टरी, समझे। बात जे-हे-न-से बनती नहीं ससुरी। पाइंट एक अउर भी समझिएगा। जिस समय सिपाही को प्रदेस की सिपहसालारी दी जाती हय, उस समय इस पद के कुछ अउर उम्मीदवार भी होते हैं जो सेन्टर में भेज दिए जाते हैं। सेन्टर में जाते समय ये कहिते हैं मुखमंत्री से, अब तुम्हारे हवाले वतन साथीजी, मगर एइसा हय हमारा भतीजा अउर हमारी बहू इन दुइ लोगन को विधायक जरूर बनाया जाए ताकि अटमास्फियर फ्रंडली रहे। जब ये दो जन विधायक बन जाते हैं तब सेन्टर वाला कहिता हय हमारी बहूरानी को मनस्टरी छोटी-मोटी दी जाए ताकि

अटमास्फियर फ्रंडली रहे। तब अस्टेटवाला कहित हय, अरे वाह आप थोड़े दिन में यह कहिने लगिएगा कि 'बहूरानी को मुखमंत्री पद दे दिया जाए! इस लाग-डाँट में बहूरानी डिसडंट नेता।"

"लेकिन जो मंत्री बनाए जाते हैं वे भी विरोध करते हैं।"

"वह एइसा हय कि विभाग-बिभाग में ऊपरी आमदनी का बड़ा फर्क हय। अब आपको ससुर अनाथालय मंत्री बना दिया जाए तो का तो खाइएगा, का खिलाइएगा। प्रगतसील माडन माइंड वाला नेता एइसा मंत्रालय चाहिता हय जिसमें उसे अपनी टेलंट दिखाने का मउका मिले। नहीं मिलता तो डसडंट हुई जात हय।"

नेताजी ने गाड़ी प्रदेश भवन के सामने खड़ी की। लान में खड़ी विरोधियों की भीड़ से धौल-धप्पा किया। मुख्यमंत्री के भानजे से कानाफूसी की। फिर विरोधियों से चार को अलग ले जाकर कानाफूसी की। वे चारों गाड़ी में बैठ गए। नेताजी की गाड़ी चली। पीछे-पीछे से मुख्यमंत्री के दामाद की गाड़ी आई। काफिला अशोका होटल में दाखिल हुआ।

बोटहि क्लब पर बनिहैं बजरंग बली जी का मन्दिर

शहर के अन्देशे से दुबलाने का पत्रकार-धर्म निबाहते हुए हम मार परेशान थे कि भाजपा रैली में क्या हुआ ? श्रीमतीजी पत्नी-धर्म निबाहते हुए बार-बार टोक रही थीं कि कुछ भी हुआ हो आप तो धारावाहिक की अगली किस्त लिखिए। हमने पहले दूरदर्शन को कोसा कि उसने समाचारों को गल्प का दर्जा दे दिया है। फिर अपने को कोसा कि सांस्कृतिक अतिक्रमण के बारे में प्रवचन झाड़-झाड़ कर हमने अपने को इस लायक नहीं छोड़ा कि घर में केबल टी. वी. लगा लें और बी. बी. सी. के समाचार देख-सुन सकें। तभी हमारे लायक भतीजाजी उर्फ नेताजी की गाड़ी हमारे दरवाजे लगी। गाड़ी नई थी। जब श्रीमतीजी ने इस बारे में टिप्पणी की तब नेताजी हुचहुचाए और बोले, "चावल पुराना अउर गड़िया नई न दिलवाए सके लानत है ऐसी नेतागीरी को। तनि इसका बटन दबाय से उठने-गिरने वाला सीसा देखा जाए काकी।"

शीशे के उठने-गिरने का प्रदर्शन देखते हुए श्रीमतीजी ने गाड़ी की कीमत के विषय में जिज्ञासा की। नेताजी गाड़ी से मिठाई के डिब्बे और तैयारशुदा ठंडाई की बोतलें निकालते हुए बोले, "आप इस रकम के सवाल पूछ के हमको सर्मिन्दा न किया करें काकी। अरे हम नेता लोग कभी कोई चीज खुद खरीदते हों तब न हमको दाम-टाम मालूम रहें।"

मिठाई और ठंडाई की भेंट स्वीकार करते हुए श्रीमतीजी ने ताना कसा, "खुद नहीं खरीदते तभी तो तुम्हें आसमान छूती महँगाई का कुछ पता नहीं चलता।"

"महँगाई का कहि रहि हैं सो आप किरू क्लास मनई सुन काहे नहीं रहि हैं काकी ? ऊँ कहि रहि हैं कि तू मेरे साथ-साथ आसमाँ से आगे चल।" नेताजी हिनहिना कर हँसे। हमने उन्हें अपनी बगल में बैठाया और कहा, "रैली की कोई पक्की खबर है तुम्हारे पास ? यहाँ तो जो आ रहा है एक नई सुना जा रहा है। एक बता गया कि बम फटे हैं, दूसरा बता गया कि तीन जगह गोली चली है।"

नेताजी ने अपनी जेब से प्लास्टिक में लिपटा हुआ भाँग का गोला निकाला और कहा, "अथेंटिक निऊज हमरे पास है क्योंकि हम मउके पर मउजूद थे।"

"तुम भाजपा में शामिल हो गए हो क्या?" श्रीमतीजी ने टोका।

नेताजी बोले, "अरे हमें कोई पागल कुत्ते ने काटा है जो भाजपा में सामिल होवें? अभी तो वह कहीं पावर में हइये नहीं। हम तो अब्जर्वर हुई के गए थे कि बाद में पी. एम. को बधाई देई सकें कि आपकी रैली रोके की ब्यौस्था चऊँचक रही। अब्जर्वर बने में एक ठो फायदा ये भी था कि हमहुँ भाजपा द्वारा अब्जर्व किए जा सकते थे। उसके पावर में आए के बाद में ई याद दिलाय का अस्कोप बनता था कि आप तो देखे थे हम आपकी रैलियों में शामिल हुए थे। आडवाणी जी को तो हम वहीं शान्तिपूर्ण प्रतीकात्मक विरोध प्रदर्शन पर बधाई देइ आए। तुरत दान, महा कल्याण।"

हमने बेचैन होकर कहा, "ये सब छोड़ो और सिलसिलेवार बताओ क्या हुआ?" नेताजी ने अपनी जेब से प्लास्टिक में लिपटा हुआ भाँग का गोला निकाला और कहा, "वो एइसा है कक्का कि रयली तो बैन हुई गई थी ससुर लिहाजा होली का हंगामी आयोजन कर लिया गया। काकी जरा इसे ठंडाई में मिलाय के नेसनल ड्रिंक तैयार करा दिया जाए ताकि होली का मूड कंटीन्यूड में रहे।"

श्रीमतीजी नेशनल ड्रिंक बनवाने गईं और हमने नेताजी से रैली का हाल सीरियसली सुनाने को कहा। नेताजी बोले, "हम नन-सीरियसली में तो बात करतेहि नहीं हैं। हम खुद उनमें से हैं जो तर-बतर हुई के हुआँ से तितर-बितर हुए। वो क्या था कक्का कि भाजपा के हुलियारन ने पाँच ठो संकेत-अस्थल अपनी पुलसिया भउजियन को बताए रखे थे। ऊ लोग पूरी तैयारी करि के हुआँ पहिले मउजूद थीं। हौजमार, लठमार, आँसू-गैसमार अउर रबर-बुलटमार, चार अस्टाइल की होली खेली गई प्रेमपूर्वक। बहुतन के आपन स्नेह-पास में बाँध के ऊँ अस्टेडियम कुंज में लेई गई। जो उनकी प्रेम-पिटाई से घायल हुई गए उनको इन्टैंसिव केयर में रखवायके हाथ नचाए अउर मुस्काय के बोली कि हे मुरली बजाय वाले मनोहारी और जोसीले लला फिर आइयो खेलन होली, अस्पताल से छुट्टी मिले के बाद में।"

एक ट्रे में राष्ट्रीय पेय के दो गिलास और मिठाई की तश्तरी लेकर आती श्रीमती ने आश्चर्य व्यक्त किया, "भाजपा अध्यक्ष को चोट लगी है? दूरदर्शन ने तो दोपहर के बुलेटिन में बताया नहीं।"

नेताजी हुचहुचाए, "अरे काकी, रात-वात तक दी जाएगी खबर। ई कोई उस लयवल का समाचार थोड़ेहि है कि किसी समाचार सेवा निदेशक के भरोसे छोड़ दिया जाए। एइसे महत्त्वपूर्ण समाचार तो सूचना सचिव लिखना शुरू करता है और फिर असमर्थ होई के सूचना मंत्री के पास पहुँचता है अउर सूचना मंत्री

कहिता है कि इसका तो जस्टिस पी. यमो करि सकत हैं। वइसे काकी अध्यच्छ को चोट–ओट आ जाने से नेसनल लयवल का निऊज बना नहीं तो टोटली में फ्लॉप हुई जाता।''

राष्ट्रीय पेय की सुगन्ध के प्रभाव में आकर तब श्रीमतीजी ने तर्क की एक विलक्षण पद्धति अपनाते हुए कहा, ''रैली नहीं, मैं तो कहती हूँ कि सरकार का सारा इन्तेजाम फ्लॉप हुआ। दस लाख आदमियों के आने का डर दिखाके बोट क्लब की ही नहीं, सारे शहर की नाकेबन्दी कर दी। दिल्ली में ही नहीं, सारे देश में कई दिनों तक राहगीरों और यात्रियों को परेशान किया और बोट क्लब में आदमी पहुँचा कुल एक। इसके लिए इतना लम्बा–चौड़ा इन्तजाम किया? इसके लिए उस दिल्ली में लाखों रुपए पानी की तरह बहा दिए, जिसके नलों से पानी भी पानी की तरह नहीं बहता?''

हमने श्रीमतीजी का ध्यान इस ओर दिलाया कि उनका तर्क खासा गड़बड़ है और आँकड़ा काफी गलत। रैली न होने देने के लिए एक अरब रुपया खर्च किए जाने का अनुमान है। इस पर श्रीमतीजी बोलीं, ''एक आदमी को रोकने के लिए एक अरब रुपया खर्च किया गया। एक अरब रुपए से तो...''

''इस महँगाई के जमाने में और कुछ खास हुइये नहीं सकता था काकी।'' नेताजी ने हुचहुचाते हुए श्रीमतीजी की बात काटी, ''अउर ई रुपया एक आदमी को नहीं, एक रैली को रोकने पर खर्च किया गया।''

''अरे तो तुम नेता लोग बोट क्लब पर रैली किए जाने के कब से खिलाफ हो गए?'' श्रीमती ने पूछा।

नेताजी बोले, ''बोट क्लब पर रैली, अध्यक्ष की कुर्सी के आसपास हँगामा अउर चुनाव के मउके पर चन्दा की थैली, इन तीन चीजन में तो हमरी पालटिक्स के प्रान बसते हैं, लेकिन वो क्या है कि कुछ चीजें तबहि सोभा देती हैं जब स्वयं अपने द्वारा सम्पन्न की जाएँ।''

श्रीमतीजी फिर कहने को थीं लेकिन हम फौरन कह उठे, ''हमें तो यह समझ में नहीं आता है कि भाजपा को रैली करके क्या मिल जाने वाला था और सरकार को रैली न करने देकर क्या मिल गया है? जनता को हर हाल में परेशान होना था, सो हुई।''

नेताजी, जो अपना गिलास आधा ख़त्म कर चुके थे, हमारे सामने रखे हुए गिलास की ओर इशारा करते हुए बोले, ''राष्ट्रीय पेय ग्रहन न कीजिएगा तो कइसे समझिएगा राष्ट्रीय पलटिक्स? भाजपा को मिले का था टयम्पो अउर सरकार को मिली है प्रेस्टीज! भाजपा को अब से लेकर अगले इलेक्सन तक समाँ बाँधे रखे के वास्ते कुछ–न–कुछ करतेहि चले जाना है, पायजामा फाड़ के सिया कर

वाले अस्टाइल में।''

''तो कोई रचनात्मक कार्य क्यों नहीं करते ?'' श्रीमती ने शंका की।

''रचनात्मक कार्य का एइसा है काकी कि ऊ रात साढ़े दस बजे के बाद में आए वाली डाकमेंटरी काहि विषय बनता है। प्राइम टाइम निऊज में नहिंन दिखाया जाता।''

''सरकार को रैली रोक के प्रेस्टीज कैसे मिल गई ?'' हमने पूछा।

''एइसे मिल गई कि पी. यम. को कांग्रेसी अउर गैर-कांग्रेसी हर मेल के विरोधी को किलियर कट मयसेज मिलि गया कि सरकार अपने इरादे की पक्की है और पी. यम. मजबूती से गद्‌दी पर बैइठे हैं। जो हिलाएगा आपहुँ हिल जाएगा। भाजपा के खिलाफ राजनीतिक लड़ाई लड़ी जरूर जाएगी मगर सैक्यूलर फोर्सेज को पी. यमे लीड करेंगे।'' हमने फिर शंका की, ''प्रेस्टीज ही बढ़ानी थी तो बाबरी मस्जिद को बचाया होता, बम्बई में दंगे न होने दिए होते, सारी ताकत बोट क्लब में रैली रोकने पर ही क्यों लगाई ?''

नेताजी ने अपना गिलास खत्म किया और हमारा वाला उठा के पीने लगे। काकी को हमारे लिए और ले आने को कहा। हमने इतना और जोड़ दिया कि बगैर भाँग के। नेताजी हँसकर बोले, ''आप भाँग नहीं पीजिएगा तो कभी नहीं समझ पाइएगा कि बोट क्लब बाबरी मस्जिद और बम्बई दूनों से कहीं बड़ा राष्ट्रीय प्रतीक है, भारत दैटिज इंडिया का। अउर सो भी निर्विवादित टाँचा टाइप का। अक्स्ट्रीम लैफ्ट से लेकर अक्स्ट्रीम राइट तक की पलटिक्स बोट क्लब पर लैफ्ट-राइट करहि के धन्य हुई है। इसी मारे पी. यम. बोले अपनी पलटिक्स के पायलट से कि भइया दस फार एंड नो फर्दर। बोट क्लब पर पहुँचि गए तो संसद में छा जाएँगे, ईवन, जे-हे-ने-से वी फोर इलेक्सन।''

''गोया बोट क्लब को एक राष्ट्रीय प्रतीक मानकर सरकार ने राष्ट्रीय स्तर पर एक प्रतीकात्मक कार्रवाई की।'' हमने चुटकी ली।

नेताजी बोले, ''प्रतीकात्मक का ही नाम पलटिकल है। सालिड काम तो पर्सनल लयवल पर किया जाता है। बोट क्लब पर जाए के बिनती की प्रतीकात्मक कि बजरंग बली मेरी नाव चली जरा बल्ली कृपा की लगा देना अउर जइसेहि उस पार पहुँचिके सत्ता मिली सारे प्रतीकात्मक आदर्श और राष्ट्रीय गरीबी के आँकड़े भुलाकर जम कर रोकड़ा पीटने लगे।''

श्रीमतीजी दो गिलास लेकर आईं और बोलीं, ''ये बजरंग बली का क्या चक्कर है।''

नेताजी बोले, ''टॉप सिकरेट है। बजरंग दल बोट क्लब पर अपने इस्ट देव का मन्दिर बनाए की डिमांड रखने अउर सिलान्यास लगे हाथ कर देने के मूड

में था। इसी मारे रैली रोके की खातिर इतनी ताकत लगाई गई। ये दो गिलास कइसे हैं?''

''एक में खाली ठंडाई है, दूसरे में भाँग मिली है। कक्का की जो तबीयत हो पी लें।'' श्रीमतीजी ने नेताजी को बताया।

हमें पानी की होली के इस मौसम में खूनी होलियों के पूर्वाभास हो रहे थे, लिहाजा प्रतीकात्मकता का नाम लेके हमने भाँग वाला गिलास उठा लिया।

हैपन सर्टन वॉट राम डेस्टीना

हम इस समस्या से जूझ रहे थे कि ए.टी.वी. से जैड टी.वी. तक सतत चैनल-बदल में डूबे, अरसे तक से ऊबे, जमाने के सामने सन् बयानबे के बारे में अपना रोना किस तरह रोएँ कि हमारे लायक भतीजाजी उर्फ नेताजी पान की पीक के छींटों के साथ हँसी-खुशी बिखेरते आ पहुँचे। पीछे एक बन्दूकधारी और बगल में एक चमचा। चमचे ने काकी की सेवा में एक डायरी, एक घड़ी और एक डिब्बा काजू की बर्फी पेश की। समाजवादी नेताजी भक्तों से मिले हुए बेशुमार नववर्ष के उपहार इसी तरह दोस्तों रिश्तेदारों में बाँटकर अपने घर को गोदाम होने से बचाते आए हैं। उन्होंने काकी को बताया कि अपने छेत्र के चार ठो पत्रकारों को फिल्म फेस्टेविल का पास दिलवाए के बदै एशियाड में गए रहे, सोचा पड़ोस में काकी के कर-कमलों से बनी कॉफी पीते हुए दिन-दिहाड़ी पर निकलें।

काकी ने शुभ सूचना दी कि पानी पहले से चढ़ा हुआ है, उबलता ही रहा होगा। उनके रसोई में जाने के बाद भतीजाजी ने एक नजर हमारे लिखे हुए पर डाली और विनम्र सलाह दी, ''बयानबे को आशंकाओं का वर्ष न कहा जाए, उसे निन्यानबे का ट्रेलर बताया जाए। निन्यानबे का फेर तो सुने हैं न आप? पिछले साल उसहि की एक अग्रिम झलकी दिखाई गई पब्लिक को। फेरा-फेरी, हेरा-फेरी अउर छुटे हुए घोटाले।''

जब हमने कहा कि हमें तो बहुत घबराहट हो रही है तब नेताजी बोले, ''अरे कक्का, आप तो किरकिट बिसेसांक निकाले वाले सम्पादक रहि चुके हैं। आपको तो मालूमहि है कि नाईन्टीज में अनाड़ी बल्लेबाज नरबसाय जाता है और खिलाड़ी बल्लेबाज चऊक्का मार के सेंचूरी पूरा करता है। तो जोसी इलैवन में मनोहर स्याम घबराए हुए हैं कि विकिट गया अउर मुरली मनोहर कंफिडेंट हैं कि सौ के बाद अब दुई सौ का चक्कर चला।''

हमने कहा, ''हमें तो लगता है कि जिन आदर्शों को लेके ये सदी शुरू हुई थी वे भी उसी के साथ-साथ समाप्त हुए जा रहे हैं। भतीजाजी हम तो देश के, विश्व के, यहाँ तक कि स्वयं भविष्य के भविष्य के बारे में चिन्तित हैं।''

नेताजी ने वेस्ट पेपर बॉस्केट को पीकदान की हैसियत बख्शी और बोले, "अरे कक्का, चिन्ता किए बगैर तो आप इंटेलेक्चुअलों को न ईमान की रोटी पचती है, न हराम की विस्की। बाकी ये है कि अगर एंड ऑफ हिस्स-टरी हुआ जा रहा तो आप ससुर कऊन हिस्स-टोरियन हैं कि प्रलाप करें, जर्नालिस्ट हैं, जो आपको दक्षिना देता हो उसे अपना नेता मानकर उसका एंइगल साथ कर लिखिए, अउर आनन्दपूर्वक जीवन व्यतीत कीजिए।"

"हिस्स-टरी नहीं भतीजाजी, हिस्ट्री।" हमने भूल सुधार किया।

"हिस्स-टरी हम जानबूझ कर कहिते हैं कक्का, हिस्स इंग्लिस का, टरी हिन्दी का।" नेताजी बोले, "अरे हिस्ट्री होती, हिस्टोरियन होते तो इनके एतना हिस्स-हिसाय के बाद भी मन्दिर या मस्जिद का फइसला टरता थोड़ेहि जाता ससुर?"

"तुम नेताओं ने राम के नाम पर अच्छा अयोध्या कांड किया जो देश को मध्ययुगीन बर्बरता की ओर वापस लिये जा रहा है।" हम पिनपिनाए।

नेताजी बोले, "अरे अजुध्याजी में जो हुआ उसकी जिम्मेदारी तो हुआँ मौजूद नेता तक नहीं ले रहे हैं, आप हम पर काहे डाल रहे हैं? और मध्ययुगीन बर्बरता का तो एइसा है कक्का कि इन्दिरा-जुगीन करपसन की तरह ई हो एक ठो इन्टरनेसनल फिलोमिना है। अउर इस बर्बरता का तो आप अखबार टी.वी. वालों को आभारी हुए चाही कक्का क्योंकि ई तो सर्कलेसन-फेंडली है ससुर। विचारों की तरह कहीं समाचारों में भी पब्लिक की रुचि खत्म न हुई जाए इस ख्याल से कुछ-न-कुछ भया वह किया जाता रहे डेली। सी. एन. एन. एनाती सनसनी के लिए अउर कुछ नहीं है तो चलो सोमालिया के भूखे बच्चों के मुँह का कौर छीन लें, या बाबरी को ही बराबर करि आएँ।"

"हमारी श्रीमतीजी जो आजकल प्रगतिशीलों द्वारा गवाए जाने वाले भक्ति काव्य पर अपनी पी-एच. डी. के बावजूद प्रतिक्रियावादी हुई चली जा रही हैं, कॉफी लेकर आईं और बोलीं, "तुम्हारे कक्का फिर वही मस्जिद वाला मामला ले बैठे होंगे। इनसे पूछो कि गांधीजी के आदर्शों का हनन करने वाले तमाम घोटाले इस देश में हुए तब इनके जैसे सूडो-सेक्युलर इंटेलेक्चुअलों ने राजघाट पर पहुँचकर दूरदर्शन के कैमरे को शक्ल दिखाने की अपील क्यों नहीं जारी की?"

नेताजी हुचहुचा कर हँसते हुए उठे और पीक और पान दोनों वेस्ट पेपर बास्केट में थूकते हुए उन्होंने कहा, "कक्का जरा सावधान रहे का चाही। सूडो-सैक्युलर के बाद कहीं काकी आपको सूडो-इंटेलेक्चुअलों डिकलियर न करि दें।"

श्रीमतीजी बोलीं, "इंटलैक्ट वालों को इतना तो समझना ही चाहिए कि अगर किसी मामले को लटकाए ही रखा जाता है तो भीड़ अपने ढंग से उसका फैसला कर देती है। ढाँचा था, विवादित था, आप कोई हल निकाल ही नहीं पा रहे थे, तो भीड़ ने निकाल दिया।"

हमने श्रीमतीजी की बुद्धि पर तरस खाते हुए कहा, "इस तरह भीड़ को फैसले करने दोगी तो पता है क्या होगा?"

जवाब नेताजी ने दिया, "डैमोक्रॉसी हुई है कक्का डैमोक्रॉसी। आपको हम कई मरतबा समझाई चुके हैं कि राजनीत का सारा खेल ओट, नोट और चोट का है। और काकी बिलकुल सही कही हैं कि अजुध्याजी में जो हुआ ऊ एक ठो घुटाला रहा—ओट इस्कैम। इन घोटालन से राजनीत तो चलबेहि करती है, नई पीढ़ी को कुछ कर दिखाए की प्रेरनाओ मिलती है। नोट इस्कैम, बोफोर्स के बाद आपकी दया से, हर्षद मेहता एंड कम्पनी प्रतिभूति घोटाला के रूप में करि गए नाईन्टी टू में। उस टक्कर का ओट घोटाला करे की चुनौती थी सो पूरी कर दिखाई गई। मंडल-कमंडल की कशमकश थी सो एक विवादित ढाँचे को निर्विवादित रूप से गिराए के चरमोत्कर्ष पर पहुँचाई दी गई कि मुस्लिम ओट बैंक, जाति ओट बैंक, इसी कड़ी में अब पेशे-खिदमत है हिन्दू ओट बैंक। कर लो खेती, कराए लो मिड टर्म।"

नेताजी इस बार विजयोल्लास करते हुए हिनहिना कर हँसे। हमने कटाक्ष किया, "भतीजाजी, तुमने कई दल बदले हैं मगर जहाँ तक हमें याद है खाकी निक्कर में हमने तुम्हें कभी नहीं देखा।"

नेताजी बर्फी के तीन जुड़े हुए टुकड़े एकसाथ मुँह में डाल कर बोले, "दैटस राइट। खाकी निक्कर तो हम कबहुँ नहीं पहिने हैं, बाकी तमाम अडर बिवेकसील पल्टीसियन की तरह खाकी लँगउटा हमहुँ धारन किए रहे हैं। राजनीत बुनियादी अस्तर पर पहुँचि रहि है अउर फंडामेंटली में सबहि को फंडामिंटेलिस्ट रहै का चाही।"

नेताजी ने बर्फी के मलीदे को कॉफी की आखिरी घूँट से हलक तले उतारा और चमचे को आदेश किया, "अरे सुबुधवा हो तनि चैतन्य चूर्ण बनावा।" चमचा सुबोध खैनी-चूना मसलने लगा और नेताजी ने हमारे नाराज-नासाज चेहरे पर निगाह टिका कर श्रीमतीजी से कहा, "जरा कक्का को समझाए जाए काकी कि हैप्पी निऊ ईयर माहौल में अएतना अनहैप्पी न तो रहे का चाही, न लिखे का।"

उनके ठहाके से हम सचमुच हिल गए और इस तरह चीखे कि मिनमिनाने का धोखा हुआ, "आम आदमी मर रहा है और तुम लोग जब देखो तब खींसे निपोरते नजर आते हो। तुम में तो इतनी हया भी नहीं रही कि प्रेस फोटोग्राफरों

के सामने तो गम्भीर हो जाओ। देश के जलने की खबर के साथ तुम लोगों के हँसते हुए नूरानी चेहरे के फोटो छपते हैं रोजाना।''

नेताजी ने चैतन्य चूर्ण की फंकी मारते हुए कहा, ''देस के सभी नेता देस की चिन्ता करते–करते हार्ट पेसेंट हुई गए हैं बेचारे। डॉक्टर उनको सलाह दिए हैं कि हँसते नहीं रहिएगा तो कौम के गम में हार्ट फेल हुई जाएगा आपका। हँसने से उनका स्वास्थ्य ठीक रहता है और देस का मनोबलो बढ़ता है ससुर। मनोबलहि के प्रताप से नेता और आम आदमी दूनों यह कहि पाता है अपने से कि राष्ट्र तो राम भरोसे चलता आया है अउर आईन्दा भी वईसन चलता रही, मीनव्हाइल में हम उच्च्च जीवन और सादा विचार का जयकार करी के स्विस बैंक में नहीं तो जमीन में गड़े घड़े में एक ठो गुप्त खाता काहे नहीं खोल लें कि आने वाली तीन पुस्त मजे से खा सकें। आप भविस्य के भविस्य की चिन्ता छोड़ें कक्का अउर अपने भविस्य की चिन्ता करें।''

''बकवास बन्द करो।'' हमने कहा, ''हत्या और आगजनी के दौर में तुम्हें स्वार्थ सूझता है!''

नेताजी अँगड़ाते हुए उठे और बोले, ''हर दौर में हर इंसान को स्वार्थहि सूझता आया है कक्का, नहीं तो बौद्धावतार के बाद कभी आगजनी अउर हत्या होतीहि नहीं ससुर।''

श्रीमतीजी ने अब हमारा पक्ष लिया क्योंकि उन्हें मार–काट पसन्द नहीं है। बोलीं, ''नहीं भई, तुम लोगों को लॉ एंड ऑडर बनाके रखने के लिए कुछ तो करना चाहिए।''

नेताजी ने चैतन्य चूर्ण के कीड़ामार घोल का छिड़काव कमरे में रखे रबर प्लान्ट के पत्तों पर किया और कहा, ''करने को तो काकी अब बस खुदकुसीहि बची है मगर ऊ न कोई नेता करि सकता है, न बुद्धिजीवी। इसी मारे नरसिंह तक प्रतीकात्मक निस्काम जोग की साधना में आपहुँ जुटे हैं अउर नेसन को भी जुटने की सलाह देई रहे हैं। अर्जुन के चयलैंज से निपटने के लिए वी.पी. का टोपा धारन करके चुप्पी साध लिए हैं। तो समय की पुकार है कि पूरी ईमानदारी से अपना इस्कैम, निस्कैम भाव से करते रहा जाए और अउर फल की कउनो चिन्ता न की जाए। अउर लॉ एंड आडर का एइसा है काकी कि गुजिस्ता साल हमें बता गया है कि राम–कृस्न के इस देस में रामास्वामी जैईसे न्यायमूर्ति अउर कृस्नमूर्ति जैसे प्रसासक मउजूद हैं इसलिए धीरज खोए की कउनो जरूरत नाहीं।''

नेताजी हुचहुचाते हुए हँसे और विदा लेने लगे, लेकिन हमने उनकी बाँह पकड़ ली और कहा, ''इतनी असुरक्षा है, इतनी हिंसा है, और तुम ऐसे हँस रहे हो जैसे देश में कोई मनोरंजक तमाशा हो रहा है।''

नेताजी बोले, "तमासा तो हुईयै रहा है अस्टार प्लस। बैकवर्ल्ड-फॉरवर्ल्ड हिन्दू-मुस्लिम-सिख-ईसाई, सब कोई बयानबे में एम. टी. बी. के संगीत पर झूमता हुआ भाई-भाई हुईता रहा है। असुरच्छा है तो साथ में चलता सुरच्छा कर्मचारी भी न है। चलो भई बलभद्दर।"

बन्दूकधारी एटैन्सन हुआ और चमचा भी। हमने कहा, "तुम नेताओं को बन्दूकधारी मिले हुए हैं आम आदमी को नहीं।"

नेताजी बोले, "तो का हुआ ? ये असुरच्छा आम आदमी को प्रेरना देई रही है कि या तो सुरच्छा पाए वाला खास आदमी बने अउर ऊ न बन सके तो स्वयं बन्दूक उठायके इस देश की धरती का भार थोड़ा हल्का करे, थोड़ी-सी सरकारी जमीन हथिया ले अउर सेना को झंडा उठाए के चलिने की पिराक्टिस कराते रहो।"

हमने कहा, "आतंक के वातावरण में खास आदमी भी कोई खास सुरक्षित नहीं रहेगा। दो-दो प्रधानमंत्री आतंक के शिकार हुए हैं इस देश में। तुम नेता लोग देश के कोने-कोने को बेरूत बनाकर रहोगे।"

नेताजी बोले, "हमरी दृस्टि तो पाजटिव है कक्का। अरे मारे भी गए तो का, हमरी जगह हमरे बिटुवा को मिलिहै। हमरी अस्मृति में घाट-टाट, बन-ऊन भलेहि न बनहैं अस्मारक निधि का चक्कर तो चलहिं जइहैं। सारा भारत बेरूत बने की आसंका आप मन से निकाल दीजिएगा। हम कलहि पाँच टाप ज्योतिसियों को कंसल्ट किए हैं और कन्सेन्सस यहियै है कि पिचानबे तक जरूर थोड़ा गड़बड़ है, लेकिन उसके बाद में भारत टॉप पर पहुँच जाएगा।"

हमने कहा, "हमें तो लगता है तब तुम भारत स्मारक निधि बनवाते नजर आ रहे होगे, समझे।"

नेताजी बोले, "जो चोट इस्कैम इस समय देस में चला हुआ है उसके दूरगामी प्रभाव के बारे में बड़ी लम्बी बहस हम आप से करते मगर का है कि हमरे ससुर जी की अस्मारक निधि की बैइठक है असोका में। अउर वैसे भी बाबा कहि गए हैं कि—

होइहि सोई जो राम रचि राखा।
को करि तरक बड़ावहि शाखा।
दैट इज, हैपन सर्टन वॉट राम डेस्टीना।
व्हाई डिस्कस फ्यूचर अनसीना॥

रंगकंगाली के शंकर दयाल शर्मा

कपीश जी के दादा शंकर दयाल अपनी माँ दुर्गा के तन से पैदा हुए थे, मन से नहीं और रंगकंगालों के अनुसार मन ही तन पर हावी रहता है। बच्चे के कोख में आते ही दुर्गा को हिस्टीरिया के दौरे पड़ने लगे और पुत्र के जन्म और पति की मृत्यु के दिन तो वह विधिवत पगला गई। बच्चे के लिए उसकी छाती में दूध नहीं उतरा। दूध उतरा रज्जो की छाती में जिसके मन से यह बच्चा पैदा हुआ था। तो यद्यपि रंगकंगालों ने रखैल रज्जो को हाथीभाटा वाले पुश्तैनी मकान में आकर राधेलाल जी के शव के पाँव छूने की इजाजत नहीं दी तथापि उन्हें राधेलाल जी की रखैल को राधेलाल जी के बेटे की धाय बना देने में शुरू में कोई संकोच न हुआ। उन्होंने यह व्यवस्था की कि बहू दुर्गा और पोता शंकर दयाल हाथीभाटा वाले मकान में रहेंगे और रखैल रज्जो बगीची वाले बँगले में बनी रहेगी। दूध पीने के लिए बच्चे को रखैल के पास भेजा जाता रहेगा लेकिन रखैल को कभी भी पुश्तैनी मकान में नहीं आने दिया जाएगा।

यह व्यवस्था अधिक दिन तक चल नहीं सकी। इसका कारण यह था कि पगली दुर्गा को बीच-बीच में ऐसे दौरे पड़ते कि वह अपने बच्चे को एक क्षण के लिए भी छोड़ने को तैयार न होती। वह चीखती-चिल्लाती कि मेरी नाजायज औलाद को मारने की साजिश की जा रही है। ऐसा दौरा पड़ने पर बच्चे को स्तनपान के लिए बगीची वाले बँगले में भेज सकना असम्भव हो जाता। दूसरी ओर कभी-कभी दुर्गा को ऐसे दौरे पड़ते कि वह बच्चे की ओर से पूरी तरह उदासीन हो चलती। इस हद तक उदासीन थी कि उसे मारने की साजिश खुद ही करने लगती। इस प्रकार कभी यह नौबत आती कि बच्चा दूध के अभाव में मर जाएगा और कभी यह कि अपनी ही माँ के पागलपन के हाथों मारा जाएगा। इस विषम स्थिति से पार पाने का एकमात्र उपाय यह था कि बच्चे की माँ और धाय दोनों एक ही घर में रहें। रंगकंगाली में ऐसा कर सकना सम्भव न था, इसलिए रिश्तेदारों ने राधेलाल जी की रखैल और विधवा दोनों को शिशु शंकर दयाल के साथ हरिद्वार भिजवा दिया, जहाँ दुर्गा के दूर-दराज रिश्ते के मामा रहा करते थे।

हरिद्वार प्रवास में शिशु शंकर दयाल को बड़ी–छोटी माता समेत सभी छोटे–बड़े शिशु रोग हुए। बार–बार यह कमजोर बालक मौत के मुँह में पहुँचता रहा और बार–बार रज्जो अपने पुण्य प्रताप से उसे वहाँ से निकाल कर लाती रही। रज्जो की निन्दा करने वाले रंगकंगाल तक इस बात को स्वीकार करते हैं कि शिवजी के वरदान से वंश को बचाए रखने में रज्जो का अन्यतम योगदान रहा। रज्जो की कड़ी निगरानी के कारण ही दुर्गा का पागलपन हत्या और आत्महत्या के दोहरे अभिशाप से बचा रह सका। दुर्गा ने अनेक बार बच्चे को गोद में लेकर रेलगाड़ी से कट जाने की, कुएँ में छलाँग लगा देने की और अपने को आग लगा लेने की कोशिश की लेकिन रज्जो के चौकन्नेपन की वजह से सफल नहीं हो पाई।

हरिद्वार में रज्जो दुर्गा के मामाजी की मार्फत काशी के प्रसिद्ध कथावाचक के सम्पर्क में आई, जो रामचरितमानस सुनाने और उसके आधार पर प्रवचन करने के लिए विख्यात हो चुके थे। कवि तुलसीदास की रची हुई इस पद्यमय रामकथा को रंगकंगालों ने तब तक धर्म–ग्रन्थ का दर्जा नहीं दिया था। वे उसे जनभाषा में लिखी एक अच्छी साहित्यिक कृति भर मानते थे। लिहाजा जहाँ देव भाषा संस्कृत में लिखी हुई धार्मिक पुस्तकों के स्त्रियों द्वारा पढ़े जाने पर उन्हें आपत्ति होती थी क्योंकि वे नहीं चाहते थे कि औरतें धर्म–दर्शन के चक्कर में घर–गिरस्तन बनना भूल जाएँ, वहाँ स्त्रियों का रामचरितमानस पढ़ लेना उन्हें स्वीकार्य था। तो रज्जो रामचरितमानस पढ़ने लगी और बालक शंकर दयाल को पढ़ाने भी लगी। गंगा स्नान के लिए हरिद्वार आने–जाने वाले रंगकंगालों को यह देखकर मर्मांतक पीड़ा पहुँचने लगी कि हाथीभाटा का एक कुलीन ग्रामीण बालक देव भाषा में लिखे हुए धर्मग्रन्थों का किसी योग्य आचार्य के चरणों में बैठकर अध्ययन करने की बजाय अपने पिता की रखैल की गोद में बैठकर जनभाषा में लिखी हुई रामकथा पढ़ रहा है। बालक अपने जीवन के आठ वर्ष पूरे कर चुका था और हाथीभाटा के ब्राह्मण उसे वापस रंगकंगाली लाने, किसी योग्य आचार्य के सुपुर्द करने और उसका यज्ञोपवीत करा देने की आवश्यकता अनुभव करने लगे थे। दुर्भाग्य कि दुर्गा न रंगकंगाली वापस जाने को तैयार थी और न अपने बालक से बिछुड़ने को। इस उलझन में शंकर दयाल की एक ब्राह्मण बालक के रूप में शिक्षा–दीक्षा टलती चली गई।

अन्ततः इस उलझन का समाधान भी दुर्गा ने ही किया। गंगा के पुल को पार करते हुए उसने सहसा पुत्र को उठाकर, उसके समेत नदी में कूद जाने की कोशिश की। रज्जो पाँव से काँटा निकालने के लिए थोड़ा पीछे रुक गई थी। बच्चे की चीख सुनने पर वह लपकी। उसने बच्चे को दुर्गा से छीन कर बचा

लिया लेकिन स्वयं दुर्गा को नहीं बचा सकी। कुछ रंगकंगालों का कहना है कि शंकर दयाल को बचा लेने के बाद स्वयं रज्जो ने दुर्गा को धक्का दे के नदी में डुबा दिया। पुराने पुलिस रिकार्ड देखने से पता चलता है कि रज्जो को हत्या के अभियोग में हिरासत में लिया गया भी था लेकिन तहकीकत करने के बाद उसे छोड़ दिया था।

इस घटना के बाद रज्जो बालक शंकर दयाल को लेकर खुद ही रंगकंगाली लौट आई। उसने बालक को हाथीभाटा वालों के सुपुर्द किया और खुद अपने बेटे के साथ बगीची वाले बँगले में रहने चली गई। बालक शंकर दयाल रज्जो के लिए बहुत बिलखा-रोया लेकिन न हाथीभाटा वाले रज्जो को अपने यहाँ बसा लेने के लिए तैयार हुए और न रज्जो ने बालक की यह जिद मानी कि मैं भी तेरे साथ बगीची वाले बँगले में रहूँगा। जितना दुख बालक शंकर दयाल को रज्जो से बिछुड़ने पर हुआ, उतना ही दुख रज्जो के अपने बेटे को अपनी माँ से फिर मिलने पर हुआ। रंगकंगालों में कहावत थी कि हर इंसान किसी एक कसक के सहारे सारी जिन्दगी काट देता है। रज्जो शंकर दयाल को रामचरित-मानस सुनाते हुए इस कहावत का हवाला देते हुए कहती थी कि दशरथ महाराज इस कसक के सहारे जिए कि निगोड़ा रथ का पहिया टूटा ही क्यों ना रहने दिया? रज्जो ने रंगकंगाली लौटने के बाद रज्जो का अपना पुत्र और मानस पुत्र और स्वयं रज्जो अपनी-अपनी कसक के सहारे अपनी-अपनी जिन्दगी काटने के क्रम में जुट गए। रज्जो की कसक यह थी कि मेरा मानस पुत्र ही वास्तविक पुत्र क्यों न हुआ? उसके वास्तविक पुत्र की कसक यह थी कि रज्जो मेरी माँ होने के बाद पतिता ही क्यों रही? उसे तो इस कसक ने इतना परेशान किया कि वह शीघ्र ही बाकायदा इसाई बन गया और उसने बँगला अपने नाम करवाने के बाद रज्जो को वहाँ से निकाल दिया। रज्जो ने जीवन के शेष दिन बाबा नागनाथ के आश्रम में असाध्य रोगियों की सेवा करने में बिताए।

रज्जो के मानस पुत्र के लिए यह कसक जीवन काटने का सहारा बनी कि जिस स्त्री ने मुझे पाला-पोसा, उसे मेरी माँ का दर्जा नहीं दिया गया। यही नहीं उसे मुझसे दूर ही दूर रहने के लिए मजबूर किया गया। रंगकंगाली लौटने के बाद बालक शंकर दयाल के लिए रज्जो के दर्शन तक दुर्लभ हो गए। उसे कभी रज्जो देखने को मिली भी तो भीड़भाड़ वाले मौकों पर और सो भी दूर ही दूर से। जैसे ही उसने नजदीक पहुँचने की कोशिश की किसी रिश्तेदार ने उसे रोक लिया या स्वयं रज्जो ही एक कातर दृष्टि उस पर डाल देने के बाद भागकर कहीं जा छिपी। रज्जो से अपनी निकटता बनाए रखने के लिए बालक के पास कुल एक ही उपाय बचा—रामचरितमानस। वह फुर्सत मिलते ही हर घड़ी इस

महाकाव्य को मन ही मन बाँचता और यह अनुभव करता कि मैं स्वयं नहीं बाँच रहा हूँ बल्कि रज्जो मौसी बाँचकर मुझे सुना रही है।

रंगकंगाली लौटने के कुछ ही महीने बाद शंकर दयाल का यज्ञोपवीत करा दिया गया था और पंडित चतुरानन शास्त्री को आचार्य पद पर बैठाकर शंकर दयाल को तमाम वेद-वेदान्त सिखवाए गए थे। यही नहीं, इस मेधावी बालक को देव भाषा के साथ-साथ पिशाच भाषा अंग्रेजी भी सिखाई गई थी और उसमें भी कई बड़ी पोथियाँ उसने बाँची थीं। लेकिन शंकर दयाल के लिए आजीवन संसार की पहली और आखिरी पोथी तुलसीकृत रामायण ही रही।

जब रज्जो अपने पुत्र द्वारा निकाल दिए जाने पर बाबा नागनाथ के आश्रम में रहने लगी थी, तब शंकर दयाल ने बड़े बुजुर्गों की निगाह बचाकर उससे अकेले में मिलने की कोशिश की। इस कोशिश में वह कामयाब भी हुआ। लू से तपती दोपहरी में रज्जो अपने कमरे में आराम कर रही थी। उसके लिए सम्भव न हुआ कि पसीने से लथपथ बालक को अनदेखा करके कहीं भाग जाए। उसने अपने आँचल से बालक का पसीना पोंछा, बालक को शर्बत पिलाया और पंखा झलते हुए उसका हाल समाचार पूछा। बालक इधर-उधर की बात करने को बिलकुल तैयार न था। वह सिर्फ यह जानना चाहता था कि रज्जो मौसी उसके साथ क्यों नहीं रह सकती ?

इसके जवाब में रज्जो ने बालक को बताया, "बेटे मैं तेरे साथ रह तो सकूँ हूँ, लेकिन मैं आप ही नहीं रहना चाहती। देख साथ रहने का तो ऐसा है कि अगर तेरी माँ के मरने के बाद मैं तुझे हरिद्वार से लेके कहीं भाग जाती, तो मेरा कोई क्या कर लेता ? लेकिन मैं आप तुझे तेरे घरवालों के सुपुर्द करने आई। मैं यह ना चाहूँ कि तेरी जिन्दगी मेरे कलंक के साए में और मेरी कसक के सहारे बीते।"

तब शंकर दयाल ने टोका, "मगर मौसी तू तो खुद ही कहती है कि इनसान को किसी न किसी कसक के सहारे जिन्दगी काटनी पड़े है।"

इसके जवाब में रज्जो ने जो कुछ कहा वह बालक का जीवन-दर्शन और जीवनचर्या दोनों को ढालने में निर्णायक रहा। वह बोली, "अरे तो तू मुझ अभागिन की कसक को विरासत में क्यूँ लेना चाहे है नादान ? भगवान ने तुझे मेरा वारिस बनाया होता, जब बात दूसरी थी। कसक ही के सहारे जीना चाहे है तो इस कसक के सहारे जी लियो कि इस असार संसार में बड़े-बड़े ज्ञानी-ध्यानी, यहाँ तक कि आप भगवान के अवतार भी कसक के सहारे जीने को मजबूर हो जावे हैं। भगवान श्री रामचन्द्र तक यह कसक पालने को मजबूर हुए कि मैं निगोड़ा इतना शरीफ क्यों हुआ कि बाप का वचन रखने के चक्कर में मैंने बाप की जान ही ले ली।"

रज्जो ने बालक शंकर दयाल से कसम ली कि वह फिर आगे कभी इस तरह चोरी–छिपे उससे मिलने की कोशिश नहीं करेगा। बदले में बालक ने उससे कसम ली कि भले ही सबके सामने न हो, वह उससे बात जरूर किया करेगी। रज्जो सिर्फ इस बात के लिए तैयार हुई कि साल में एक बार शंकर के जन्मदिन पर वह बालक से मिलने के लिए रंगकंगाली के नवनिर्मित हनुमान मन्दिर बजरंगगढ़ में शाम की आरती के समय आया करेगी।

शंकर दयाल ने प्रथम श्रेणी में मैट्रिक पास किया। एफ.ए. पढ़ने के लिए उसे वजीफा मिला, लेकिन इसके बावजूद उसने पढ़ाई छोड़ दी। अभिभावकों और अध्यापकों ने बहुत समझाया कि राजधानी जाकर एफ. ए., बी. ए. पास करे और फिरंगियों के राज में वैसा ही ऊँचा ओहदा पाने लायक बने, जैसा उसके पुरखों को देसी राजाओं के यहाँ प्राप्त था। किन्तु शंकर दयाल रंगकंगाली छोड़कर कहीं भी जाने को तैयार नहीं था और रामचरितमानस को छोड़कर अब और कुछ पढ़ना नहीं चाहता था। ऊँचा सरकारी ओहदा उसके लिए कोई मतलब नहीं रखता था। उसे तो राम जी के दरबार में ही चाकरी करनी थी। शंकर दयाल के मुँह से वैरागियों जैसी बातें सुनकर घरवाले घबरा गए। अब तक वह मैट्रिक की पढ़ाई के नाम पर शादी करना टालता आया था लेकिन अब मैट्रिक पास हो जाने पर यह कहने लगा था कि मुझे तो शादी करनी ही नहीं है। घरवालों ने रज्जो से कहा कि बालक को तू ही समझाकर देख, हम तो हार गए।

रज्जो ने शंकर दयाल को उसके सत्रहवें जन्मदिन पर समझाया, "बेटे संसार में इनसान पैदा किया ही इसलिए जाए है कि संसार को चलाए। भगवान भी यहाँ जन्म लेवे है तो उसको तक शादी करनी पड़े है। तो तू फिजूल की जिद छोड़ और चुपचाप शादी कर ले।"

शंकर दयाल ने इस मुद्दे पर बहस करनी चाही, लेकिन रज्जो ने यह कहकर उसे चुप कर दिया कि "बेटा मैं आज तुझसे बहस करने तो आई न हूँ। मैंने तुझे बचपन में पाला–पोसा है, उसके बदले में कुछ माँगने आई हूँ। तू मेरा माँगने का हक ही ना समझता हो, तो बात दूसरी है। बाकी मेरे माँगने पर तुझे बहू का मुँह मुझे दिखाना ही पड़ेगा।"

कुछ देर तक शंकर दयाल पसोपेश में पड़ा रहा। फिर उसने एक गहरा साँस छोड़कर कहा, "ठीक है मैं शादी कर लूँगा मौसी, मगर मेरी भी एक शर्त है, बहू के आने के बाद तू मेरे साथ ही रहेगी।"

यह सुनकर रज्जो पसोपेश में पड़ गई और थोड़ी देर बाद उसने गहरा साँस छोड़कर कहा—"ठीक है। मगर बेटे फिर तो तुझे शादी करते ही अपनी ननिहाल हरिद्वार चले जाना पड़ेगा। मैं यहाँ रंगकंगाली में तेरे साथ रह न सकूँ हूँ।"

जवानी में बैरागी हुए शंकर दयाल को हरिद्वार में जा बसने का प्रस्ताव बुरा न लगा। एक तो हरिद्वार में रहना और सो भी रज्जो मौसी के सान्निध्य में। यह तो शंकर दयाल के लिए दोहरा पुण्य कमाने वाली बात थी। रंगकंगाली वाले चाहे जो कहते रहें, शंकर दयाल के लिए रज्जो मौसी पतिता नहीं, बहुत ही बड़ी साध्वी थी। रखैल से राम-भक्तिन बन जाना औरों के लिए ढोंग का नमूना हो सकता था, शंकर दयाल के लिए वह प्रभु की असीम अनुकम्पा का सबूत था।

शंकर दयाल का विवाह अपने पिता के मित्र पंडित गिरधारी लाल की सुपुत्री सौभाग्यकांक्षिणी ललिता से हुआ, जो लल्ली के नाम से जानी जाती थी। गिरधारी लाल जी आबकारी इंस्पेक्टर थे और अपने जवाई को उसी महकमे में बहाल करा देने की व्यवस्था कर चुके थे। शादी के दिन यह पता चलने पर उन्हें बहुत दुख हुआ कि शंकर दयाल तो हरिद्वार बसने जा रहा है और सो भी रज्जो की जिद पर। उन्होंने रज्जो से शिकायत की और रज्जो ने उन्हें आश्वस्त किया कि मैं कुछ ही महीनों में समझा-बुझाकर वापस भेज दूँगी।

लेकिन रज्जो कोशिश करने पर भी शंकर दयाल को कुछ ही महीनों में वापस नहीं भिजवा पाई। बताया जाता है कि वह अपने मानस पुत्र को तभी हरिद्वार से विदा करना चाहती थी, जब वह स्वयं किसी का पिता बनने वाला हो। इस बात का आश्वासन हो कि वह घर-गिरस्ती से विरक्त नहीं हो जाएगा। अब मुश्किल यह थी कि शंकर दयाल अपनी पत्नी लल्ली को भोग्या मानते ही न थे। लल्ली रंग-रूप में, स्वभाव में शंकर दयाल से बिलकुल उलट थी। शंकर दयाल इकहरे बदन के थे और उनका रंग काफी दबता-सा था। लल्ली गोरी और गोलमटोल थी। शंकर दयाल बात-बात में गद्गद हो उठने और आँखें भर लाने के लिए मशहूर थे। एक माने में उनके लिए हर मौका रोने का ही मौका था। बताया जाता है कि वह लॉस एंजेलिस ओलम्पिक खेलों में भारतीय हॉकी टीम को स्वर्ग पदक मिलने पर आधे घंटे तक अश्रुधार बहाते चले गए थे। वृद्धा गंगादेवी अपने से पिछली पीढ़ियों की विश्वस्त स्त्रियों का हवाला देते हुए बताती है कि शंकर दयाल अपनी पत्नी लल्ली को देखकर भी भाव-विह्वल हो उठे और रो पड़े। ऐसा सुहागरात पर तो हुआ ही, आइन्दा आई और सैकड़ों रातों तक भी होता रहा। शंकर दयाल लल्ली से यही कहते रहे कि मुझे तुझमें सीता जी के दर्शन हो रहे हैं। हँसोड़ लल्ली, जो ठहाके मारने के लिए उतनी ही मशहूर थी, जितना शंकर दयाल दहाड़े मारने के लिए, पति की बात को सुनकर शुरू-शुरू में मुसकुराई, फिर खिलखिलाकर हँसने लगी और अन्ततः ठहाका मार के हँसने लगी।

पति के रुदन और पत्नी के हास्य में सहवास की सम्भावना तिरोहित होती चली गई। डेढ़ साल बीत गया और रज्जो को लल्ली के गर्भवती होने के कोई लक्षण नजर नहीं आए। तब उसने बहू से सारी बात कुरेद-कुरेदकर पूछनी शुरू की। पहले तो लल्ली लजाई, लेकिन फिर उसने हँसते-हँसते रज्जो मौसी को सब कुछ बता दिया। वह इतना ज्यादा हँसी और हँसी के मारे उसके वाक्य इतने अधूरे रहते गए कि बात रज्जो को जरा मुश्किल से समझ में आई। लेकिन जब समझ में आई, तब वह राधेलाल जी की मृत्यु के बाद पहली और आखिरी बार बड़ी देर तक और बड़े जोरों से हँसी। उसने बहू को पति की आपत्ति को निरस्त करने वाला एक तर्क सुझाया।

लल्ली ने उस रात खूब सिंगार किया और पति की अंकशायिनी बनने के लिए, उसमें कामोत्तेजना जगाने के लिए तरह-तरह की चेष्टाएँ कीं। अन्त में जब पति ने आँसू बहाते हुए गद्‌गद स्वर में कहा कि मैं तुम्हारा भोग इसलिए नहीं कर सकता कि मुझे तुममें सीता जी दिखाई देती हैं। तब लल्ली ने निर्लज्जता-पूर्वक हँसने की बजाय उतने ही गद्‌गद स्वर में कहा, 'सो तो मैं समझूँ हूँ जी, मगर आप देखो मेरी भी कुछ मजबूरी है। मुझे शुरू दिन से आप में रामचन्द्र जी दिखाई दे हैं। राम जी और सीता जी की भी घर-गिरस्ती थी न। उनके भी तो आस-औलाद हुई।''

आस-औलाद शंकर दयाल के भी हुई—दो बेटियाँ, एक बेटा। लल्ली को उन्होंने पूज्या कहा था और पूज्या स्वयं को नितान्त युक्तियुक्त आधार पर भोग्या बता रही थी। इसलिए उनके पास अपनी पूज्या के निर्णय को शिश्नोधार्य करने के अतिरिक्त कोई चारा न था।

लल्ली ने माँ बनने का समय आने से कोई डेढ़ महीने पहले शंकर दयाल के हरिद्वार प्रवास के रंग में भंग तब हुआ या कुछ रंगकंगालों के शब्दों में कहें तो रंग पूरी तरह तब जमा जब रज्जो गंगा के पुल से फिसलकर जल-समाधि पा गई। वह ठीक उसी जगह से फिसलकर गिरी, जहाँ से कभी शंकर दयाल की माँ दुर्गा गिरी थी अथवा गिराई गई थी। रंगकंगालों ने इसे इस बात का प्रमाण माना कि रज्जो दुर्गा की हत्यारिन थी और हत्यास्थल पर ही फिसलने का नाटक करके उसने आत्महत्या द्वारा दुर्गा की हत्या का प्रायश्चित किया। इस घटना को केवल शंकर दयाल जी ने ही प्रत्यक्ष देखा था और उनका ही यह बयान था कि रज्जो मौसी फिसल कर गिरी। रज्जो विरोधी रंगकंगालों ने शंकर दयाल की गवाही को एक नेक झूठ का दर्जा दिया और इस ओर भी ध्यान दिलाया कि शंकर दयाल घटनास्थल से इतनी दूर थे कि वहाँ से पुल साफ-साफ नजर आ ही नहीं सकता था।

तार देने पर रंगकंगाली से शंकर दयाल के ससुर और मामा तो आ गए लेकिन रज्जो के देवर आए और न रज्जो का बेटा। तब मामा और ससुर के मना करने पर भी शंकर दयाल ने उस रज्जो का दाह-संस्कार और क्रियाकर्म स्वयं किया, जिसे कभी उसके पिता के शव के पाँव छूने की अनुमति भी नहीं दी गई थी। इस घटना के बाद शंकर दयाल रंगकंगाल ब्राह्मणों की दृष्टि में धर्म-भ्रष्ट हो गए।

लखनवी जोशी के किस्से

कहानी तो लिखी नहीं जा रही है, लिहाजा जोशी जी अपने प्रथम साहित्यिक गुरु नागर जी का नाम लेकर संस्मरण टाइप कराने के लिए उठ खड़े हुए हैं। लेकिन जहाँ गुरु जी विजिया की गोली का सेवन करके आराम से गाव-तकिए का सहारा लिए बैठकर लिखाते थे, वहाँ जोशी जी सिगरेट-तम्बाकू छुड़वा दिए जाने के बाद से सर्कसी शेरवाले स्टाइल में बेचैनी से चहल-कदमी करते हुए टाइप करवाते आए हैं। फिलहाल चहल-कदमी करते हुए वह लखनऊ के संस्मरण टाइप करवा रहे हैं तो इसलिए कि उन्हें अपने लखनवी होने का मुगालता है। यों कायदे से जोशी जी को अपने को देहलवी समझना चाहिए, क्योंकि बचपन से लेकर बुढ़ापे तक, उनकी जिन्दगी का ज्यादातर हिस्सा इसी शहर में बीतता आया है। लेकिन जोशी जी के यहाँ तो बेकायदा होना ही बाकायदा होना है। वह कभी-कभी अपने को मुम्बईकर भी कह लेते हैं, क्योंकि पहले नौकरी और फिर धन्धे के सिलसिले में उनका वहाँ भी कयाम हुआ है। अजमेरी तो हैं ही क्योंकि वहीं पैदा हुए और 16 साल तक रहे। उनका पैतृक स्थान अल्मोड़ा है और इस नाते वह कूर्मांचली भी हैं। उनके पूर्वजों के पूर्वज कन्नौज से आए थे, इसलिए वह अपने को कन्नौजिया भी कह सकते हैं। और उन पूर्वजों के पूर्वजों के बारे में एक धारणा यह है कि वे गोआ से आए थे, लिहाजा जोशी जी कोंकणी होने का दावा भी पेश कर सकते हैं।

सही मौका मिलने पर जोशी जी अपने हित में इन सभी दावों का उपयोग करने में कभी चूके नहीं हैं। लेकिन उनका अपना मन बराबर यही कहता आया है कि मैं मूलतः लखनवी हूँ और भूलतः कुछ और। बाकी लोग मानें या न मानें, जोशी जी हिन्दी साहित्य का एक अलग लखनऊ स्कूल मानते हैं और उसमें अपने तमाम प्रिय लेखकों को शामिल करते हैं। जाहिर है कि इन प्रिय लेखकों की सूची में वह खुद भी शामिल हैं। जोशी जी के इस लखनऊ-प्रेम की वजह यह है कि इस नगरी में ही वह कल के वैज्ञानिक से आज के कलम-घिस्सू बने और यहीं उन्होंने खालिस बगावत और इंटेलेक्चुअलता के चन्द साल गुजारे। अपने को घरेलू बोहेमियन समझने वाले जोशी जी अगर कभी सचमुच बोहेमियन

की तरह जी सके तो अपने लखनऊ-प्रवास में ही। उनके शेष जीवन में बोहेमियनगर्दी पर पारिवारिक जीवन के तकाजे बुरी तरह छाए रहे हैं। सच तो यह है कि जोशी जी परिवार के प्रति पहली और आखिरी बार अपने विद्रोह के चक्कर में ही लखनऊ पहुँच गए थे और सो भी संयोग से।

हुआ यह कि बारहवीं के बाद उन्हें अजमेर-कोटा से बी. एच. यू. में सिविल इंजीनियरिंग की सीट मिल गई। जोशी जी ने उन्हीं दिनों प्रेमचन्द की कहानी 'सज्जनता का दंड' पढ़ी थी, लिहाजा अपने को सज्जन मानते हुए उन्होंने ऐसे दंडनीय पेशे की ओर कदम बढ़ाने से इनकार कर दिया और कहा कि मैं तो इलाहाबाद जाऊँगा, जहाँ मेरे भाई साहब विश्वविद्यालय में और पिताजी तत्कालीन म्योर सेंट्रल कॉलेज में पढ़े थे। जोशी जी ने यह भी ऐलान किया कि मैं शुद्ध विज्ञान का विद्यार्थी बनूँगा। उनसे कहा गया कि अगर ऐसा है तो तुम अजमेर में ही बी. एस-सी. कर लो। लेकिन वह विद्रोही तेवरों के साथ इलाहाबाद जाने की जिद पकड़ बैठे। तब तक इलाहाबाद में दाखिले खत्म हो चुके थे, लिहाजा उन्होंने लखनऊ जाने का फैसला किया, जहाँ उनके चचेरे भाई पूरनचन्द्र जोशी सरकारी स्कूल में मास्टर थे और उनका बचपन का साथी और भतीजा धीरेन्द्र कुमार उर्फ डी. के. अजमेर से दसवीं पास करने के बाद चला गया था। गली-मुहल्ले में रहने वाला डी. के. सरकारी बँगले में रहनेवाले जोशी जी के लिए शुरू से ही उस्तादे दस्तूरे दुनिया का किरदार अदा करता आया था और लखनवी हो जाने के बाद तो उसका रोबदाब और भी बढ़ गया था।

लखनवी डी. के. के किस्से सुन-सुनकर बैकवर्ड अजमेरी जोशी जी के लिए फारवर्ड लखनऊ जन्नत का दर्जा रखने लगा था, लिहाजा इलाहाबाद की जगह लखनऊ से सन्तोष करने की मजबूरी उन्हें ज्यादा खली नहीं। लेकिन उस जन्नत में पहुँचते ही किशोर जोशी जी को जबरदस्त झटके लगे। पहला तो यह कि वहाँ भी विश्वविद्यालय में दाखिले खत्म हो चुके थे। खैर, उनके पिताजी के शिष्य रह चुके तत्कालीन उपमंत्री जगन प्रसाद जी रावत ने अपने कांग्रेसी मित्र और गणित विभाग के रीडर तथा विश्वविद्यालय के प्रॉक्टर डॉ. रामाधर मिश्र से सिफारिश करके उन्हें बी. एस-सी. में दाखिला दिलवा दिया। विश्वविद्यालय जाने लगे तो यह देखकर झटका लगा कि जहाँ अजमेर में शिक्षा, संगीत और कला के क्षेत्र में बड़ा यश कमा चुके अपने स्वर्गीय पिता राय साहब प्रेम बल्लभ जोशी के छोटे बेटे होने के नाते उन्हें परिवार में और परिवार से बाहर खास-उल-खास हस्ती समझा जाता था, वहाँ लखनऊ में वह नखास के कबाड़ीखाने के लायक भी नहीं समझे जा रहे थे।

विश्वविद्यालय में शहरी फर्स्ट ईयर फूल्स अपने-अपने पुराने इंटर कॉलेज या मुहल्ले के हिसाब से अलग-अलग झुंडों में घूमते थे, और हॉस्टल में रहनेवाले अपने-अपने हॉस्टल के झुंड में। जोशी जी के लिए किसी भी झुंड में जगह न थी। चलिए अकेलापन ही झेलना पड़ता तो गनीमत थी, मगर यहाँ तो मखौल भी झेलना पड़ रहा था। गोया जोशी जी फर्स्ट ईयर फूल्स, तक के लिए एक अदद मनोरंजनप्रद मूर्ख सिद्ध हो रहे थे। नए लड़कों तक के भी उन्हें कार्टून मानने की खास वजह यह थी कि वह अपनी बोली और सवारी से अमीरजादे लगते थे और लिबास से कंगाल। लिबास का ऐसा था कि जोशी जी के पास एको पतलून न थी। वह उस शै से काम चला रहे थे जिसे उस जमाने में हाफ-पैंट कहा जाता था। दो-चार पायजामे उनके पास थे, मगर उन्हें पहनकर साइकिल चलाने में दिक्कत होती थी। इशारा कर चुका हूँ कि जोशी जी का यह वाहन भी विशेष तरह का था, जो उन्हें अपने अकेले और उम्र में उनसे बहुत बड़े, नौकरियाँ छोड़ते जानेवाले व्यर्थता को प्राप्त विद्रोही भाई डी. डी. द मूडी से प्राप्त हुआ था। एक मर्तबा पिताजी का नवरत्न का बाजूबन्द बेचकर उनकी जेब खासी गर्म हो गई थी। उन्होंने कई फैशनेबल चीजें अपने लिए खरीदीं, जिनमें झुके हैंडिलोंवाली एक अदद रेसिंग साइकिल भी थी। विद्रोही जमात में शामिल होने के तोहफे के तौर पर उन्होंने अपनी वह पुरानी साइकिल जोशी जी के लिए लखनऊ भिजवा दी। बोली का ऐसा था कि जोशी जी अंग्रेजी बोलते थे, और सो भी अपने पिता की तरह खालिस ऑक्सोनियन लहजे में।

तो जरा गौर फरमाएँ। खासी पुरानी-सी हाफपैंट पहना एक अदद तकरीबन छह फुटा सींकिया पहलवान, झुके हैंडिलोंवाली रेसिंग साइकिल पर सवार होकर आता है और ऑक्सोनियन लहजे में 'फादह-मदह' मार्का अंग्रेजी बोलते हुए 'रादह' की झड़ी लगा देता है और सो भी ऐसे लोगों के बीच जो अंग्रेजी भी अवधी के लहजे में बोलते हैं। भला बताइए किसे हँसी न आएगी ? आगे चलकर खुद जोशी जी को आने लगी। अब वह अगर कभी ऑक्सोनियन लहजे का इस्तेमाल करते हैं तो नई पीढ़ी के उन शहरी बच्चे-बच्चियों के मनोरंजन के लिए ही जिन्होंने अंग्रेजी बोलने का अमेरिकन लहजा अपना लिया है। जोशी जी अपने को इसलिए भी हास्यास्पद पा रहे थे कि लखनऊ विश्वविद्यालय उस जमाने में निहायत ही नफीस किस्म की नक्शेबाजी के लिए मशहूर था और फटेहाल जोशी के लिए नक्शेबाजी नामुमकिन थी। फैशनपरस्ती का यह आलम था कि हर साल का अपना अलग हुलिया, लिबास, चाल-ढाल और तौर-तरीका हुआ करता था, जो अपनी समग्रता में 'नक्शा' कहलाता था। अगर सन् 1950 में भी आप नक्शे-49 में अटके हुए हैं तो सख्त आउट ऑफ डेट हैं।

अब जैसे नक्शे 50 यह था कि आप 'गंजिग' करते हुए, अर्थात हजरत गंज के बाजार में टहलते समय फ्लैनल की पतलून पहने, डोरीदार ब्लेजर को बाएँ हाथ की तर्जनी की खूँटी पर टाँगे हुए और दाएँ हाथ से 'यो-यो' उर्फ चरखी चलाते नजर आए। अगर आप जूते खाने से न डरते हों तो गाहे-बगाहे अपनी 'यो-यो' को किसी पास से जाती हसीना की तरफ छोड़ें। अगर सिगरेट पिएँ तो लम्बी, काली खुशबूदार 'बाल्कन सोब्राइने' ही। जिस तरह लड़के 'यो-यो' लेकर चलते थे उसी तरह लड़कियाँ तोड़-मरोड़कर बबुआनुमा बनाए गए वे गुब्बारे लेकर चलती थीं जिन्हें 'उल्लू का पट्ठा' कहा जाता था। प्रसंगवश उस जमाने में विश्वविद्यालय में लड़कियाँ बहुत कम हुआ करती थीं और उनमें से किसी से भी बात कर लेना एक बड़ी उपलब्धि मानी जाती थी। अगर कहीं वह आधुनिका और सुन्दरी हो तो उससे बात कर लेना तो एवरेस्ट विजय से कुछ कम नहीं माना जाता था। इस तरह की लड़कियों की तारीफ में तब कुछ ऐसी बातें कही जाती थीं—'जनाब यह मिस शिमला रह चुकी है' या 'हम आपसे सही बताते हैं इसे किशोर साहू ने हीरोइन का रोल ऑफर किया था।'

ऐसे नक्शेबाजों के बीच जोशी जी का नक्शा उखड़ ही सकता था। वह जमा तो कुल एक मर्तबा और सो भी तब जब उनका नक्शा उखाड़ने की कोशिश में कुछ सीनियर्स ने उन्हें 'मिस मसूरी' रह चुकी एक युवती से बीच हजरत गंज में अंग्रेजी में बात करने के लिए भेजा। जोशी जी का हलक सूखने लगा, मगर सीनियर्स के धक्का देने पर वह मिस मसूरी की ओर बढ़ गए और उसके दोनों हाथों में उल्लू के पट्ठे देख उन्होंने यह डायलॉग दे मारा, "अलाऊ मी लेडी आउल टू ऑफर माई कांग्रेचुलेशंस ऑन द बर्थ ऑफ ट्विन्स"—उल्लुओं की महारानी जी जुड़वाँ जनने पर बहुत-बहुत बधाई! मिस मसूरी को परिहास पसन्द आया और जोशी जी उस फर्स्ट ईयर फूल के रूप में पहचाने जाने लगे, जिसने मिस मसूरी को अपने इंगलिश डायलॉग से हँसा दिया। उस जमाने में लखनऊ विश्वविद्यालय के छात्र इस तरह की उपलब्धियों को अपनी पहचान बनाते थे। मिसाल के लिए एक सीनियर इसलिए मशहूर था कि जब किसी सुन्दरी ने साधारण रंगों से होली खेले जाने पर आपत्ति की, तब उसने पूछा कि आप किस चीज से भिगाया जाना पसन्द करेंगी और यह जवाब मिलने पर कि 'ईवनिंग इन पेरिस' से तो वह उस महँगी और मुश्किल से उपलब्ध सेंट की शीशियाँ जमा करने में जुट गया। फिर रवीन्द्र पुस्तकालय के सामने उसने सुन्दरी-विशेष पर 'इवनिंग इन पेरिस' का जमकर छिड़काव किया। इसी तरह एक और नौजवान ने बी. एस-सी. में पढ़नेवाली एकमात्र छात्रा रफिया सुल्तान को उसकी चप्पल टूट जाने पर अपनी साइकिल के कैरियर पर बैठाकर मोची के पास तक छोड़

आने के कारण प्रसिद्धि प्राप्त की। इसी की बिनाह पर वह छात्र यूनियन में विज्ञान संकाय का प्रतिनिधि होने का चुनाव लड़ा कि हुजूर खाससार वही है जिससे रफिया ने लिफ्ट ली थी।

प्रसंगवश उस जमाने में लड़के-लड़कियों की आपसी बातचीत का एक 'इनडाइरेक्ट नरेशन' भी हुआ करता था। हीरो इसके तहत हीरोइन को सम्बोधित बातचीत अपने दोस्तों से करता था और हीरोइन अपने जवाब सहेलियों को सम्बोधित करके देती थी। हीरो—अमाँ रशीद मैग्नोलिया में जाकर आइस्क्रीम खाने के आइडिया के बारे में तुम्हारा क्या आइडिया है? हीरोइन—मैंने गौर किया जुबेदा तो लगा कि आइडिया इतना बुरा नहीं है। बस इतनी डायलॉगबाजी के बाद दोनों दल मैग्नोलिया में जा पहुँचेंगे। अब अलग-अलग मेजों पर बैठे खा-पी रहे हैं और बाद में लड़के लड़कियों का भी बिल चुका रहे हैं। ऐसे बिल चुकाने के लिए न जोशी की जेब में पैसा था, न सीने में दिल। लिहाजा नक्शे-बाजी उनके लिए आउट ऑफ कोर्स हो गई।

नक्शेबाजों में जोशी जी का रंग जम सकने का तो सवाल ही नहीं पैदा होता था, लेकिन पढ़ने-लिखने वाले लोगों में भी अपना रंग न जमता देखकर उनका दुख दूना हो गया। अजमेर में वह मेधावी छात्र माने जाते थे। उनकी जनरल नॉलेज का भी बड़ा दबदबा था और वह जनरल नॉलेज के लिए स्कूल और कॉलेज में पुरस्कार प्राप्त कर चुके थे। लेकिन उस जमाने में लखनऊ विश्व-विद्यालय इंटेलेक्चुअलों का इतना बड़ा गढ़ था कि जोशी जी-जैसे लोग सिफर से भी कमतर ही ठहर सकते थे। आचार्य नरेन्द्र देव कुलपति थे और सभी विभागों में राष्ट्रीय और अन्तर्राष्ट्रीय ख्याति के अध्यापक थे। छात्रों में भी मोटे-मोटे पोथे पढ़ने और लम्बे-चौड़े मुबाहिसे करने का रिवाज था। हजरत गंज के ऑक्सफोर्ड बुक डिपो में जाकर किताबें उलटना-पलटना और खरीदना और कॉफी हाउस में बैठकर प्रोफेसरों, पत्रकारों, लेखकों और कलाकारों की बातचीत सुनना शिक्षा का ही एक अंग समझा जाता था। फैशनपरस्ती हो, मौजमस्ती हो, या घनघोर इंटेलेक्चुअलता उस जमाने के लखनऊ विश्वविद्यालय के छात्र सभी में अव्वल हुआ करते थे। बकौल शख्से तब के लखनऊ विश्वविद्यालय में अलीगढ़ और इलाहाबाद दोनों ही विश्वविद्यालयों की खूबियाँ मौजूद थीं और हर खामी नदारद। जोशी जी के पास इतने पैसे न थे कि ऑक्सफोर्ड बुक डिपो से किताब खरीद सकें या कॉफी हाउस में बैठ सकें। कभी बैठ भी जाते थे तो उनके पास इतना ज्ञान-भंडार न था कि शास्त्रार्थ में हिस्सा ले सकें। तो जोशी जी न नक्शेबाजों में जगह पा सके न इंटेलेक्चुअलों में।

किसी भी झुंड में शामिल न किए गए जोशी जी का आत्मविश्वास रसातल

में पहुँच रहा था और अकेलापन उसी अनुपात में बढ़ रहा था। वह क्लास में बैक बेंचर बनने लगे। अक्सर क्लास छोड़कर वह रवीन्द्र लाइब्रेरी में जा बैठने लगे। इन हालात में अध्यापकों ने उनकी गिनती फिसड्डी छात्रों में की तो क्या आश्चर्य! हर तरह से हास्यास्पद हो चुके जोशी जी ने अन्त में यह कोशिश की कि कुमाऊँनी–गढ़वाली छात्रों के झुंड में ही शामिल कर लिये जाएँ। पहाड़ी होने के नाते उन्हें इस झुंड में शामिल किए जाने का दावा करने का पूरा हक था। लेकिन एक बड़ी दिक्कत यह थी कि जोशी जी न कभी पहाड़ में रहे थे और न पहाड़ी बोली ठीक से बोल पाते थे। उनकी पहाड़ी सुनकर लोगबाग उसी तरह बेसाख्ता हँस पड़ते थे, जिस तरह उनकी अंग्रेजी सुनकर। उनकी पत्नी आज भी हँसती हैं। अगर तब के पहाड़ी छात्रों में कोई उनका दूर–दराज का रिश्तेदार भी होता तो वह उसकी पूँछ पकड़कर ही इस बिरादरी में जा घुसते। खैर, बहुत हाथ पाँव मारे तो क्षेत्रीयता काम आ ही गई और पहाड़ी लड़कों से उनकी दोस्ती होने लगी।

जोशी जी विश्वविद्यालय में जितने हास्यास्पद हो रहे थे, उतने ही पूरनदा के घर में भी। केवल हास्यास्पद ही नहीं, शर्मिन्दा भी। इसकी वजह यह थी कि जहाँ जोशी जी विश्वविद्यालय में केवल हास्यास्पद ठहर रहे थे, वहाँ अपने चचाजाद भाई पूरनचन्द्र जोशी के घर में हास्यास्पद और त्रासद दोनों। एक तो जोशी जी 'मान न मान मैं तेरा मेहमान' वाले अन्दाज में स्कूल–मास्टर की सीमित आय में और एक छोटे–से फ्लैट में जीवन व्यतीत करते पूरनदा के घर में आ पहुँचे थे, जबकि डी. के. पहले से ही वहाँ था और उन पर अपनी ससुराल की भी थोड़ी बहुत जिम्मेदारी थी। उस पर तुर्रा यह कि जोशी जी को नवाबजादों की तरह रहने की आदत थी। अपना छोटा–बड़ा कोई काम वह खुद नहीं करते थे। (पत्नी की टिप्पणी—अब भी नहीं करते हैं।)उधर वर्धा में गांधीजी के सान्निध्य में रह चुके कर्मठ पूरनदा अपने घर को ही आश्रम की तरह चला रहे थे। उन्हें जोशी जी के मुफ्त के मेहमान बन जाने से तो कोई आपत्ति न थी, लेकिन वह चाहते थे कि जोशी जी अपना काम अपने आप करना सीखें। इस सिलसिले में उन बेचारों ने कोशिश भी काफी की। जोशी जी सुबह उठने के बाद बिस्तर ठीक नहीं करते और गुसलखाने से लौटने पर पाते कि पूरनदा ने कर दिया है लेकिन तकिए पर एक चिट लगा दी है—'इस घर में कोई नौकर नहीं है।' जोशी जी उतारे हुए कपड़े फर्श पर गिरे रहने देते और पाते कि पूरनदा ने खूँटी पर टाँग दिए हैं और साथ में उसी आशय की चिट नत्थी कर दी है।

जोशी जी शर्मिन्दा होते रहे मगर शर्मिन्दगी के बावजूद अपनी आदतें बदल नहीं पाए। अपने कपड़े निहायत अनाड़ीपन से धो लेना उन्हें जरूर सीखना पड़ा,

क्योंकि पूरनदा ने यह काम न खुद किया, न अपनी पत्नी को करने दिया। रहन-सहन में गांधीवादी, धर्मदर्शन में बौद्ध और विचारों में उदार पूरनदा जोशी जी के लिए शुरू से आदर्श-पुरुष का दर्जा रखते आए हैं लेकिन आदर्श-पुरुषों के साथ रहने में एक झंझट यह है कि आपको बराबर एहसासे-कमतरी होता रहता है। अपने को भयंकर पढ़ाकू समझनेवाले जोशी जी पूरनदा की सोहबत में अपने को इस मामले में भी हीन भावनाग्रस्त पाने लगे। पूरनदा ने उनका ध्यान इस ओर दिलाया कि तुम्हें जो भी हाथ लगता है उसे पढ़ते हो और ज्यादातर घटिया किस्म का साहित्य ही तुम्हारे हाथ लगता है! ज्ञान अर्जित करने के लिए तो चुनी हुई बढ़िया पुस्तकें बहुत श्रद्धा के साथ पढ़नी होती हैं। पूरनदा ने जोशी जी के लिए समाजशास्त्र, इतिहास, मनोविज्ञान, साहित्य, विज्ञान आदि की सौ पुस्तकों की सूची तैयार कर दी कि एक-एक करके इनका श्रद्धापूर्वक मनन कर डालो। उन्होंने ही जोशी जी को कुछ श्रेष्ठ साहित्यिक कृतियों की ऐसी भी एक सूची दी जिनका उनके अनुसार किसी धर्मग्रन्थ की तरह पारायण किया जाना चाहिए कि सुबह नहा-धोकर कुछ पृष्ठ पढ़ लिए, उनके बारे में सोचा और फिर पोथी सँभाल दी। पूरनदा की इस सूची में 'वार एंड पीस', 'रामचरितमानस' और शेक्सपीयर क नाटकों-जैसी कृतियाँ थीं। जोशी जी ने भले ही खुद पूरनदा के इन निर्देशों का पूरी तरह पालन न किया हो, वे दूसरों को यह फॉर्मूला अक्सर बताते हुए पाए गए हैं।

पूरनदा के आश्रम में जोशी जी के लिए सबसे बड़ा संकट भोजन को लेकर प्रस्तुत हुआ। बचपन से ही उन्हें दो चीजें सख्त नापसन्द रही थीं—दाल और घुइयाँ और पूरनदा के यहाँ हफ्ते में चार दिन रोटी के साथ घुइयाँ डली दाल प्रस्तुत की जाती थी। जोशीजी की पारिवारिक आर्थिक परिस्थितियाँ विषम थीं और वह बगावत का बिगुल बजाते हुए लखनऊ पहुँचे थे, लिहाजा उनके लिए घर से न ज्यादा पैसा आ सकता था, न आया। नतीजतन वह इस स्थिति में कभी न रहे कि बाजार जाकर ही कुछ खा सकें। तो विशुद्ध अस्तित्ववादी दृष्टि से उन्होंने अपने को दाल और घुइयाँ दोनों मजे से खा लेना सिखाया। जेब में पैसा बिलकुल न होना जोशी जी को इसलिए भी खटक रहा था कि उन्हें बड़ों के पानदान में से चोरी-छिपे तम्बाकू डालकर पान खा लेने की आदत पड़ चुकी थी और 'बिगड़े हुए लड़कों' की सोहबत में वह सिगरेट के कश भी लगाते रहे थे। पूरनदा के यहाँ पान और सिगरेट दोनों ही उपलब्ध न थे। यों अपनी उदारता के तहत उन्होंने एक बार मुझे और डी. के. तथा अपने बड़े साले जगदीश को बैठाकर नशे की अच्छाइयों और बुराइयों के बारे में प्रवचन दिया था और किसी पड़ोसी से माँगकर लाई गई थोड़ी-सी बीयर और एक सिगरेट हम लोगों को

दी थी कि इसे पीकर देख लें, ताकि मन में न रहे कि ये क्या चीज होती है? उनकी इस उदारता का नि:संकोच लाभ जोशी जी ने ही उठाया, लेकिन जाहिर है वह पूरनदा से यह नहीं कह सकते थे कि रोजाना पड़ोसी से माँगकर हमारे लिए ले आया करें।

पैसे के अभाव में जोशी जी अपने प्रिय खाद्य समोसे का सेवन भी नहीं कर पा रहे थे, जिसका लखनवी नाम तिकोना डी. के. के मुँह से सुनकर वह चारों खाने चित्त हो चुके थे। पूरनदा जिस बड़ी-सी बिल्डिंग के पिछवाड़ेवाले फ्लैट में रहते थे, उसका आगे का हिस्सा हैवेट रोड और एबेट रोड के संगम के पास खुलता था और वहाँ तिकोने और बंगाली मिठाइयाँ बेचनेवाले की एक दुकान हुआ करती थी। जोशी जी इस इन्तजार में रहते थे कि डी. के. या कोई मित्र उन्हें वहाँ ले चले। अफसोस कि ज्यादातर डी. के. स्वयं खस्ताहाल रहता था। लिहाजा जोशी जी की रेसिंग साइकिल और डी. के. की लखनऊ के भूगोल और लखनऊ में फैले रिश्तेदारों और परिचितों के बारे में जानकारी का सदुपयोग हर शाम किसी-न-किसी के यहाँ चाय-नाश्ते की तलाश में जा पहुँचने में किया जाने लगा। एक नवविवाहिता मुँहबोली बहन के यहाँ जो बेहतरीन देसी-विलायती पकवान तो खिलाती थीं ही, साथ में विम्टो नामक कोल्ड ड्रिंक भी पिलाती थीं, जोशी जी और डी. के. इतने ज्यादा जाने लगे कि एक पड़ोसन ने उनके पति से शिकायत की कि आप तो घर में होते नहीं हैं, पता नहीं कौन दो लड़के चले आते हैं!

किशोर जोशी जी और डी. के. मुफ्त भोजन की तलाश में मीलों साइकिल चलाकर पहुँच सकते थे। इस बात को समझ लेने पर जोशी जी के पिताजी के एक अन्य छात्र ने जो तब एक उच्च सैनिक अधिकारी थे, उन्हें अपने यहाँ कोई बड़ी पार्टी होने से एक दिन पहले नए बैराओं की ट्रेनिंग कराने के लिए आमंत्रित करना शुरू कर दिया। इस छद्म पार्टी से खाना तो रोजमर्रवाला बनाया जाता था, लेकिन उसे कोर्स-बाई-कोर्स इस तरह से लगवाया और परोसवाया जाता था मानो भाँति-भाँति के व्यंजन बने हों। कहा जाए साहब को मछली सर्व करो और सर्वो गडेरी! कहा जाए कि रेड वाइन दो और वाइन के गिलास में भरा जाए पानी। अफसोस कि उस अफसर का भी लखनऊ से तबादला हो गया। लखनऊ में जोशी जी को एक दुख खाने का था तो दूसरा नहाने का। बिल्डिंग के बीच के दालान में एक कुआँ था जिससे पानी खींचना होता था। जोशी जी जिस बँगले में रह चुके थे उसमें दो-दो कुएँ थे, लेकिन दोनों का इस्तेमाल खेतों की सिंचाई के लिए होता था। अगर नहाने के लिए भी होता तो जोशी जी किसी नौकर से खिंचवाते। जोशी जी ने पाया कि कुएँ से पानी खींचने-जैसा मामूली काम भी

उनके बस का नहीं है। कभी आधा ही बाल्टी पानी खींच पाते, कभी खींचने में पानी छलक जाता।

जोशी जी को सबसे ज्यादा कष्ट इस बात का था कि कन्यार्थी की उम्र में पहुँचते ही मैं एक अजनबी शहर में पहुँच गया हूँ। अजमेर में ही रहता तो कुछ-न-कुछ जुगाड़ करता। लखनऊ में युवतियाँ और स्त्रियाँ उनके लिए अजनबी थीं। तब तक जोशी जी बेहद शर्मीले बालकनुमा थे। इसलिए अपरिचिता से बात करते हुए उनकी घिग्घी बँध जाती थी। डी. के. के किस्से सुन-सुनकर वह यह समझ बैठे थे कि लखनऊ जन्नत में हूरें बेपर्दा घूमती होंगी। वहाँ अजमेर की तरह सौन्दर्य हमेशा घूँघट नहीं काढ़े रहता होगा। लेकिन लखनऊ में आकर उन्होंने पाया कि कॉलेज की छात्राएँ तक चारों तरफ से ढकी हुईं एक कठघरानुमा गाड़ी में कॉलेज जाती-आती हैं। अजमेरवालियों से कम-से-कम बातचीत तो हो जाती थी। यहाँ तो वह भी नहीं। बेचारे जोशी जी का मन वैसे ही रो रहा था 'कन्या कष्ट कन्या कष्ट, व्यर्थ वीर्य पौरुष नष्ट'; उस पर पूरनदा अपनी आधुनिकता के तहत यह जरूरी समझते थे कि जोशी जी, डी. के. और जगदीश को यौन-सम्बन्धी आवश्यक जानकारी दें और श्रेष्ठ पुस्तकें पढ़वाएँ।

जोशी जी डी. के. के साथ जिन लोगों के यहाँ चाय-नाश्ते की तलाश में जाया करते थे, वे सब-के-सब मुहल्लेवाले थे और इस नाते उनकी अपने पास-पड़ोस की लड़कियों से 'भाई साहब यह प्रेम है कि वासना' मार्का लीलाएँ चलती रहती थीं। सुन-सुनकर जोशी जी ईर्ष्या करते थे, और ईर्ष्या को नैतिक क्षोभ में व्यक्त करते थे। आगे चलकर उन्होंने अपने इन साथियों के बारे में एक कहानी भी लिखी। जोशी जी को इस बात का सख्त अफसोस रहा कि लीला-लिप्त रह चुकी बालाओं के बारे में इन बालकों से सूचना मिलने पर भी वह कोई मोर्चा फतह नहीं कर सके। हर जगह उनका शरमा जाना आड़े आया। लिहाजा उन्होंने घबराते-काँपते ही सही धृष्ट किस्म की डायलॉगबाजी करने का महत्त्वपूर्ण फैसला किया। इस तरह की डायलॉगबाजी की एक बानगी मिस मसूरी के सन्दर्भ में दी जा चुकी है। एक और किस्सा पेश करके इस दुखद प्रसंग को फिलहाल टाल देना ही उचित रहेगा।

मैं बता चुका हूँ कि जोशी जी को नहाने के लिए पानी खींचते समय कितना कष्ट होता था। उसी कष्ट में एक और कष्ट यह जुड़ जाता था कि जिस समय जोशी जी पानी खींच रहे होते थे, मकान मालकिन की छोटी बेटी अपने कमरे की खिड़की पर पेटीकोट और ब्लाउज पहने खड़ी दिखाई देती थी। कभी-कभी उस जमाने का कोई गीत गाते हुए, जैसे—चन्दा रे जा रे जा। कस्बों में जन्मे अधिकतर नौजवानों की तरह जोशी जी भी ब्लाउज और पेटीकोट को निहायत

सेक्सी ड्रेस समझते आए हैं। लिहाजा कुएँ से पानी खींचते हुए उनके लिए दो कष्टों का संगम होने लगा। एक दिन मकान मालकिन की बेटी पानी खींचने में उनका अनाड़ीपन देखकर बेसाख्ता हँस पड़ी। जोशी जी ने उन्हें झेंपते हुए निहारा और फरमाया—इनसान को इनसान की हँसी नहीं उड़ानी चाहिए, मदद करनी चाहिए। सुनकर वह मुसकराते हुए बाहर आई और उसने जोशी जी के हाथ से रस्सी लेकर पानी डोल से खींच लिया। जोशी जी नहाना भूलकर फौरन प्यासे हीरो बन गए और चुल्लू ओंठ से लगाकर शुरू हो गए। उसने पानी पिला दिया और पीकर जोशी जी बोले, आज तो कुछ खास ही मिठास है इस कुएँ के पानी में। मकान मालकिन की बेटी पहले मुसकराई और फिर डर के भाग गई, क्योंकि स्वयं मकान मालकिन पता नहीं कहाँ से प्रकट हो गई। उसने जोशी जी की हरकत को बदतमीजी ठहराया और उनके भाई साहब से शिकायत की। जोशी जी को क्षमा याचना करनी पड़ी और आश्वासन देना पड़ा कि आइन्दा डायलॉगबाजी से बाज आएँगे।

जोशी जी को शीघ्र ही यह बोध हो गया कि जबानी जमाखर्च करने वाले डायलॉगबाज जवाँमर्द पास-पड़ोस और गली-मुहल्ले की उभरती हुई युवतियों की दृष्टि में कुल-मिलाकर हास्यापद ठहरते हैं। रोमान्टिक कथानक में भी उन्हें एक्शन-हीरो ही पसन्द आता है। ऐसा हीरो, जो पहले लाल और काली स्याही उचित अनुपात में मिलाकर खून की रंगत देने वाली रोशनाई तैयार करे और फिर उससे ऐसा पत्र लिखे जिसमें उर्दू का एक शेर, हिन्दी का एक दोहा और किसी हिट फिल्मी-गीत की कुछ पंक्तियाँ अवश्य उद्धृत हों। फिर उसे लड़की तक पहुँचाने का कोई दुस्साहसपूर्ण उपाय निकाल दिखाए। इसके बाद कभी सीढ़ियाँ चढ़ते हुए अथवा किसी अन्य ओने-कोने में हीरोइन की बाँह पकड़ ले ताकि वह 'बैयां ना धरो', की परम्परा का निर्वाह करती हुई अपने को प्रेमिका पद पर आसीन कर सके। तदनन्तर हीरो की भूमिका में आप जो कुछ कर-धर सकते हो, करते रहिए।

चिन्तनप्रधान जोशी जी इस तरह का एक्शन कभी ले ही नहीं पाए मारे डर के! लेकिन समझाते मुझे यह रहे कि यह सब हास्यास्पद होने की हद तक मूर्खतापूर्ण लगता है। मेरे जैसे प्रबुद्ध व्यक्ति को सिनेमा के गीतों के सहारे लड़कियाँ पटाना शोभा नहीं देता। मैंने उनसे कहा, "तो आप प्रयोगवादी कविता के सहारे ही पटाइए। एक पत्र भेजकर तो देखिए! बहुत दूर भी न जाइए, यहीं मकान मालकिन की बेटी को ही थमा दीजिए कभी आते-जाते। लेकिन जोशी जी ऐसे बन गए मानो उन्हें मेरी बात सुनाई ही न दी हो। बड़े मनोयोग से यौन-विकृतियों के बारे में हैवलक एलिस की किताब पढ़ते रहे। जाहिर है

इस रवैये के चलते गली–मुहल्ला मोर्चे पर वह किसी हीरोइन पर अपनी प्रबुद्धता का झंडा नहीं गाड़ सके।

इसी भीरूता के चलते जोशी जी बकौल शख्दे, ''कायदे के कजनबाज भी न बन पाए।'' अर्थात् अपने चचेरे रिश्तेदारों के ममेरे–मौसेरे रिश्तेदारों में से, किसी को बहन और प्रेमिका दोनों नहीं बना सके! दोनों ही मोर्चों पर वह दूसरे लड़कों की विजय–गाथाएँ सुनते रहते और कुढ़ते रहते। डी. के. की बातों से उन्हें लगा था कि लखनऊ जन्नत साबित होगा लेकिन वह तो 'अला–बला' सिद्ध हो रहा था। 'अला–बला' का अर्थ जोशी जी न तब जानते थे और न अब जानते हैं! यह फिकरा अलबत्ता उनके कानों में तब लखनऊ में रोजाना पड़ने लगा था। बताया जा चुका है कि जिस बिल्डिंग में वह आकर ठहरे थे, उसका आगे का हिस्सा हैवेट रोड पर खुलता था। अब यह बता दिया जाए कि उसका पीछे का हिस्सा चिरैंधापुरुवा नामक गली में खुलता था, जिसमें एक फकीर मैले–कुचैले कपड़े पहने टाट की छत–तले टाट की ओट में लेटा हुआ अला–बला का जाप करता रहता था। जोशी जी का लखनऊ–प्रवास इसी तरह यूनिवर्सिटी में प्रयोगशाला और कक्षा से ज्यादा रवीन्द्र पुस्तकालय में वक्त काटने और घर लौटकर फौरन रिश्तेदारों और परिचितों के घरों की ओर चल पड़ने में ही कट जाता कि तभी वह बला आई, जिससे फकीर होशियार कर रहा था। पूरनदा को तपेदिक हो गया। अपनी आधुनिकता और साफगोई दोनों का परिचय देते हुए उन्होंने जोशी जी और डी. के. से कहा कि आप लोग हॉस्टल में रहने चले जाइए, क्योंकि मैं नहीं चाहता कि आपको मेरी बीमारी लगे या मुझे पैसों की परेशानी बढ़ जाने के कारण आप लोगों को कोई परेशानी हो।

क्रान्ति क्रान्ति क्रान्ति

मेरी क्रान्तिकारिता मुझे परेशान कर रही थी लिहाजा मैं खड़ा-खड़ा ही क्रान्ति की ओर दौड़ता रहा। इस दौड़ के लिए मुझे उपयुक्त स्थान साहित्य-संस्कृति के मोर्चे पर मिला जहाँ अपने क्रान्तिकारी गर्जन-तर्जन से मैं दसों दिशाओं को गुँजाता रहा। कूर्मांचली जैसे लोगों को सही क्रान्तिकारी दिशा दिखाता रहा और जरा भी डीविएशन होने पर ऐसी फटकार सुनाता रहा कि उन्हें 'डायरिया' हो जाने लगा। लेकिन धीरे-धीरे मेरी समझ में आया कि मैं स्वयं सुविधावादियों के स्वर्ग में जाने का सबसे सीधा और साफ रास्ता तैयार कर रहा हूँ। सो यह कि क्रान्ति लिखो, क्रान्ति बोलो, क्रान्ति भजो लेकिन क्रान्ति करो मत। क्रान्तिकारिता का सवाल मैंने महज सही भाषा का सवाल बना दिया था। मानो स्तालिन की किताब के वजन पर मैंने एक और किताब लिख डाली थी 'द क्वेश्चन ऑफ पॉलेटिकली करैक्ट लिंग्विस्टिक्स'। इसके चलते सारे वामपन्थी सुविधावदियों के स्वर्ग में बस कर साहित्य और संस्कृति में प्रेम से क्रान्ति करने लगे। इस मोर्चे से मैं उस दिन भर पाया जिस दिन हमारे सम्मेलन के लिए एक स्थानिक आई. पी. एस. अधिकारी शहर के व्यापारियों-उद्योगपतियों से तगड़ी चन्दा-वसूली कर लाया और सम्मेलन के मंच पर तीन कांग्रेसी मंत्रियों के साथ-साथ दो आई.ए.एस. अधिकारी भी क्रान्ति का बिल्ला लगाकर विराजमान हुए, जिनमें से एक सी.पी.आई. समर्थक बताया जाता था दूसरा सी.पी.एम.!

पार्टी के इस दोचित्तेपन के साथ-साथ मेरा एक निजी दोचित्तापन भी था जिसके चलते मैं एक तरह से तिचित्ता होता जा रहा था। अन्ततः वही मुझे पगलाने लगा। वह क्या था कि मेरे लिए आदर्श कम्युनिस्ट अपने कका रहे थे। मैं समझता था कि कम्युनिस्टों को गरीबों के बीच और गरीबों की तरह रहना चाहिए। लेकिन पार्टी अमीर होती जा रही थी। मेरी धारणा थी कि गरीबों को उनका दर्द समझने वालों की जरूरत है। उनकी नहीं, जो मोटी-मोटी किताबें पढ़कर लम्बी-चौड़ी बहस करते रहते हैं। मैं स्वयं एक वामपन्थी बुद्धिजीवी था लेकिन मुझे यह देख-देख कर क्याप-सा लगता था कि हम लोग कॉफी हाउसों में बैठे-बैठे अंग्रेजी पत्र-पत्रिकाओं में छपने वाले लेखों और कम्युनिस्ट

ग्रन्थों से उद्धरण दे-देकर वैसा ही शास्त्राथ करते हैं जैसा कि मुफ्त का खा-खाकर मुटापे हुए हमारे ब्राह्मण धर्म ग्रन्थों से श्लोक ठोक-ठोक कर करते आए हैं। यही नहीं, हम भी उनकी तरह ही माले-मुफ्त खा-खा कर मुटा रहे हैं।

जी हाँ, सुविधावादियों के स्वर्ग का रास्ता खुल जाने के बाद हमारे लिए मुफ्तखोरी की सम्भावनाएँ अपार हो चली थीं। बैरलों में भरी सिपाहियों और घोड़ों को पिलाई जाने वाली 'घोड़ी रम' और उससे थोड़ी बेहतर 'रोजा रम' के मुझ-जैसे मुफलिस कद्रदाँ भी इस नए दौर में देश में बनी विदेशी दारू को छोड़कर विदेश में बनी विदेशी दारू के कायल हो चले थे। मैं अलबत्ता अपनी क्रान्तिकारिता की लाज निभाता हुआ रम से ही अपना गम मिटाता रहा। स्कॉच की गन्ध तक मुझे कभी बर्दाश्त नहीं हुई। कृपया यह आपत्ति मत कीजिए कि ढिणमिणाण भैरव कांड का घोड़ी रम और व्हाइट हॉर्स स्कॉच से क्या लेना-देना है? मेरे जीवन में, मेरी सदी में जो कुछ भी हुआ है उसका इस कांड से लेना-देना है। निर्बल से लड़ाई धनवान की, ये कहानी है रमुवा स्काचवान की।

हाँ, तो मैं कह रहा था कि मुझे शास्त्रार्थ करने वाले बुद्धिजीवियों से बहुत कोफ्त होती थी किन्तु डाक्साब की कृपा से मैं शुरू से ही शास्त्रार्थ करने वाले बुद्धिजीवी की भूमिका पा गया था। कम्युनिस्टों में क्रान्ति के सन्दर्भ में बुद्धि-जीवियों की भूमिका को लेकर भी शुरू में थोड़ा दोचित्तापन रहा था लेकिन बाद में स्वयं लेनिन बुद्धिजीवियों को उपयोगिता का प्रमाणपत्र दे गए थे। कम्युनिस्ट पार्टी इंटैलैक्चुलों की एकमात्र पार्टी बन चुकी थी। बुद्धिजीवी ही बतौर डिविएशन डिटैक्टर यानी भटकन-मापक यह बताते थे कि हम में से कौन पार्टी लाइन से भटक रहा है? मुझे यह भी असमंजसप्रद लगता रहा कि पार्टी में मेरे इर्द-गिर्द तमाम ऐसे लोग हैं जो या तो उच्चवर्गीय हैं या होना चाहते हैं। उनमें से जो उच्चवर्गीय और नेहरू की तरह विलायती थे वे ज्यादातर शुरू से आखिर तक कांग्रेस के समर्थक रहे और इसका उनको अच्छा फल मिलता रहा। जो उच्चवर्गीय होना चाहते थे उनमें से लगभग सभी कांग्रेस या रूस की कृपा से अपनी इच्छा पूरी कर सके। बाद की बात छोड़िए जब नेहरू शासन के आरम्भिक दौर में मैं शोध छात्र के रूप में पीस काउंसिल की एक बैठक में हिस्सा लेने दिल्ली गया तब मैंने पीस काउंसिल के दफ्तर को वास्तव में विलायत से महकता हुआ पाया। मैं समझ नहीं पाया कि सर्वहारा के वर्गशत्रु ये आगीरजादे और अमीरजादियाँ क्योंकर क्रान्तिकारी हो सकते हैं?

कका की तरह मैं भी आत्मा-वात्मा नहीं मानता हूँ लेकिन अगर आत्मा-जैसी कोई चीज आप मानते हों तो आपको समझाने की गरज से मैं कहना चाहता हूँ कि मेरी आत्मा को जितना कष्ट इन खानदानी अमीर कम्युनिस्टों ने पहुँचाया

उससे कहीं-कहीं ज्यादा कष्ट उन गरीब और मध्यवर्गीय कम्युनिस्टों ने पहुँचाया जिन्होंने अपनी सारी बुद्धि सुविधाभोगी अमीर बनने में लगा दी और जिनके भेजे से क्रान्ति के हित में कुछ रटे-रटाए वाक्यों के सिवा कुछ भी नहीं निकल सका कभी। कम्युनिस्ट क्रान्ति के इन्दिराकाल में एक बार दिल्ली में ऐसे ही लोगों की संगत में शराब पीते हुए मैंने यह प्रस्ताव रखा था कि एक 'एक्स कम्युनिस्ट मैनिफेस्टो' निकाला जाए और उसमें लिखा जाए 'भारत के कम्युनिस्ट बुद्धिजीवियो एक हो! तुम्हारे पास खोने के लिए सिर्फ सर्वहारा से अपनी प्रतिबद्धता है और पाने के लिए जमाने-भर का ऐश्वर्यभोग!' प्रसंगवश जिन मित्रों के बीच मैंने यह बात कही थी उनमें से सभी की औलाद आज अमेरिका में बसी हुई है। कुछ अन्य मित्र ऐसे भी हैं जिन्होंने पहले अपनी औलाद रूस में पढ़ने के लिए भेजी और जब रूस में मुफ्तखोरी खत्म हो गई तब उन्होंने उसे वहीं से अमेरिका भिजवा दिया। भारतीय कम्युनिस्टों और अमेरिका में बसी उनकी सन्तति दोनों को ही इससे अपार सन्तोष हुआ होगा कि कामरेड ख्रुश्चोव के चिरंजीव भी अमेरिका में जा बसे।

मेरी औलाद कहीं नहीं गई क्योंकि मैंने शादी ही नहीं की। मैं खुद कुछ भी नहीं बन सका क्योंकि पी-एच. डी. हो जाने के बाद शुरू में मुझे इसलिए नौकरी नहीं मिली कि मैं कम्युनिस्ट था और फिर जब मिलने लगी तब मैंने इसलिए नहीं की क्योंकि मैं कम्युनिस्ट था। मेरा 'होलटाइमर' होना शुरू में मेरी क्रान्तिकारिता का अन्यतम प्रमाण माना जाता था और जब मैं पार्टी का प्रमुख बुद्धिजीवी होने के नाते सुविधाभोगियों को फटकार सुनाता था तब उनका सिर झुक जाता था।

अफसोस कि होते-होते फिर ऐसा दौर आया कि मेरी फटकार सुनते हुए सुविधाभोगी कामरेड न सिर्फ मुझसे निगाह मिलाए रहने लगे बल्कि तरस खाते हुए आधे-अधूरे ढंग से मुसकुराते भी रहने लगे कि अब आपको कौन समझाए। जब मैं वर्ग-चरित्र, वर्ग-शत्रु और सर्वहारा जैसे शब्द उचारते हुए उन पर लानत भेजता कि आप अमीर बनने के चक्कर में गरीब के लिए लड़ना भुला बैठे हैं तब वे कहते, "कामरेड अगर क्लीशे जपते रहने से क्रान्ति हो सकती तो कभी की हो चुकी होती। अतिवादिता से अन्धे होकर आप देख ही नहीं पा रहे हैं कि अगर हमने सत्ता के पद सँभाल लिए हैं तो इसीलिए कि सत्ता-प्रतिष्ठान से सर्वहारा के हित में काम करा सकें। आपके साथ दिक्कत यह है कामरेड कि आप जरूरत से ज्यादा भावुक हैं और भावुकता का क्रान्तिकारिता से कोई लेना-देना नहीं है। भावुकता तो 'इन्फेन्टाइल डॉक्ट्रीन' की जननी है।"

मैं जवाब में चीखना चाहता था, "लेनिन के केशविशेषो, भावुकता ही इन्फेन्टों की भी जननी है। भावुकता नहीं होती तो खुद लेनिन नहीं पैदा होता।"

लेकिन तभी उनकी टिप्पणी को सुनकर मेरे दिमाग में उत्तरा की वह टिप्पणी गूँजने लगती, "क्रान्ति तो भावुक लोग ही कर सकते हैं। बहुत सोचने-समझने वाले तो गद्दारी ही कर सकते हैं, क्रान्ति नहीं।" इस टिप्पणी के याद आते ही मेरे मुँह से सूअर की बोली निकलने लगती।

कामरेड रोज मुझे ऐलोपैथिक इलाज के लिए रूस या जड़ी-बूटियों से इलाज के लिए चीन भेजने का प्रस्ताव करने लगते और कांग्रेस के भीतर घुसे हुए कामरेड मुझे इंग्लैंड या अमेरिका में इलाज के लिए प्रधानमंत्री के राहत कोष से पैसा दिलवाने का।

फिर एक दिन कूर्मांचली नामक मुझसे काफी कम उम्र के एक पार्टी-हमदर्द ने, जो किसी पूँजीपति के साप्ताहिक-पत्र का सम्पादक बन बैठा था और पापा की लाड़ली बिटिया इन्दिरा के समर्थन में लगा हुआ था, मुझसे कहा, और सो भी रम नहीं, कैन्टीन की गन्दी चाय पिलाते हुए, 'कामरेड आशावादिता क्रान्तिकारिता की पहली शर्त है और क्षमा कीजिएगा, आपकी बातों से निराशावादिता की सड़ाँध उठने लगी है। अपनी व्यक्तिगत निराशा को पार्टी से निराशा का रूप देना छोड़ दीजिए प्लीज!"

सुनकर मैं स्तब्ध रह गया। पहली बार समझ में आया कि श्रद्धा का पात्र 'होलटाइमर' न रहकर मैं दया का पात्र एक बेकार और बेघरबार अधेड़ व्यक्ति बन चला हूँ। मैं क्रोध से तमतमा उठा। फिर धीरे-धीरे मेरे भीतर फस्कियाधार की यांग्याण देवी उतर आई और मैंने अपने अधेड़ मगर देहाती हाथों से उस कॉन्वेन्टिया इंटेलेक्चुअल कूर्मांचली का हुलिया बिगाड़ दिया। जाहिर है कि उसने इसकी शिकायत मुझसे भी ऊँचे नेताओं से की और उन्होंने उसे झिड़क देने के बजाय उल्टे मुझसे जवाब-तलब किया। आश्चर्य कि इस तरह पार्टी का अनुशासन भंग करते हुए उन्हें कोई शर्म नहीं आई। इस पर स्वयं मैंने उन्हें खरी-खोटी सुना अनुशासन भंग किया।

फिर तो जगह-जगह मैं अप्रीतिकर विवादों में खुद उलझने लगा और अपने से बड़े नेताओं को उलझाने लगा। मुझे सूअर की बोली बोलने का रोग शुरू होने पर एक वह जो चर्चा चली थी कि इस गरीब-गँवार के दिमाग के दो-चार पेंच ढीले हैं, वह फिर से शुरू हो गई और उसका एक परिवर्द्धित संस्करण सामने आया जिसके अनुसार ढीले पेंचों की संख्या दो-चार से बढ़कर दो-एक हजार हो चुकी थी। पेंच ज्यादा खुल जाने के सबूत के तौर पर मेरी प्रेमिका की सीलबन्द मंजूषा और मेरी जेब में रहने वाली गोमूत्र की शीशी की चर्चा आम कर दी गई थी। अपने को क्रान्तिकारी कवि बताने वाले लेकिन एम. एन. रॉय के चेले अज्ञेय की जैसी प्रतीकवादी कविताएँ लिखने वाले तक उस मंजूषा

और उस शीशी की प्रतीकात्मकता के कायल होने के बजाय मुझे पागलपन का प्रमाणपत्र दे रहे थे। वह बातचीत डाक्साब के कानों में भी पड़ी। डाक्साब के कान में यह बात भी पड़ी कि मैं सी. पी. आई., सी. पी.एम. सभी को समान रूप से गालियाँ दे रहा हूँ। उन्होंने मुझे बुलाया और बहुत प्यार से संसार की ऊँच-नीच समझाई।

बोले, ''तुम रेव्यूलेशनरी हो बेटे, मगर एक बात नहीं समझ पाते कि रेव्यूलेशनरी को रैशनल होना पड़ता है, रोमान्टिक नहीं। तुम्हारे यहाँ आते ही जो उस ब्राह्मण लड़की से प्रेम-प्रसंग चल गया उसकी वजह से सब गड़बड़ हो गया। देखो अगर वह तुम्हें मिल भी जाती तो कोई क्रान्ति नहीं हो जाती। मैंने दशकों पहले एक मुसलमान औरत से शादी कर ली थी। उससे कोई क्रान्ति नहीं हो गई। वह तो बस मेरा एक छोटा व्यक्तिगत कदम था। सभी व्यक्ति, सभी दल जब इस तरह के छोटे-छोटे कदम उठाते हैं तब उनकी समग्रता से सामाजिक क्रान्ति की भूमिका बँधती है। अगर लोग-बाग आगे बढ़ रहे हैं और अपने जैसे क्रान्तिकारी विचारों वालों को आगे बढ़ा रहे हैं तो क्या गलत कर रहे हैं? तुम अनास्थावान सिनिक होते जा रहे हो। सिनिक और रेव्यूलेशनरी में फर्क है बेटे!'

कुछ कला-वला हो जाती थी

मनोहर को डर था कि वह आएगी और मैं उसे मुँह नहीं दिखा पाऊँगा। मनोहर को डर था वह नहीं आएगी और मैं कभी उसका मुँह नहीं देख सकूँगा।

गेस्ट हाउस के कमरे के झरोखे में बैठा हुआ वह उस एक चेहरे को देखता रहा मन के पर्दे पर। पहले डिज्ने की आँकी हुई किसी रंगीन फिल्म के रूप में और फिर मथुरा से छपे महिषासुर मर्दिनी के किसी चित्र के रूप में। ऐसा एक चित्र है घर में, जिसके बारे में माँ कहती है, ''ध्यान से देखो तो देवी के चेहरे के भाव बदलते नजर आते हैं।''

मन में उतरती-उतराती महिषासुरमर्दिनी की छवि में भाव बदलने का क्रम जहाँ समाप्त होता वहाँ क्रोध ही क्रोध दिखता अब मनोहर को।

अपराध-भावना ने उसे धर दबोचा था। कुछ अपराध तो उसने पहुँचेली के प्रति मेरे व्यवहार से ही ओढ़ लिया था। कुछ और जब ओढ़ा जब देरी होने की सफाई में मैंने बुजुर्गों से कहा, ''बहन के यहाँ से महालक्ष्मी मन्दिर चला गया पाठ करने।''

इस पर मिस्टर तलाटी ने पंचांग खोलकर टिप्पणी की थी, ''त्रयोदशी को कैसे गया पाठ करने, कल जाता ठीक रहता।''

मिस्टर तिरखा ने कहा था, ''ले, कल फिर चले जाना है इसने, पाठ तो जितना करो उतना अच्छा।''

मिस्टर तलाटी उपसंहार में यों बोले थे, ''कल आप जावें तो सम्हाल के, आज कहीं काँटा-बींटा में गिर गया दिखता है।''

मनोहर महसूस कर रहा था कि बुजुर्गों ने संस्कारी बटुक को चांडाल स्त्री से संसर्ग में पकड़ लिया है। और यही मनोहर यह भी महसूस कर रहा था कि चांडाल स्त्री रूपी उस देवी का और अनन्तर महालक्ष्मी का अपमान उसके द्वारा हुआ है।

अतएव यह मनोहर वहाँ उस झरोखे पर बैठा शापोद्धार के लिए प्रार्थना करता था अब—'ॐ ह्रीं क्लीं श्रीं क्रां क्रीं चंडिका देव्यै शापनाशानुग्रहं कुरु कुरु स्वाहा!' कच्चे माल के सप्लायर की इस मन:स्थिति में जोशी जी के लिए

'वार एंड पीस' लिखना असम्भव-सा था लेकिन झरोखे पर मनोहर के साथ बैठे-बैठे शुरू हुए गुरु।

इस आख्यान में विडम्बनापूर्ण तनाव इस मुद्दे से पैदा होनेवाला था कि यह एक ऐसी पहुँचेली स्त्री के बारे में था जो भटकी हुई थी, किंवा एक ऐसी भटकेली स्त्री के बारे में था जो पहुँची हुई थी। और यह एक ऐसे लेखक-डॉक्टर के बारे में था, जो न भटका हुआ था, न पहुँचा हुआ था, जो बस 'था'। और जिसका यह मात्र 'होने' का जीवन-दर्शन, एक स्थिर सन्दर्भ-बिन्दु प्रस्तुत कर रहा था नायिका के भटकने-पहुँचने-भटकने के झंझावात-क्रम को।

जितना ही जोशी जी ने मुझे समझाया यही कहने की तबीयत हुई कि 'भटकने-पहुँचने-भटकने' वाली 'वार' तक तो ठीक है लेकिन इस 'था' वाली 'पीस' को आप 'हुआ करे' का दर्जा दें भगवन! बहरहाल मैं इस बात के लिए निश्चय ही आभारी था कि जोशी जी पहुँचेली पर 'वार एंड पीस' ही लिखना चाह रहे हैं, 'वेस्ट लैंड' नहीं।

अपनी 'वार एंड पीस' का पहला अध्याय, जिसमें 'मैजिक माउन्टेन के सेनेटोरियम जैसे एक ऊँचे दर्जे के पागलखाने में विक्षिप्त किशोरी पहुँचेली को अपने प्रौढ़ लेखक-डॉक्टर की ओर आकर्षित होता हुआ दिखाया गया था, लिखने के बाद जोशी जी ने पूछा, "क्या खयाल है?"

मैंने उनसे कहा, "कुछ ज्यादा ही ऊँचा खयाल है। प्यारे भाई, इन सबसे 'युद्ध और शान्ति' का उपन्यास बनेगा कैसे? दिक्कत यह है कि अभी तो आपने इस कुरुक्षेत्र विशेष में युद्ध के नाम पर एक चील-झपट्टा-सा मारा है कुल। आप इसे खुद ही पढ़ लीजिए और बताइए इससे बाबा तालस्ताय के जल्वे में क्या कमी आनेवाली है? अजी इससे तो उन हेमिंग्वे की सेहत पर भी कोई असर नहीं पड़नेवाला है जो आपकी तरह बाबा से बहुत आक्रान्त रहे और जिन्होंने शायद आपकी ही तरह 'युद्ध और शान्ति' दुबारा पढ़ने की गलती कभी नहीं की। और आप मेरी मानिए, यह जो नायक आपने रखा है ना, डॉक्टर-कम-राइटर ज्यादा, जो बाबा फ्रायड और बाबा वात्स्यायन के बीच का-सा कोई बजरबट्टू है, यह बहन का दीना कोई स्थिर-विस्थिर बिन्दु नहीं दे पाएगा उस तूफानी नायिका को, यह तो लट्टू-सा घूमेगा, लट्टू-सा!"

फिर मैंने जोशी जी से कहा, "यह भी सोचिए आपके बाबा मार्क्स इसे पढ़कर क्या कहेंगे? जाइए बता आइए उन्हें कि बाबा मेरे देश के लोग तो गाय के गोबर में से अनाज बीनकर खा रहे थे और मैं टामस मान की लीद में से। लोग-बाग देश में भूख से मर रहे थे और मैं अशोक के पत्तों पर पड़ती धूप पर मरा जा रहा था और इस कदर कि पूरे तीन पैरे हीरोइन को उसका

पैटर्न ही दिखाता रहा कि साहब जोशी की भाषा का सघन टैक्सचर बतर्ज विलियम फाकनर।''

जोशी जी मुसकराए। गाली आमतौर से देते नहीं। लेकिन इस समय दी। बहुत प्यार से, ''साले, यह ही कह दिया होता, सन्दर्भ खलीक यानी अधकचरा वामपन्थी फिलिस्टीन।''

खलीक और वामपन्थियों की चर्चा छिड़ने से मुझे याद आया कि पड़ोस में ही एक सिम्पेथाइजर भाई के टैरेस पर, कल्चरवालों का जमावड़ा इन दिनों हो रहा है—मराठी लोकनाट्य तमाशा की शैली में लिखा गया एक प्रगतिशील ऑपेरा 'जाग रे, जाग रे जाग' देखने के लिए, जिसमें गीत खलीक के हैं। मैंने जोशी जी से कहा, ''यार, आप भी चलें।'' वह राजी हुए, खलीक से उनकी नायिका की स्मृति जो जुड़ी हुई थी।

छत के खुले मंच पर जब तक मैं पहुँचा, ऑपेरा खत्म होने को था। दरवाजे पर खड़ी अति परिष्कृत बाला ने जोशी जी को इसकी सूचना गिट-पिट अंग्रेजी में दी लेकिन उन्होंने फिर भी बतौर प्रवेश-शुल्क चन्दा दिया। बाला के आग्रह पर पार्टी साप्ताहिक 'न्यू एज' खरीदा। पुनः आग्रह पर किसी दूर-दराज देश की स्थिति के सम्बन्ध में चिन्ता व्यक्त करनेवाले वक्तव्य पर अपने हस्ताक्षर टिकाए। और फिर पहली दर्शक-सीढ़ी के बगल में 'न्यू एज' बिछाकर बैठ गए। खलीक-सुन्दरी नटी बनी हुई थी इस तमाशे में। इस किंचित स्थूलकाया का बहुत विश्वास से थिरकना-विरकना इस बात का परिचय दे रहा था कि वह नाच-गाना-पाल्टी की सदस्या रह चुकी है कभी।

जब वह दर्शकों को पीठ दिए नाची, मैंने जोशी जी से कहा, ''मंगल-बुध।'' इसका सन्दर्भ यह था कि साहब कि इन्डस्ट्री के एक बुजुर्ग कैमरामैन हुआ करते थे जो हीरोइन का पीछे से शाट लेने से पहले डायरेक्टर से पूछ लेते थे 'मंगल-बुध कितना डालने का इसमें?' गोया कैमरा नितम्बों पर कितनी देर केन्द्रित रखना है? जोशी जी बोले, ''तुम वल्गर हो, देहाती हो।''

मैंने कहा, ''प्यारे, यह दिहाती तमासा है, इसी नजर से देखा जाता है।''

जोशी जी, जाहिर है, यह देख रहे थे कि तमाशे के पेशेवर देहाती कलाकारों को शहरी कलाकारों के साथ उतारकर निर्देशक ने, और तमाशे के परम्परागत रूपाकार में 'वर्ण-संघर्ष' की नई थीम ढालकर लेखक ने, सांस्कृतिक टकराव-तनाव के कतिपय विडम्बनापूर्ण आयाम किस प्रकार उजागर किए हैं! उन्हें खलीक द्वारा गीतों में बम्बइया हिन्दी प्रयुक्त किया जाना भी एक दिलचस्प प्रयोग मालूम हुआ, जिसे प्रगतिशील भी ठहराया जा सकता था। कामरेड साहित्यिक जोशी जी की मान्यता यह थी और प्राथमिकता क्रम एवं प्रकार था कि प्रयोग

होने चाहिए, प्रयोग दिलचस्प होने चाहिए और यदि वे प्रगतिशील भी हों तो मच दे बैटर!

क्रान्ति की समूह-वन्दना (मार्क्स-लेनिन हम कू बोला, कायकू रोता तू भोला! उठ, जाग, खड़ा हो, झूम, गदर कर मार जोर से बूम, जुलुम कू देगा टक्कर आज, सम्हल तू जुल्मी महाराज, जी-जी-जी) के साथ शो खत्म हुआ। मैं 'न्यू एज' पर से उठा और मैंने नवयुग लानेवाली बिरादरी पर एक सरसरी निगाह डाली। वही लोग, टैरेस-थियेटर हो, फिल्म सोसायटी का शो हो, कला-प्रदर्शनी हो, वही लोग। और मार तमाम वही लोग नहीं, वही मुट्ठी-भर लोग, जो जमीन पर हगनेवालों के इस मुल्क में कल्चरदार क्रान्ति और क्रान्तिकारी कल्चर का नगाड़ा बजाते हुए 'अहसासे-जमाना' का परचम उठाए हुए आगे बढ़ रहे हैं, तूफाने-बदतमीजी का सामने करने के लिए। मुझे बहुत प्यारे लगते हैं बकर-दाढ़ी और सुनहरे फ्रेमोंवाले ये लोग और उनसे भी ज्यादा प्यारी लगती हैं इनकी सिगरटिया पीनेवाली सींकिया लुगाइयाँ जिन ससुरियों का सारा जोबन भेजे में खिंच के आ गया है। उच्च जीवन, उच्चतर विचार और उच्चतम विलास में अपनी तो पूरी आस्था है साहब। जोशी जी, अलबत्ता, इन लोगों से बिना वजह खफा रहते हैं। ये दृश्य-पट पर आए नहीं और इन्होंने 'सूडो-सूडो' जपना शुरू किया नहीं! शायद इसलिए कि जोशी जी खुद 'सूडो' हैं। अजी न होते तो इनकी ही समझे ना क्यों सूँघते फिरते? और हमारी बिरादरी को 'वल्गर' क्यों कहते?

काठ की बनी हुई दर्शक-सीढ़ियों से उतरकर लोग-बाग अब 'मंच' गोया कि छत पर काकटेल पार्टीवाले अन्दाज में टहल-हिल-मिल रहे थे गो यहाँ मुफ्तिया काकटेल नहीं, एक रुपए की कॉफी और सवा रुपए का काजू पैकेट मिल रहा था। बेच रही थी कोने पर खड़ी एक सिगरिटिया बाला जो पूरी तरह सींकिया नहीं हो पाई थी। इस साँवरी-सलोनी से मैंने कॉफी माँगी और कहा अंग्रेजी में कि 'काली पसन्द करता हूँ।' उसने धन्यवाद किया। जोशी जी ने मुझे धिक्कारा।

औरतें आ-जा रही थीं, प्रभु और माइकेल एंजलो दोनों को भुलाकर फिलहाल 'फोक सेन्सिबिलिटी' के गुण गा रही थीं। जोशी जी कुछ देर चौबे से बतियाए जिसकी बकर-दाढ़ी इन दिनों अंग्रेजी नाटक हिन्दी में खेल-खिला रही थी। कुछ देर कारन्त से उन्होंने हुसेन की कला की 'आर्टी आर्टीनेस' का परिचय पाया। कारन्त, जो इनकलाबी पोस्टरों से शुरू हुए थे, पेरिस में ताँबे के रंग की निर्वसनाएँ बना चुकने के बाद, ऋषिकेश का अमूर्त्त अंकन कर चुकने के बाद, अब बीजाक्षरों, त्रिकोणों और कमलों से तांत्रिक कला साध रहे थे। जोशी जी ने फिल्म समीक्षिका डौली के पैकेट में से एक सिगरेट पी और

'फोक सेन्सिबिलिटी' के तहत उसे एक कुमाऊँनी लोकगीत का अंग्रेजी अनुवाद सुनाया। डौली ने बर्गमान की 'वर्जिन स्प्रिंग' के 'फोकिश ट्रीटमेंट' का चर्चा किया। जोशी जी फिर एक मराठी लेखिका से बतियाए जिसने अपनी किसी कहानी में अपनी हीरोइन से कुछ सनसनीखेज कहलवा दिया था, जने क्या तो मेरे कितने हों तो मैं हीरो के जाने कहाँ-कहाँ क्या-क्या कर दूँ, समझे ना! तब से ससुरे सभी इन्टेलेक्चुअल उसके पीछे लग लिए थे हालाँकि देखने-सुनने में वह बस ठीक ही थी!

मुझे तभी खलीक आता दिखाई दिया और सर्वथा नवीन ध्वजा में। थ्री पीस सूट, बकर-दाढ़ी, सुनहरा फ्रेम और पाइप! सूट किसी अच्छे टेलर का सिला हुआ था, फिर भी लगता था कि फिट नहीं आया है। खलीक के जिस्म पर आ भी गया हो, जेहनियत और शख्सियत पर हरगिज नहीं। तो मैंने 'जने क्या तो कहाँ कर दूँ' से विदा ली और खलीक से जाकर कहा, "किब्ला नख्खास में यह सब भी गा गए आप?"

"वड़चो तुम यहाँ क्या कर रहे हो, होल-टाइमर होलू?" कहकर उसने मेरी बात काटी।

"और तुम वड़चो यह वड़चो-वड़चो क्या लगाए हुए हो!" मैंने पूछा, "और वड़चो यह नख्खास से लिया हुआ थ्री पीस किस खुशी में?"

खलीक ने कहा, "हम रईस हो गए हैं बरखुरदार और अब सोलहो आने अपने रईस चाचा बना चाचा बना चाहते हैं। पड़ोस में रहते थे बुजुर्गवार, पेशे से वकील, 'लीडर' अखबार को खत भेजनेवाले प्लीडर, नाम रईस खाँ और खुदा के फजल से हम कंगलों की बस्ती में हैसियत भी रईसाना रखनेवाला। वह थ्री-पीस पहनते थे, और दफ्तर में कोट उतारकर वास्केट में ही घूमा करते थे। दिलो-दिमाग में बसी हुई है उनके वास्केट के साटन की चमक। ड्रेसिंग गाउन पहने नजर आते थे, लॉन में, माली और ड्राइवर से वड़चो कहते हुए पाइप पीते हुए।"

"तो वड़चो आपको क्या सूझी कि वड़चो हो गए?" मैंने पूछा।

"कान तो देकर सुनिएगा, बड़े राज की है यह बात, रूसो के कन्फेशंस के टक्कर की। वह जो आप एक अदद इनकलाबी खलीक को जानते थे ना, उस भूतनी के दिल में कहीं रईस चाचा बन जाने की इनकलाबी ख्वाहिश छिपी हुई थी। हर मिडिल क्लास रेवोल्यूशनरी के दिल में कोई-न-कोई रईस चाचा बैठा है वड़चो।"

"आप तो इस तरह टेसुए बहा रहे हैं वड़चो जैसे इनकलाब मरहूम आपके बाप हुआ करते थे।" मैंने कहा।

खलीफ गुत्थमगुत्था करने लगा।

तभी मिसेज पोपट भाई, जिनका मैका ऊ. पी. में था, माथे पर टिकुला लगाए और अंग्रेजी–भोजपुरी दोनों में समान अधिकार से उचारनेवाले ओठों पर पान की लाली जमाए, बीच–बचाव के लिए आईं। उन्होंने कहा, "ए भाई लोगन, का कउवा–रोर मचउले हउव।"

खलीक बोला, "कउवा–रोर नहीं हौ काकी, ई नौटंकी कऽ तैयारी हो।"

काकी बोलीं, "नौटँक झाड़े पर नौटंकिए करबऽ बबुआ। का जमाना हौ, भांडन–लोंडन कऽ राज हो गइल हौ।"

खलीक ने छेड़ा, "भौजी, तोहरो जमाना रहल होई!"

काकी मुसकराईं, "मुँह झौंसा! जा अपना महतारी से ई सब कहऽ।" और फिर अपने बम्बइया अवतार में बोलीं, "सीरियसली ह्वाई डोंट यू अटेन्प्ट इट किड्स। मॉडर्न नौटंकी स्टेज करने में सच बहुत लुत्फ आएगा मुझे।"

खलीक ने नौटंकी लिखने का वादा किया और फिर अपनी पत्नी की तलाश में आगे बढ़ा। वह एक फिल्मी म्यूजिक डायरेक्टर के मक्खन लगाने में व्यस्त थी। जब उसने पूरी टिक्की खत्म कर दी तब हम लोगों की सुध ली। खलीक से उसने जानना चाहा कि दोपहर बाद कितना काम किया? खलीक ने सूचना दी कि एक सीन का रफ–ड्राफ्ट बना लिया है। वह सन्तुष्ट नहीं मालूम हुई इस प्रगति से, और उसने आशंका व्यक्त की कि रफ–ड्राफ्ट कहीं किसी गजल का न हो! उसने जानना चाहा कि आखिर कैसे होते हैं वे लोग जो बीस रुपए भी न दिलवानेवाली गजल को पचास हजार की फिल्म–स्क्रिप्ट से ज्यादा जरूरी समझते हैं? कायदे से इस चोट पर खलीक को मरने–मारने पर उतारू हो जाना चाहिए था, लेकिन इस नए खलीक अवतार ने बातचीत का रुख मोड़ने के लिए मेरा परिचय दिया। मैंने पायलागन की और बम्बई में दुर्लभ इस अभिवादन से भाभी जी को कुछ याद आया, "अरे आप तो वही हैं जो हमारी शादी के दिन आए थे, पीकर बहुत बहक गए थे। बाद में तारा दीदी से कह रहे थे चलो आत्महत्या कर लें।"

"कौन दीदी?" मैंने पूछा, "कैसी आत्महत्या?"

भाभीजी बोलीं, "तारा झावेरी, आपके भाई साहेब की गर्ल–फ्रेंड! आप उनके साथ पार्टी से समुद्र के किनारे गए। फिर वह कहती थी कि आप बोले हम दोनों आगे बढ़ते ही जाएँ, बढ़ते ही जाएँ, जब तक खामोश गहराइयाँ लपककर बहुत लाड़ से हमें अपनी गोद में न खींच लें।"

"मैंने ऐसी कोई बात नहीं कही।" मैंने विरोध किया।

"मुमकिन है, इस तरह न कही हो," खलीक सहमत हुआ, "सख्त चुतियापे की बातें खूबसूरती से कहने के लिए भी टेलेन्ट चाहिए। बहरहाल

आत्महत्या का सवाल आपने उठाया जरूर होगा। आप जैसे जनखे के आगे एक अदद जालिम हसीना रख दी जाए तो सिवा खुदकुशी के उसे सूझ ही क्या सकता है?''

जोशी जी ने लेखकीय तेवर अपनाया, ''खलीक, यह उसका झूठ है, मुझे दिलचस्पी है उसकी सचाई से। वह है कौन?''

''सचाई से दिलचस्पी थी तो साया उठाकर देख ली होती बिरादर!'' खलीक हँसा और अपनी सुन्दरी के साथ टैरेस से विदा हुआ।

जोशी जी लपके और साथ सीढ़ियाँ उतरते हुए उन्होंने कहा, ''खलीक, सीरियसली, वह है कौन?''

खलीक ने जोशी जी को ऊपर से नीचे तक देखा, ''खैरियत तो है? आप तो ऐसे पूछ रहे हैं मानो जिक्र किसी चुड़ैल का हो। वह तारा झावेरी नाम की एक अमीरजादी है जो किसी और नाम से कभी कहानियाँ भी लिखा करती थी।''

जोशी जी ने कहा, ''खलीक, वह लेखिका नहीं, रंडी है, तांत्रिक होने का नाटक करती है।''

खलीक को हँसता देख जोशी जी बोले, ''खलीक, उसने खुद मुझे बताया है सब। अच्छा बताओ, वह तुमसे पहली बार एक मुशायरे में मिली थी ना? और तुमने लिफ्ट के बाहर मीर का वह शेर अपना बनाकर सुनाया था ना उसे—जो भी आए हैं तेरे पास ही आ बैठे हैं।''

खलीक हँसता रहा। उसकी सुन्दरी भी हँसने लगी। फिर खलीक ने कहा, ''तुम्हारा दिमाग चल गया है बरखुरदार, अगर मेरे पास भी तुम्हारी तरह इश्क लड़ाने के लिए शेरो-शायरी के सिवा कोई हथियार न होता तो मैं अपना ही कोई शेर क्यों नहीं सुना देता? मैं किसी मीर से कम हूँ वड़चो?''

''और तुमने उससे कहा कि 'वह अफसाना जिसे अन्जाम तक लाना न हो मुमकिन' वाला मिसरा तुम्हारा है, तुमने साहिर को एक अद्धे के लिए बेच दिया था।''

''वड़चो मैं सुने ले रहा हूँ तो जो जी में आए सो कहे जा रहे हैं आप!''

''खलीक, मैं सच कहता हूँ, उसने मुझसे यह कहा।''

''तुम्हारा जैसा टोल-टाइमर होलू सुनने बैठा होगा, तो उसे ऐसे घटिया अफसाने ही सूझे होंगे।''

''जी हाँ, उसी तरह जैसे रोमान्टिक खलीक को सुनाने के लिए उसे जोशी जी की आत्महत्या के अफसाने सूझे। खलीक, मैं जानता हूँ, हकीकत क्या है?''

हम नीचे उतर चुके थे। खलीक ने टैक्सी खड़ी करवा रखी थी। उसने पहले सुन्दरी को बैठाया, फिर खुद बैठा; दरवाजा बन्द करके खिड़की से झाँका और

दाढ़ी खुजाकर बोला, "एक डायलॉग सुन बेटा, कभी काम आएगा। हकीकत वह अफसाना है जो रास न आए तुम्हें। आदाब–अर्ज है।"

"लफ्फाज!" जोशी जी ने जाती हुई टैक्सी की लाल बत्तियों को कोसा, "सूडो!"

गेस्ट हाउस लौटते हुए जोशी जी रास्ते–भर सूडो बिरादरी को बुरा–भला कहते रहे।

"इ–मेजिन," उन्होंने मुझसे कहा, "शुद्ध देहाती थेटर तक ये साले अल्का जी की भी टैरेस पर खेलते–देखते हैं इम्पोर्टेड सेंट की महक से घिरे हुए!

इस पर मैंने उनसे पूछा, "क्या आप वड़चो ठेठ लोकल–सेंट से घिरे हुए इसे देखना चाहते थे?"

"इ–मेजिन," उन्होंने मुझसे कहा, "ये साले पैसेवाले लोग, गिट–पिट अंग्रेजी बोलनेवाले लोग, ये इस गरीब अनपढ़ देश में क्रान्ति करने का दम भरते हैं।"

इस पर मैंने उनसे पूछा, "आपकी रेवोल्यूशनरी जील विश्वविद्यालय की दीवारों पर रायलसीमा और रेल हड़ताल के पोस्टर चिपकानेवाली जुझारू मंडली के लिए लेई बनाते हुए भी हलक–सुखाऊ घबराहट महसूस करने से आगे कभी गई हो तो हमें बताएँ।"

"इ–मेजिन," उन्होंने मुझसे कहा, और थोड़ा रुककर बोले, "खैर, तुमसे बात करना बेकार है, तुमें इमेजिनेशन है ही कहाँ?"

कमरे में लौटकर मैंने जोशी जी से दो–टूक बात की। मैंने कहा कि आप वह 'वार एंड पीस' जब लिख सकें, लिखें; मुझे रथिजित भट्टाचार्य के लिए कोई सिनाप्सिस लिखने दें। मेरी बिमलदत्त से फिर बात हुई है। दादा से मित्तल हिन्दी में बिग बजट फिल्म बनाने को कह रहा है। मौके से अगर कहानी वहाँ भिड़ा दी जाए तो आपको थ्री–पीस और सुनहरा फ्रेम पहनवाने का डौल हो जाएगा। दाढ़ी तो बहरहाल आपकी हो–ची–मिह्न टाइप ही आ सकेगी, बकर नहीं। जोशी जी ने कहा कि "दादा, 'लार्जर दैन लाइफ' के कायल हैं, 'एपिकल प्रपोर्शंस' पसन्द है उन्हें, सो आप जैसे चालू पत्रकार टाइप के बस के नहीं। बताइए, आप क्या लिखेंगे?"

मैंने कहा, "मैं दिहात में डिरामा करनेवाली एक मंडली के बारे में लिखूँगा जो मंच पर एक नाटक खेल रही है, अपने तम्बू में दूसरा।"

जोशी जी ने व्यंग्य किया, "सन्दर्भ 'क्राइस्ट रिक्रूसिफाइड'!"

मैंने कहा, "आप सन्दर्भ–वन्दर्भ को मारिए गोली, इसमें मुख्य मुद्दा विडम्बना का, आपका मुहावरा इस्तेमाल करूँ तो, इससे पैदा होगा कि जो ड्रामा

मंच पर बहुत साफ-सुथरा है, वही जीवन में घपलेबाज साबित होता है, यद्यपि कलाकर वही हैं।''

जोशी जी बोले, ''आप मेरा मुहावरा बोलने की जुर्रत न करें। दाता को आपने यह थीम सुनाई तो साफ पकड़े जाएँगे। वह पढ़े-लिखे आदमी हैं।''

''तो क्या करें?'' मैंने उनसे पूछा। जोशी जी ने सोचा कुछ देर और फिर बोले, ''ठीक है, थ्री-पीस सूट के लिए तो नहीं, कान फिल्मोत्सव पुरस्कार के लिए लीजिए मैं लिखे देता हूँ सिनाप्सिस। हालाँकि यह स्वीट डिकेडेंस की हो नहीं पाएगी।''

वह बालकनी पर जा बैठे लिखने। गो रात के ग्यारह बज चुके थे।

''शाबाश!'' मिस्टर तिरखा ने कहा, ''मूड बना अपने मिस्टर जोशी का लिखने का।''

मिस्टर तलाटी बोले, ''मेरी समझ से तो सुबह जल्दी उठकर लिखना अच्छा होएगा फ्रेश माइन्ड से।''

मिस्टर जोशी ने बहरहाल स्टेल माइन्ड से छह घंटे में हाथ के लिखे तीस सफे का पटकथा-सार लिख मारा। उस पर सार का सार आगे दिया जा रहा है। वह पूरा नहीं दे रहा हूँ तो विस्तार-भय से ही नहीं, इसलिए भी कि मैंने जैसे उसे तब कूड़े की टोकरी में फेंक देने लायक समझा था, वैसे ही आज भी समझता हूँ। फेंका नहीं है तो इसलिए कि लोकतंत्र-विश्वासी हूँ और जोशी जी के इस अधिकार का सम्मान करता हूँ कि वह कभी चाहें तो उसका यथोचित उपयोग करें।

प्रसंगवश यह भी बता दूँ कि कथा-सार तैयार करने के बाद सन्तुष्ट जोशी जी ने मुझसे कहा था, ''जब इस स्क्रिप्ट पर बनी फिल्म रथिजित को कान-फेस्टिवल अवार्ड दिलवाएगी तब मैं तुम्हें ठेंगा नहीं दिखाऊँगा क्योंकि ठेंगा, तुम्हारे जैसे मूलत: कमीने लोग दिखाते हैं, मेरे जैसे मूलत: कलाकार नहीं।''

मैंने जोशी जी को आश्वस्त किया कि यदि उपर्युक्त फिल्म बनी और उपर्युक्त पुरस्कार प्राप्त हुआ उसे तो मैं उपुर्यक्त ठेंगा टेकन फार ग्रान्टेड मान लूँगा।

एक अपना ही अजनबी

सच्चिदानन्द हीरानन्द वात्स्यायन 'अज्ञेय' का नाम तो नाम, उपनाम सुबहान अल्लाह! आप कहेंगे कि भला नाम-उपनाम में धरा क्या है? जरा सुनिए, मुंशी प्रेमचन्द—एक निहायत ही दबे-ढके, सीधे-सादे शख्स की तस्वीर सामने आती है न? निराला—यह शब्द सुनकर मन में अवधूत जागता है कि नहीं? और वे तमाम नन्दन, कुमार और लाल-युक्त नाम, उन्हें सुनकर सच कहिए, मूड कतई सूरदास हुआ जाता है कि नहीं? तो जरा फिर सुनिए—सच्चिदानन्द हीरानन्द वात्स्यायन 'अज्ञेय'! देखा आपने, इसे सुनने की दो ही प्रतिक्रियाएँ होती हैं, या तो आप आस्तीनें चढ़ाकर पूछते हैं, "क्या कहा?" या आप मरी-सी आवाज में एक गिलास ठंडे पानी की माँग कर बैठते हैं। तो क्या ताज्जुब जो इस नाम ने हिन्दी साहित्य-जगत में सबसे ज्यादा उन्मेष, सबसे ज्यादा हीन भावना जगाई है। यहाँ बतौर सान्त्वना, 'नाम बड़े और दर्शन छोटे' वाला मामला भी नहीं है, यह नहीं कि कहा मनोहर श्याम और एक उजबक सामने ला खड़ा किया। अज्ञेय जब आपके सम्मुख प्रकट होता है तो आप देखते हैं कि उसका व्यक्तित्व भी नाम के अनुरूप गरिमावान है। ऊँचा कद, चौड़ा सीना, फ्रायडवादी याद ताजा करानेवाले घने काले रोएँ, यदा-कदा-बहार-दाढ़ी, खिलाड़ी-सा बदन, शिकारी-सी चाल! इस पर तुर्रा यह कि आप इस व्यक्तित्व को किसी भी लिबास में लपेट दीजिए, वह प्रभावप्रद प्रतीत होता है। एक बार नई दिल्ली में जीन्स-जाकिटधारी और स्कूटर-सवार वात्स्यायन को देखा था और खुदा झूठ न बुलवाए, वह क्षण खासा चेतन रहा था। कुल मिलाकर यह व्यक्तित्व ऐसा है कि देखते ही हे-हेतुक विशेषणवादी काव्य आप ही आप फूटता चला जाए। मगर जब यह व्यक्तित्व बोलना शुरू करता है तो दुखद आश्चर्य के साथ, आप दिनकरजी को विदा करके पन्तजी को न्यौता देते हैं। भगवान की दी हुई तमाम अक्खड़ सजधज के बावजूद अज्ञेय में कुछ ऐसा है जो निहायत ही नाजुक है—उसकी आवाज, सुनहरे फ्रेम के पीछे झाँकती हुई उसकी शान्त-क्लान्त आँखें और ओठों की कोर से ठोढ़ी की ओर बढ़ती हुई थकाहारी-सी रेखाएँ। अज्ञेय की आवाज में गेय तत्त्व काफी है। लहजा भी खास है—लययुक्त और

विराम-चिह्नपूर्ण। अक्सर विराम-चिह्न शब्द के बीच भी लगा दिए जाते हैं, यथा—रघु, वीरजी तो, आ, प आते हैं? इस लहजे की नकल करने की तबीयत होती है। कई भूतपूर्व अज्ञेयवादियों की जबान पर तो 'करत-करत अभ्यास के' यह नकल असल हो चली है। वह सभा-सोसाइटी में कुछ इस तरह के जुमले कहते सुने जाते हैं—'हम, ने एक यो, जना बनाई थी, उस पर काम हो, ने जा, रहा है।' गर्ज यह कि कुछ और है उसका अन्दाजे बयाँ और उसकी तर्जे बयाँ भी! यों सच पूछिए तो उसका क्या है जो कुछ और नहीं?

सामान्य हिन्दी साहित्यकार के सामने अज्ञेय कुछ ऐसा ही जँचा जैसा उच्च मध्यवर्ग निम्न मध्यवर्ग की तुलना में दीखता है। उससे सामान्य हिन्दी साहित्यकार को कुछ वैसी ही ईर्ष्या हुई जैसी निम्न मध्यवर्ग को उच्च मध्यवर्ग से होती आई है। पंचों की राय में अज्ञेय हिन्दी साहित्य-जगत का सर्वाधिक अप्रिय व्यक्ति है। इस भावना को महज ईर्ष्या पर आधारित समझना या समझा सकना मुश्किल है। मानना ही पड़ता है कि अज्ञेय को दोस्त न बनाने में, और प्रकारान्तर से, दुश्मन बनाने में माहिरी हासिल है। उसे तपाक से मिलना, गले में हाथ डाले घूमना, भगवन! गुरु! कऔ बेटा! जैसे सम्बोधन कहना, जरा भी तो नहीं आता। अपने में, अपने तक रहने में, वह अंग्रेजों को भी मात करता है। न वह किसी का व्यक्तिगत सुख-दुख जानना चाहता है और न किसी को अपना व्यक्तिगत सुख-दुख बताता है। इसीलिए पीठ-पीछे बुराई करने में प्रवीण हिन्दी लेखकों को उसके व्यक्तिगत जीवन में काफी जुगुप्सा रहती है। ऐसा भी नहीं कि उसके व्यक्तिगत जीवन में कोई खास पेच रहा हो। विवाह, तलाक, और एक लम्बे अन्तराल के बाद पुनर्विवाह। इतनी-सी बात को लेकर वह चटखारे पैदा किए और लिए गए हैं कि हिन्दी साहित्यकारों की कल्पनाशीलता की दाद देनी पड़ती है।

अज्ञेय को राजनीतिक बदनामी भी काफी मिली है। प्रतिक्रियावादियों की हिन्दी में कोई कमी नहीं, लेकिन अमरीकी एजेंट अज्ञेय को ही कहा गया है। मुझे एक प्रगतिशील आलोचक ने विस्तार से यह समझाया था कि अज्ञेय को 'प्रतीक' के प्रकाशन के लिए कितनी अमरीकी सहायता मिलती है। जब 'प्रतीक' बन्द हो गया तो शायद इन आलोचक महोदय का यही अनुमान रहा होगा कि अमरीकी खजाना खाली हो गया है। साहित्यिक दृष्टि से भी अज्ञेय को बराबर गलत समझा और समझाया गया है। कहीं गलती से उसने इलियट की कुछ पंक्तियाँ अपने लेख में उद्धृत कर दीं तब से उसे इलियट कहा जाने लगा और इलियट को 'इडियट' का पर्याय ठहराया जाने लगा। कोई भी पढ़ा-लिखा आदमी यह देख सकता है कि अगर अज्ञेय पर किन्हीं पाश्चात्य लेखकों

का प्रभाव है तो डी.एच. लारेंस और ब्राउनिंग का! लारेंस का प्रभाव अज्ञेय की लेखनी ही नहीं, दाढ़ी भी घोषित करती है, लेकिन देखने और पढ़नेवाले लोग हैं कहाँ!

पिछली पीढ़ी अज्ञेय की अंग्रेजियत से आक्रान्त रही और उसे अमौलिक साबित करने की कोशिश करती रही। नई पीढ़ी अज्ञेय की भारतीयता से बोर हुई पड़ी है और उसके नएयन को पुराना ठहराने में जुटी हुई है। अज्ञेय आज प्राचीनों में आधुनिक हैं और आधुनिकों में प्राचीन, यानी हर कहीं अजनबी। हिन्दी के अधिकांश नए साहित्यकार कभी न कभी अज्ञेय से प्रभावित रहे। लेकिन उनमें से सबने इस प्रभाव की केंचुली उतार फेंकना अथवा उसे अपने ही प्रादुर्भाव की केंचुली मान लेना श्रेयस्कर समझा। वह परिष्कार, वह प्रौढ़ता, वे किताबें, वे कलाकृतियाँ, वे चन्द चुने हुए रेकार्ड, वह वक्तव्यवाद, वह व्यक्तिधर्म यानी अज्ञेय की तमाम ऊपरी विशेषताएँ नए साहित्यकारों में मौजूद हैं, लेकिन वे सार्त्र और कामू की बात भले ही कर लें, अज्ञेय का नाम गलती से भी जबान पर नहीं लाते। अज्ञेय की चर्चा से उन्हें वैसा ही संकोच होता है जैसा किसी किशोर को अपनी आया अथवा बच्चा-गाड़ी देखकर हो सकता है।

अज्ञेय का व्यक्तित्व और कृतित्व नए लेखक को शुरू में अनायास आकर्षित करता है। जब मैं पहली बार अज्ञेय से मिला, कोई बीस मिनट तक अपना पारिवारिक दुखड़ा रोता रहा। कोई दूसरा आदमी होता तो शायद सचमुच पसीज जाता, पसीजता भी नहीं तो पसीजने का अभिनय अवश्य करता। लेकिन मैंने अज्ञेय की आँखों में यह पढ़ा कि वह मेरे दुख से नहीं, उस कमजोरी से दुखी हैं जो अपना दुख व्यक्त करने पर मजबूर कर रही है। दुख के प्रति यह दृष्टि साहित्य में अक्सर नजर आती है, लेकिन जीवन में नहीं। व्यक्ति अज्ञेय का यही पहला आकर्षण है कि उसके कई उसूल हैं और वह उनका पक्का है। एक उसूल यह है कि वह किसी की धारणा बदलने की कोशिश नहीं करता। अज्ञेय ने मेरे 'प्रगतिवाद' का कभी बुरा नहीं माना, तब भी नहीं जब वह सर्वथा अज्ञेयविरोधी हो उठा। एक बार मैंने नदी के द्वीपवाद के खिलाफ एक कविता लिखकर अज्ञेय को दी। उस वक्त एक साहित्यिक-कम-फोटोग्राफर ज्यादा किस्म के जीवन भी वहाँ मौजूद थे। उन्होंने कविता पढ़ी और इस आशय के भाव व्यक्त किए कि लौंडे, सूरज पर थूकता है! लेकिन अज्ञेय ने कहा कि कविता की कमजोरी यह नहीं कि वह मेरी कविता के विरुद्ध लिखी गई है बल्कि यह है कि वह मेरी कविता का पूरी तरह विरोध नहीं करती। अज्ञेय का दूसरा उसूल यह है कि वह निजी बातचीत को अपमान के बराबर मानता है। अज्ञेय ने मेरी बेरोजगारी दूर करने के लिए जो भी प्रयास किया उसकी मुझसे कभी चर्चा नहीं

की। जब भी सूचना दी, पत्र के माध्यम से दी और वह भी खासे क्षमायाचना भाव से। यह नहीं फलाँ मेरा यार है उससे कह दिया है, काम बन जाएगा, समझे हमारे साथ रहोगे तो ऐसे ही मजे करोगे। अज्ञेय का तीसरा उसूल है कि अपनी इज्जत करो और दूसरों की भी। अपने से छोटे लोगों के भी नाम के साथ सम्मानसूचक 'जी' लगाना वह कभी नहीं भूलता। किसी के लिए भी सामने या पीठ-पीछे निरादरपूर्ण बात उसके मुँह से नहीं निकलती। अज्ञेय के यहाँ वह सापेक्षवाद भी नहीं जो हिन्दी साहित्यिकों के दरबारों में अक्सर नजर आता है, वह सापेक्षवाद जो हर व्यक्ति को अपने स्वार्थ और उसकी शक्ति की तुला पर तोलता है। लिहाजा अज्ञेय का चौथा उसूल यह है कि हर व्यक्ति और कृति का मूल्यांकन कुछ सुनिश्चित प्रतिमानों के आधार पर करता है। साहित्य और साहित्येतर दोनों क्षेत्र में उसका मूल्यांकन कभी-कभी लोकमत-विरुद्ध होता है, मसलन उसे फिल्म 'पाथेर पांचाली' पसन्द नहीं आई, हुसेन की चित्रकला कभी विशेष प्रभावित नहीं कर पाई। लेकिन अज्ञेय जगहँसाई के डर से धारणा बदलनेवालों में से नहीं। अंग्रेजी मुहावरे की टाँग तोड़कर कहूँ तो अज्ञेय धारणा धीर, विश्वास-साहसी है। अब आनन्द यह है कि हिन्दी के वही नामचीन लेखक जो आशीर्वादनुमा अभिमत बाँटते फिरते हैं, किसी अधकचरे लेखक का भदेस गद्य पढ़कर जेम्स जायस! चिल्ला उठते हैं, वही लेखक अज्ञेय की हर गलत धारणा को पक्षधरता का प्रमाण मानते हैं। मसलन जब अज्ञेय ने साहित्य अकादमी के लिए अपने एक लेख में मुझ जैसे कुछ छुटभैया लेखकों का भी नामोल्लेख कर दिया तो हिन्दी साहित्य संसार में हाहाकार मच गया। हाहाकार मचानेवाले साथ ही यह भी कहते रहे कि अज्ञेय की मान्यताओं का कोई मूल्य नहीं। जैसा कि उस अवसर पर साहित्यकार-रिश्तेदार-साहित्यकार ने मुझसे कहा था, "देखो, आज अज्ञेय की वजह से सबकी गालियाँ सुन रहे हो। हमारे रिश्तेदार की सेवा होती तो वह तुम्हारे विषय में अपनी अच्छी राय सही जगह व्यक्त करते, तुम्हें अच्छी नौकरी मिल जाती।"

अज्ञेय हिन्दी साहित्य का अछूत है। उसका आशीर्वाद सार्वजनिक श्राप के बराबर समझिए। फिर उसका व्यक्तित्व कुछ इतना विशिष्ट और विराट है कि दूसरे को वटवृक्ष काम्प्लेक्स होने लगता है। फिर उसने कुछ ऐसे एकान्त में घर बना छोड़ा है कि वहाँ अकेले भी जाइए तो यही महसूस होता है कि भीड़ साथ ले आए। फिर उससे कोई साहित्येतर सम्पर्क अथवा सेवा-मेवा-सम्बन्ध भी सम्भव नहीं है। इसलिए उसका हर साहित्यिक साथी उससे अलग हो जाता है। अलग होकर यह कहने लगता है कि अज्ञेय बहुत घुन्ना और गुम्मा है, मतलब साधता है, मौके पर छिपकर वार करता है। मैंने जब 'तीसरा सप्तक' के लिए

अपनी कविताएँ आलस्य और संकोचवश नहीं दीं, मैंने जब दिल्ली में 'परिमल' बनाए जाने का विरोध किया, मैंने जब निर्मल वर्मा, राजकुमार, भीष्म साहनी और नरेश मेहता जैसे घोषित वामपक्षीय लेखकों का साथ अपनाया तो मुझे इस छिपे वार का बड़ी हौलदिली से इन्तजार रहा। लेकिन, मेरी गर्दन आज भी सलामत है। इधर यह सुना जा रहा था कि अज्ञेय की अकड़-बकड़ धरी रह गई है, वह बहुत दुखी है, मान्य होने के लिए बेहद बेचैन है। तो जब अज्ञेय हाल में बम्बई आए, मैं उनका यह नया रूप देखने पहुँचा। 'धर्मयुग' के सहायक सम्पादक नन्दनजी भी इस अवसर पर मौजूद थे।

जोशी : वात्स्यायनजी, आपको कोई पश्चाताप है?

अज्ञेय : पश्चाताप तो अनेक हैं, लेकिन...

जोशी : व्यक्तिगत नहीं, साहित्यिक ही बताइए।

अज्ञेय : वह भी कई हैं। एक तो यही है कि शेखर को मैंने आत्मकथा की शैली में क्यों लिखा? तीसरे भाग के प्रकाशन में यही दिक्कत है कि अब जो कुछ मैं कहना चाहता हूँ वह सबका सब शेखर के मुँह से नहीं कहलाया जा सकता। जितना वह कह सकता है, उतने तक ही सीमित रहना अब मुझे अपने प्रति न्याय नहीं मालूम होता।

नन्दन : क्या नहीं हो सकता कि आप तीसरे भाग को शेखर की सीमाओं में ही रहकर छपवा दें। बाकी जो कुछ कहना हो किसी और उपन्यास में कह दें।

अज्ञेय : किसी चीज को छपाना या छपने देना भी तो एक साहित्यिक निर्णय है। यह तो हो सकता है कि आप कोई रचना छपने के लिए दें और वह इतने विलम्ब से प्रकाशित हो कि इस बीच आपकी मान्यताएँ बदल जाएँ। लेकिन किसी ऐसी रचना को प्रकाशन के लिए देना जिससे आप तभी सन्तुष्ट न हों, यह साहित्यिक ईमानदारी नहीं।

जोशी : आपने कहा था कि आपके साहित्यिक पश्चाताप भी कई हैं।

अज्ञेय : हाँ, हैं। लेकिन उन्हें ठीक पश्चाताप कहना भी शायद उचित न हो। मसलन मैं कभी सोचता हूँ कि मैंने अपने को सिर्फ एक तरफ सीमित क्यों नहीं रखा? शुद्ध लेखक ही क्यों नहीं बना रहा? आलोचना, सम्पादन, आयोजन, इन सबके क्षेत्र में कभी भी क्यों आया? लेकिन इसी के बाद जब मैं अपना तीसरा पश्चाताप गिनाऊँगा तो दूसरा कुछ छोटा मालूम होने

लगेगा यानी कभी मैं सोचता हूँ कि 'प्रतीक' को किसी तरह बन्द न होने दिया होता तो अच्छा रहता। वह और एक साल चला होता तो चल निकलता लेकिन यह मेरे वश की बात नहीं थी। इसलिए इसके बारे में सही मायने में पश्चाताप भी नहीं होना चाहिए था। और पश्चाताप हो तो उसे साहित्यिक नहीं कहा जाना चाहिए, क्योंकि 'प्रतीक' के बन्द होने का साहित्य से नहीं एक प्रकाशक की धूर्तता से सम्बन्ध था।

जोशी : आजकल जिन लघु पत्रिकाओं का प्रकाशन हो रहा है, उन्हें पढ़ते हैं आप?

अज्ञेय : हाँ, मगर ये लघु पत्रिकाएँ नहीं, लघु-लघु पत्रिकाएँ हैं। इनके क्षेत्र, स्थान-विशेष या मित्रमंडल विशेष तक सीमित हैं। वैसे ये अच्छी, काफी अच्छी होती हैं। लेकिन ऐसी पत्रिकाओं का महत्त्व तभी होता है जब उनके साथ-साथ कोई बड़ी और जमी हुई साहित्यिक पत्रिकाएँ भी हों। साहित्यिक चेतना हर स्तर पर फैली हो। लेकिन हिन्दी में...

जोशी : हिन्दी में जो है सा 'कल्पना' है।

अज्ञेय : हाँ, और इसके नाम के साथ अनायास ही 'जो है सो' या 'ले-दे के' जैसे विशेषण भी निकल आते हैं। कोई जमी हुई साहित्यिक पत्रिका हो तो साहित्यिक साझेदारी का कोई ठोस और सार्वदेशिक अर्थ भी हो सकेगा। वह स्थानिक मैत्री या गुटबन्दी से ऊपर उठ सकेगी।

जोशी : हिन्दी में तो दोस्ती ही चलती है। ऐसा क्यों?

अज्ञेय : किसी हद तक तो हर साहित्य में यही होता है। इन्टेलेक्चुअल कोटेरीज हर देश-प्रदेश में ही बनती हैं। लेकिन आपका यह कहना ठीक है कि हिन्दी में ऐसा बहुत ज्यादा होता है।

जोशी : आप पर भी अक्सर लोग गुटबन्दी का आरोप लगाते हैं।

अज्ञेय : साझेदारी को भी गुटबन्दी कह दिया जा सकता है। मैंने हमेशा यही कोशिश की कि जो भी साझेदारी बने वह समान चिन्तन पर आधारित और व्यक्तिगत सम्बन्धों से अछूती हो। मैंने तमाम तरह के लोगों के साथ मिलकर काम किया है। इसलिए कभी-कभी मुझे अवसरवादी भी ठहरा दिया जाता है। कुछ लोग आश्चर्य करते हैं—अरे, आपने उनके साथ भी काम किया?

जोशी : आपके कई पिछले साथी आज आपके विरुद्ध हैं। ऐसा क्यों? फ्रायडवादी भाषा में कहूँ तो आप नए साहित्यकारों के लिए घृणित पिता-प्रतीक बने हैं।

अज्ञेय : यह तो मैं नहीं जानता। नए लोगों का मार्गदर्शन, नेतृत्व ऐसा कुछ भी मुझे कभी अपेक्षित नहीं रहा। मैंने सिर्फ उनकी मदद करनी चाही। यानी मात्र आशीर्वाद दे देने की जो परम्परा चली आई थी उससे कुछ आगे बढ़ना जरूरी समझा। साधारणतया यह होना चाहिए कि पुराना लेखक नए लेखकों के प्रकाशन और उचित मूल्यांकन में सहायता दे। लेकिन दूसरी तरफ यह खतरा रहता है कि नए लेखक पर पुराने लेखक का प्रभाव जरूरत से ज्यादा हो या किसी को ऐसा लगे, जैसा कि मेरे साथ कुछ नए लेखकों को लगा, कि यह संसर्ग तो बाधक है।

जोशी : आपने जिन नए लेखकों को होनहार माना उनमें से कई तो फिस होकर रह गए। मसलन सप्तकों के कई कवि।

अज्ञेय : लेकिन हर सप्तक में से दो-तीन, दो-तीन तो आगे चलकर कुछ खरे साबित हुए हैं। मेरा खयाल है कि सात में से तीन विनर्स निकलते रहें तो किसी भी रेसहार्स ओनर को सन्तोष ही होगा।

जोशी : मैं समझता हूँ कि नए लेखकों पर आपका बहुत बुरा प्रभाव पड़ा है। उपन्यासों के नाम पर बौद्धिकता से लदी, और रोमान में रँगी आत्मकथाएँ चल निकली हैं। यह आत्मकेन्द्रित साहित्य खासा खतरनाक है और वाहियात भी। और उच्च-मध्यवर्गीय वातारण के लिए प्यार, जिस जिन्दगी को न जाना है न जिया उसके लिए मोह, यह सब आपकी नकल में हुआ है। आपने तो एक खास तरह का जीवनयापन किया और वही आपके साहित्य में प्रतिफलित हुआ। लेकिन जिनका उस जीवन से कभी कोई नाता नहीं रहा, उन्हें उसकी कहानियाँ लिख-लिखाकर जनता को बोर करने की क्या सूझी? बिहार की एक लेखिका की कहानियों में तो पात्रों के नाम भी आपके उपन्यासों से उठाए जाते हैं—शेखर, गोरा, भुवन रेखा।

अज्ञेय : अच्छा?

जोशी : वक्तव्यवाद का मर्ज भी आपकी देखादेखी बढ़ा है। अपने साहित्य की स्वयं समालोचना करना, अपनी रचनाप्रक्रिया पर खुद ही प्रकाश डालना, यह एक अजीब तमाशा मालूम होता है। आज स्थिति यह है कि लेखक लिख कम रहे हैं, समझा ज्यादा रहे हैं।

अज्ञेय : इसका एक कारण तो यही है कि जिनको बिचौलियों का काम करना चाहिए उनकी संख्या बहुत कम है। यानी ऐसे आलोचक जो लेखक को पाठक तक पहुँचा सकें। जैसे पश्चिम में एक समय था कि चर्च ने कलाकार को बाहर निकाल दिया था। वैसे अब हमारे यहाँ यह परिस्थिति है कि विश्वविद्यालयों ने, पेशेवर आलोचकों ने, कलाकार को बहिष्कृत कर दिया है। इसलिए हर कलाकार को आत्मव्याख्या में समय नष्ट करना पड़ता है। शक्ति तो आदमी के पास उतनी ही होती है—एक तरफ लगा ले या दूसरी तरफ।

जोशी : लेकिन मेरा कहना यह है कि बहुत सी जो आत्मव्याख्या हो रही है वह बिलकुल बेबुनियाद है। उसका लेखक के व्यक्तित्व से या उसकी परिस्थितियों से कोई सम्बन्ध नहीं। 'संकट' की या भाषा के अशक्त हो जाने की ये जो तमाम बातें कही जा रही हैं क्या ये बेबुनियाद नहीं ? साहित्य के नाम पर पश्चिम का अनुवाद और साहित्यिक आन्दोलनों के नाम पर पश्चिम का अनुकरण ये सब क्या है, क्यों है ?

अज्ञेय : बात यह है कि सारे समाज ने यह मान लिया है कि अंग्रेजी श्रेष्ठ है। पश्चिमी समालोचकों ने जो कुछ कहा है वही ठीक है। इसलिए किसी भी आन्दोलन का ज्यादा मूल्य तभी समझा जाता है जब उस पर किसी पश्चिम आन्दोलन की छाप लगी हो। यह सच है कि या नहीं, उसका हमारी परिस्थिति और परम्परा से सम्बन्ध है कि नहीं, इस सबको अलग छोड़कर। लेकिन यह कोई नई चीज नहीं। यह रोग छायावाद-युग से ही शुरू हो गया था।

जोशी : लेकिन आपको मालूम होगा कि पाश्चात्य प्रेम और अधकचरी बौद्धिकता से आज जो खतरा पैदा हुआ है उसके लिए आप लोग भी जिम्मेदार हैं।

अज्ञेय : यह सोचिए कि खतरा न होने की स्थिति भी तो कितनी खतरनाक होती !

नन्दन : लोगों का विचार है कि आप अध्यात्मवादी होते जा रहे हैं।

अज्ञेय : वह तो मैं नहीं हूँ। हाँ, अध्यात्म के बारे में सवाल जरूर उठाता हूँ। और ऐसा करना सन्तुलन के लिए जरूरी भी समझता हूँ, बात यह है कि इस वक्त प्रगति की जो प्रगति है वह जीव को यंत्र मानकर ही चल रही है।

नन्दन : 'अपने-अपने अजनबी' में अध्यात्मवाद बहुत है। शायद ज्यादातर लोगों को वह इसी वजह से अच्छा नहीं लगा।

अज्ञेय : मेरा कोई उपन्यास लोगों को पहले अच्छा नहीं लगता। जिन्हें शुरू में 'शेखर' पसन्द नहीं आया था उन्होंने 'नदी के द्वीप' छपने के बाद 'शेखर' को अच्छा मान लिया। कुछ यही है कि लोग एक उपन्यास को पढ़कर लेखक के बारे में कोई धारणा बना लेते हैं। अगला उपन्यास उस धारणा को पूरा न करे तो उन्हें निराशा होती है।

जोशी : 'अपने-अपने अजनबी' की भाषा लोगों को बहुत दुरुह लगती है।

अज्ञेय : नहीं तो ! यह उपन्यास मैंने सर्वथा निराडम्बर और विशेषणा-विमुक्त शैली में लिखने की कोशिश की है। विषयवस्तु के अनुरूप भाषा को मांसल की बजाय हड्डीदार बनाने का प्रयास रहा है।

जोशी : मैं समझता हूँ कि आपके लेखन में भारतीयता और आध्यात्मिकता शुरू से ही थी। 'शेखर : एक जीवनी' में उसका रोमान-परवर रूप है, 'नदी के द्वीप' में बौद्धिक और 'अपने-अपने अजनबी' में आध्यात्मिक। शायद यही आध्यात्मिक आध्यात्मिकता पात्रों को कुछ परेशान करती है। वात्स्यायनजी, मैं आपसे एक प्रश्न करना चाहता हूँ—आपने इतना पर्यटन किया है, इतना कुछ देखा-सुना है फिर भी आपकी लेखनी अपने में ही क्यों खोई हुई है ? मैं समझता हूँ कि हिन्दी कथा-साहित्य का यह बड़ा दुर्भाग्य है कि अमृतलाल नागर और अज्ञेय दो अलग-अलग व्यक्ति हैं। और उन दोनों में एक-दूसरे का कोई भी गुण नहीं है। अगर नागरजी और अज्ञेयजी के गुण एक ही लेखक में होते तो हिन्दी कथा-साहित्य का कल्याण हो जाता।

अज्ञेय : आपके प्रश्न का जवाब देना मेरे लिए बहुत ही खतरनाक होगा। उसे आलोचक ले उड़ेंगे। वह बात यह है कि मैं भारतीय तो हूँ और काफी सचेत रूप से हूँ, लेकिन भारत के किसी एक स्थान में या प्रदेश में मेरी जड़ें नहीं हैं, किसी एक समाज में अपना तादात्म्य स्थापित नहीं कर पाया हूँ। जानता हर समाज को हूँ। सोचकर तो उसके बारे में सोच ही सकता हूँ। लेकिन आंचलिक लेखकों के पास किसी अंचल या वर्ग से जैसा तादात्म्य है वैसा मेरे पास नहीं। तो इसलिए मुझे कोई सच्ची बात कहनी हो तो सूक्ष्म का या आत्मकथन का सहारा लेना पड़ता है। मैं अपनी कथा को अग्रवालों या ब्राह्मणों, किसी विशेष समुदाय में जगा नहीं पाता। यह मेरी सीमा है। और इसका मुझे खेद भी है। वैसे मैं मानता हूँ कि एक ही लेखक में नागरजी और अज्ञेय दोनों के गुण हो सकते हैं बल्कि यों कहूँ होने चाहिए।

नन्दन : हिन्दी लेखक बहुत जल्दी चुक जाते हैं, यह बड़ा दुर्भाग्य है।

अज्ञेय : चुक जाना कोई दुर्भाग्य नहीं है। मैं समझता हूँ कि दस–बीस, सौ–पचास लेखकों के चुक जाने से किसी साहित्य पर कोई प्रभाव नहीं पड़ता।

जोशी : बहुत जल्दी चुक जानेवाली यह बात तो आज पश्चिमी साहित्य–कारों में भी देखी जाती है। शायद आज हर कहीं लेखक के सामने मूल प्रश्न यही है कि लिखे तो किसलिए? प्रगतिवादी आन्दोलन शायद आखिरी ठोस साहित्यिक आन्दोलन था, उसकी विफलता के बाद किसी के पास कुछ रहा नहीं।

अज्ञेय : बात यह है कि किसी सिद्धान्त, धर्म या राजनीति के प्रति आस्था–वान होकर जो लिखता है वह अपने आराध्य के टूटने पर स्वयं भी टूट जाता है। आवश्यकता इस बात की है कि हम स्वयं अपने प्रति आस्थावान और ईमानदार बनें। आज पश्चिम में भी इसी ईमानदारी की कमी देखी जाती है। वहाँ लेखन में चतुराई, चमक–दमक, यह सब बहुत है, लेकिन अपने से पाबन्द हो, ऐसे लेखक वहाँ भी बिरले हैं। 'सैल्फ कमिटमेंट' ही साहित्यकार के लिए सबसे बड़ी चीज है।

जोशी : इसकी व्याख्या कीजिए।

अज्ञेय : इसे अज्ञेय की एक अज्ञेय उक्ति ही रहने दीजिए।

अज्ञेय उक्ति और उसके साथ एक आधी–आधी–सी मुसकान, एक विचित्र काट का नाइट सूट, गोया लहजे से, लिबास से अपने को भिन्न घोषित करता हुआ एक व्यक्तित्व! किसने कहा अज्ञेय बदल गया है? वह वही गमले का फूल है। अच्छी खाद मिट्टी पर बहुत ही सावधानी और प्यार से पाला गया फूल जिसे मध्यवर्ग का मन कभी चाह नहीं सकता। उस मन को फूल चाहिए या जंगल के या कागज के।

राजधानी के सलीब पर कई मसीहा चेहरे

एक और तस्वीर

महत्त्वाकांक्षा ही तो है—अमरूद भी कभी गुआवा बना चाहता है, अफलातून को भी अफसरी का शौक चर्राता है और वह दुम दबाए मगर सिर उठाए सीधा शहर दिल्ली की ओर भागता चला आता है। इस महत्त्वाकांक्षा का साहित्यिक महन्तगीरी से कोई सम्बन्ध नहीं है। महन्तों को इस मॉडर्न जमाने में कौन पूछता है। जमाना विक्रय और सम्पर्क के विशेषज्ञों का है। जमाना उस राजनीति का है जिसमें सारा जोर समास के पहले शब्द 'राज' पर है। इसी राजनीति को सीखने और इनके सहारे फूलने-फलने के लिए देश की राजधानी से अच्छी जगह और कोई हो नहीं सकती।

केशवचन्द्र वर्मा जिस प्रयाग को प्रणाम कर और करवा रहे हैं, जिस 'अफलातूनों के शहर : इलाहाबाद' की जय बोल-बुलवा रहे हैं, वह अजायबघर का उम्मीदवार हो चुका है। दिल्ली जंकशन आज साहित्य और साहित्यकार की सीमारेखा पर स्थित है और जिस भी साहित्यकार को दिल्ली की अफसरी से दहशत होने लगे और समय-देवता और दिव्य-समय की याद सालने लगे उसे अपर इंडिया से टिकट कटाने को गोया साहित्यिक मृत्यु से पहले प्रयागवास कर लेने की पूरी छूट है। जहाज का पंछी फिर जहाज को लौट जा सकता है।

उसी अपर इंडिया से कोई दूसरा दिल्ली का रुख करेगा। साहित्य-वाहित्य तो वह अपने अफलातूनी चोले के साथ-साथ त्रिवेणी में तिरोहित कर चुका होता है क्योंकि जिस बिन्दु पर साहित्य समाप्त होता है और साहित्यकार शुरू होता है, उस बिन्दु पर दिल्ली जंकशन स्थित है। गाँव से कस्बे और कस्बे से प्रयाग जैसे किसी महाकस्बे में पहुँचकर अपने व्यक्तित्व की सीमा-सम्भावनाओं, अपने पूर्ववर्त्ती लेखकों की महत्त्वाकांक्षा की कृपाओं, समीपवर्ती पुस्तकालयों में उपलब्ध आधुनिक पाश्चात्य साहित्यकारों की रचनाओं, गप-गोष्ठियों के स्तर पर सुनी-सीखी हुई ज्ञान-विज्ञान और नीति-राजनीति की नई मान्यताओं, मुट्ठी-भर स्मृतियों और मन-भर सपनों के

सहारे साहित्यिक अफलातून बन चुकने के बाद, हमारा हीरो स्थानिक से राष्ट्रीय और राष्ट्रीय से अन्तर्राष्ट्रीय की ओर, यानी महाकस्बे से तथाकथित महानगरी दिल्ली की ओर बढ़ता है। यहाँ से वह अपनी ख्याति समुद्र-पार नहीं तो समुद्र-तट तक तो पहुँचा ही सकता है। जिस तरह व्यावसायिक प्रभाव से पश्चिम में कला की राजधानी पेरिस से हटकर न्यूयार्क पहुँच गई है, उसी तरह हिन्दी साहित्य की राजधानी प्रयाग से हटकर नई दिल्ली पहुँच गई है।

खैर, यहाँ जिक्र कुछ लौटे हुए पंछियों का नहीं, उनका करना है जो नई दिल्ली के नीड़ों में पंजे झाड़ और कसकर बैठे हुए हैं या उड़ भी गए हैं तो ऐसे नीड़ों की ओर जिन्हें नई दिल्ली अपनी बराबरी का या अपने से ऊँचा दर्जा देती है। फिर नई दिल्ली कोई ऐसा महानगर भी नहीं कि कस्बा-कुसुम सर्वथा कुम्हलाकर रह जाए। नई दिल्ली इस हद तक कस्बा है कि आप पड़ोसी के मामलों में दिलचस्पी ले सकते हैं और इस हद तक महानगर है कि पड़ोसी को पड़ोसी समझना आप गैर-जरूरी समझ सकते हैं। साहित्यिक सन्दर्भ में इस सन्तुलित दृष्टि से बड़ा आनन्द है। लखनऊ या इलाहाबाद की तरह दिल्ली में भी शामियाना कॉफी-हाउस और टी-हाउस जैसे अड्डों में गाहे-बगाहे हाजिरी देकर आप कलम के हर धनी के बारे में नया-ताजा सनसनीखेज समाचार पा सकते हैं। गोष्ठियों-सम्मेलनों का यहाँ भी ज्यादा चलन नहीं था और अब तो लगभग नाम-निशान भी मिट चुका है। यों अपनी तैयारी दिखाने के लिए अन्य किसी शहर के दंगल में दिल्ली के दादे जाते ही रहते हैं।

साहित्यिक डॉक्टरी भी यहाँ प्रयाग जितनी अच्छी चल निकल सकती है। हिन्दी के मामले में विश्वविद्यालय खासा सम्पन्न है। डॉक्टर एक-दूसरे को जी भरकर कोस कसते हैं और अपनी-अपनी शिष्य-मंडली पर चाहे जितना रोब गालिब कर सकते हैं। उन पर कैद है तो इतनी कि डॉक्टर नगेन्द्र को न कोसें, डॉक्टर नगेन्द्र पर रोब गालिब न करें। जहाँ डॉक्टर नगेन्द्र बोल चुके हों, वहाँ डॉक्टर रिचर्ड्स की पोथी भुलाकर हर वाक्य के शुरू और अन्त में यह कहें, "जैसा कि डॉक्टर साहब बता रहे थे।"

अपने लेखन को सार्त्र का आयात और शंकराचार्य का निर्यात करने की एजेन्सी बना सकने के लिए नई दिल्ली से अधिक उपयुक्त कोई स्थान नहीं हो सकता। अकारण विद्रोह यहीं सुखद रूप से सकारण सिद्ध हो सकता है और परम्परा-पुनर्व्याख्या भी यहाँ पंडिताऊपन के लांछन से बेदाग रह सकती है। आप किसी चीज को इसलिए अच्छा मनवा सकते हैं कि आपका दावा है कि उसका अंग्रेजी अनुवाद पश्चिम की विद्रोही पीढ़ी के किसी प्रतिनिधि ने पसन्द किया

है। आप किसी चीज को इसलिए भी अच्छा मनवा सकते हैं कि आपका दावा है कि उसका अंग्रेजी अनुवाद पश्चिम के सयाने समझदार लोगों ने पूर्वी आत्मा की प्रतिनिधि आवाज के रूप में पसन्द किया है।

भारत यात्रा पर आए हुए विदेशी लेखकों से दिल्ली का लेखक जितने उत्साह से सम्प्रेषण करता है—अपनी ही गिनाई हुई सम्प्रेषण की तमाम समस्याओं के बावजूद—उतने उत्साह से शायद वह दर्पण में अपने प्रतिबिम्ब से भी न करता हो। किसने विदेशी लेखक को 'फ्लोर' किया, किससे विदेशी लेखक 'इम्प्रेस' हुआ, किसको विदेशी लेखक ने 'स्नब' कर दिया, किसकी रचनाओं का यह अपनी भाषा में अनुवाद करनेवाला है—यह मसाला काफी दिनों तक 'परम्परा-विरोधी' चर्चा का विषय बनता है। अन्तर्राष्ट्रीयता से लेखक-मानस कितना आक्रान्त है इसका एक प्रमाण तब मिला जब नई पीढ़ी के एक पढ़े-लिखे समझदार प्रतिनिधि को किसी शरारती खोपड़ी ने टेलीफोन किया और अपने को अमरीकी कवयित्री आइरीन हक्स्टर बताते हुए कभी यहाँ, कभी वहाँ मिलने का निमन्त्रण देकर हर बार अकेलेपन का संत्रास भोगने को मजबूर किया।

भारतीय राजनीति की तरह हमें दिल्लीवासी लेखकों की राजनीति में भी तीव्र उग्र मतभेदों का आभास मिल सकता है लेकिन कहीं-न-कहीं वे सब वैचारिक शून्यता और सत्ता-लालसा के नाते एक हैं। हिन्दी साहित्य पहले भी कांग्रेस था और अब भी कांग्रेस है। यह बात दीगर है कि कई कांग्रेसी विरोधी पार्टियों में शामिल हो गए हैं या खुद कांग्रेस में कई गुट बन गए हैं या निर्दलीय सदस्य होने की कीमत सहसा बढ़ गई है।

सत्तर आन्दोलन खाए कमलेश्वर

इस लम्बी भूमिका के बाद नई दिल्ली के सुखों के साझीदारों का जिक्र शुरू करने से पहले एक क्षेपक डालना होगा उन दो व्यक्तियों के बारे में जिनके प्रताप से यह कलम इस कागज पर चल रहा है।

पहले हैं प्रयाग के भूतपूर्व (मगर अश्क के अनुसार किसी भी दृष्टि से अभूतपूर्व नहीं) अफलातून श्री कमलेश्वर जो सत्तर आन्दोलन खा चुकने के बाद 'सारिका' का सम्पादन करने बम्बई चले गए हैं। जिस तरह कथा दशक का आयोजन करके श्री धर्मवीर भारती ने बगैर एक शब्द लिखे बहुत कुछ सिद्ध कर दिया था कुछ उसी तरह 'एक और तस्वीर' का आयोजन करके श्री कमलेश्वर अपनी उदारता और निस्सीमता का आभास और दूसरों की संकीर्णता और सीमाओं का प्रमाण प्रस्तुत किया चाहते हैं। अधेड़ होते हुए

खिलाड़ी ऐसे ही लटकों-खटकों से रेफरी-कोच-मैनेजर का पद पाते हैं। कई टीमों में सेन्टर-फारवर्ड रह चुके कमलेश्वर के हुनर की दाद कमलेश्वर के रकीब तक देते हैं। शार्ट-पासिंग से दुनिया को समानान्तर ले जाने और फिर मौके पर गोल खुद ही दागने में इन्हें कमाल हासिल है। कमलेश्वर नई दिल्ली को कुछ वैसी ही आक्रोशमय किन्तु असहाय मुद्रा में छोड़ गए हैं जैसी में ग्राम-कस्बा कहानी के गुलरा बाबा को प्रयाग में छोड़ आए थे। बताया जाता है कि उनके अभाव में राजधानी की नई कहानी टीम के 'लेफ्ट इन' और 'लेफ्ट आउट' कम्बाइन कर नहीं पा रहे हैं। कभी कमलेश्वर नई दिल्ली में अनुपस्थित निर्मल वर्मा को निरन्तर प्रहार के माध्यम से उपस्थित किए हुए थे। आज स्वयं कुछ उसी वजह से वह नई दिल्ली में अनुपस्थित होते हुए **भी उपस्थित** हैं। यों कभी-कभी एक झलक वह आके भी दिखा जाते **हैं और** कहानी उनका यहाँ उतनी ही बेताबी से इन्तजार करती है जितनी **बेताबी** से पठान पहली तारीख की राह देखता है। कमलेश्वर को 'तेज आदमी' माना जाता है और उनके स्थानिक प्रशंसक यह देखने को उत्सुक हैं कि बम्बई में वह भारती की गोलकीपरी से कैसे निपटते हैं!

घरेलू पालतू बोहेमियन : जोशी जी

दूसरे व्यक्ति हैं श्री मनोहर श्याम जोशी जो पुत्रवतियों को कोसने के इस पवित्र आयोजन में बतौर निपूती सहर्ष शामिल हुए हैं। आप अधूरी रचनाओं के धनी हैं और शायद इसीलिए उन्हें पूरा नहीं करते कि पोल खुल जाएगी। आप अपने प्रतिमान बहुत ऊँचे बताते हैं और उन ऊँचे प्रतिमानों के अनुसार अपनी अधूरी रचनाओं को घटिया और दूसरों की पूरी रचनाओं को बहुत घटिया बताकर सन्तोष कर लेते हैं। मनोहर श्याम जोशी वायदे का कोई भी काम आर्थिक या मानसिक लाचारियों के दबाव में ही पूरा करते हैं। आम तौर से वह अपनी प्रतिभा अपरिचित और अछूते क्षेत्रों के लिए ही सुरक्षित रखना चाहते हैं जहाँ कोई प्रतिद्वन्द्विता न हो। पिछले दिनों जब कार्यालय में तालाबन्दी होने के बाद 'समयाभाव के कारण न लिख सकने' का बहाना खत्म हो गया तो वह बड़े धर्म-संकट में पड़े। उपन्यास पूरा करने की बजाय मक्खियाँ (एक झपट्टे से मुट्ठी में कैद करके) मारने में अपना सारा समय और ध्यान लगाकर ही उन्होंने आत्मिक शान्ति पाई। मनोहर श्याम जोशी बेधड़क अल्मोड़वी बने घूमते हैं लेकिन जनता जानती है कि वह खासे दब्बू और डरपोक हैं। उनसे ठहाकेबाजों, अत्याचारियों, बेवकूफों आदि को कोई जवाब मौके पर देते नहीं बनता। बाद में अलबत्ता वह कई खूबसूरत जवाब अपने खयालों में देकर खुश हो लेते हैं। अपने दब्बूपन को

छिपाने के लिए वह यदा–कदा दुस्साहस का परिचय भी देते हैं खासकर लेखन में। इस तरह उन्हें एक विरोधाभास का, एक घरेलू–पालतू बोहेमियन का रूप मिला है। इसी रूप में वह यहाँ आपसे मुखातिब हैं। इतिक्षेपकम्।

ठहाके का ठाठ : राकेश

और अब आप जो ठहाका सुनेंगे वह श्री मोहन राकेश का होगा। ठहाके हिन्दी कथाकाश में और भी कई गूँजते हैं लेकिन राकेश के ठहाके का ठाठ निराला है, उसमें नहले पर दहला वाला भाव कम और 'यार क्या मनहूसियत डाल रखी है, कुछ हँसो–हँसाओ' वाला भाव ज्यादा रहता है। यही वजह है कि ठहाकेबाजों की भीड़ में भी राकेश सबसे पहले और सबसे देर तक हँसते रहते हैं और हर ठहाके से दूसरे ठहाके के बीच पिछले ठहाके की हिंहिंयाती हुई जुगाली जारी रखते हैं। राकेश की महफिल में ठहाकों के बीच अलग ले जाकर 'यार त्वाडे नाल एक सीरियस गल करनी सी' वाला मामला भी नहीं रहता। राकेश 'बाहर अगम्भीर अपने कमरे में गम्भीर' वाले उस फलसफे के कायल हैं जिस पर चलकर छात्रावास के पढ़ाकू लड़के परीक्षा में प्रथम आते हैं। यों अकेले में और भीड़ में कभी–कभी राकेश कुछ बेचैन और काफी सतर्क नजर आते हैं। राकेश किसी भी हद तक नाराज हो जाने और कैसा भी दो टूक फैसला लेने में नहीं हिचकते। राकेश के ठहाकों जितनी ही मशहूर है राकेश की कभी क्रुद्ध और कभी गीली भावुकता। राकेश को भावुक कहलाए जाने से इतनी चिढ़ है कि राकेश अध्येताओं के अनुसार इसे राकेश की भावुकता का ही सबूत माना जाना चाहिए। बहरहाल दोस्त और दुश्मन सभी दो बातों पर सहमत हैं...राकेश बड़ा प्यारा और बड़ा भावुक आदमी है। यों राकेश के व्यक्तित्व और कृतित्व को नई कहानी आन्दोलन के विरोधियों में भी नई कहानी के अन्य नेताओं के व्यक्तित्व और कृतित्व की अपेक्षा ज्यादा सम्मान प्राप्त है। राकेश फिलहाल इस बहस से कुछ अलग खिंच गए हैं और नई कहानी की खोज छोड़कर खुद अपनी खोज में जुट गए हैं। राकेश दिल्ली के बदलते हुए साहित्यिक नक्शों से दुखी नहीं हैं। उनका ख्याल है कि यहाँ अगर मित्रों में पहले जैसा उत्साह, पहले जैसा स्नेहभाव नहीं रहा तो उसका गम मनाते रहना निरी रूमानियत होगी। हर व्यक्ति की कुछ सीमाएँ, कुछ आकांक्षाएँ, कुछ खास परिस्थितियाँ होती हैं और वह देर–सबेर उनके अनुसार अपनी खास कुरसी पर चिपक जाता है। उसके बाद भी वह कभी वही पुराने तेवर दिखाता हो तो उसके भ्रम और उसकी दुविधा पर बस मुसकराया ही जा सकता है। राकेश को ऐसी कोई दुविधा नहीं है। उन्हें लिखना और सिर्फ लिखना है। उन्होंने और कई आकांक्षाओं को तिलांजलि दी है ताकि इस एक

आकांक्षा पर अपने को केन्द्रित कर सकें। राकेश को दिल्ली का राजनीतिक माहौल लेखक को जनजीवन की मुख्य धारा से जुड़ने के लिए मजबूर करता हुआ मालूम पड़ता है। यहाँ वह तटस्थता सम्भव नहीं जो बम्बई के अजनबीपन में या किसी हिल स्टेशन के अकेलेपन में हो सकती है। राकेश इस समसामयिक जीवन सन्दर्भ में डूबकर और भाषागत तथा अभिव्यक्तिगत कठिनाइयों से जूझकर कोई मोती लाने के फेर में हैं। उनके पिछले चन्द महीने गोताखोरी की रिहर्सल में ही बीते हैं। उन्हें बिलकुल नए कहानीकारों में अभिव्यक्ति और भाषा के स्तर में काफी प्रगति हुई दीखती है लेकिन वह समझते हैं कि इन कहानीकारों ने अपने लेखन के लिए बहुत ही सीमित दायरा बना लिया है।

अय्यारों के अय्यार : राजेन्द्र यादव

नई कहानी आन्दोलन के थर्डमैन श्री राजेन्द्र यादव को तरुण कहानीकारों से कोई स्नेह नहीं है और तरुण कहानीकारों को उनके प्रति कोई आदर नहीं है। जनता उन्हें 'व्यावसायिक लेखक' और 'एक चौथाई कामू+तीन चौथाई निर्गुण-प्रतिभा' कहती है। यादव खासे सहज-साधारण दीखने की कोशिश करते हैं लेकिन उन्हें आमतौर से खतरनाक खुफिया आदमी माना जाता है। खतरा उनसे क्या है और किसको है इस बारे में जनता स्पष्ट कुछ बता नहीं पाती। यादव रहस्यमय भी माने जाते हैं और उनके सभी रहस्य आम चर्चा के विषय बन जाते हैं। यादव 'बायोग्राफी पाइंट ऑफ व्यू' वाले लेखक हैं और इस माने में उन्हें शुद्ध 'एनैकडोट पाइंट ऑफ व्यू' वाले कमलेश्वर जैसे लेखकों से अलग रखकर देखना होगा। दिक्कत यह है कि यादव ने अपनी 'बायोग्राफी' के लिए जो 'नया' साँचा चुना था वह तेजी से बदलनेवाले इस दौर में उनके अपनाते-अपनाते ही पुराना पड़ गया। शायद इस तथ्य को समझकर ही उन्होंने अमर साहित्य के लिए माकूल मूड बनाने के वास्ते कुल्लू-कश्मीर जाने का चक्कर छोड़ दिया है। इस बार उन्होंने दिल्ली के निकटवर्ती औद्योगिक कस्बे गाजियाबाद को ही अपना 'नदी का द्वीप' मान लिया है और वहाँ रहकर वह कोई धाँसू चीज लिख रहे हैं। यादव अपने समकालीन लेखकों की तरह इस माने में यथार्थवादी हैं कि अपनी कहानियों को अपनी जिन्दगी में और अपनी जिन्दगी को अपनी कहानियों में उतारने का भरसक यत्न करते रहते हैं। इसलिए वह अक्सर लेखक कम और पात्र ज्यादा मालूम होते हैं। यादव एकसाथ कई मोर्चे सँभालने और कई पीढ़ियों से एकसाथ लड़ने में सिद्धहस्त हैं। उन्हें जितना ध्यान इस बात का है कि कहीं उन्हें बेवकूफ न मान लिया जाए उतना ही ध्यान इस बात का भी है कि बेवकूफों की कहीं बुद्धिमानों में गिनती न होने लगे।

राजेन्द्र यादव यह मानते हैं कि नई कहानी आन्दोलन जैसी कोई चीज न थी, न है। यह तो जीवन के प्रति एक दृष्टि का सवाल था। यादव समझते हैं कि दृष्टियाँ और भी हो सकती हैं और एक दूसरे के समान्तर चल सकती हैं लेकिन 'देखो, ये क्या रवैया है साहब कि हमारा एटिट्यूड ही सही है, तुम्हारा एटिट्यूड गलत है।' यादव के अनुसार यदि लोग मान लें कि वे किन्हीं सिद्धान्तों के लिए नहीं बल्कि किन्हीं स्वार्थों के लिए गुटबन्दी कर रहे हैं तो ठीक है, "दिस इज व्हाट आई फील, क्यों?" यादव 'हॉरर, संत्रास, अजनबीपन और अलाना-फलाना से आतंकित' होने को तैयार नहीं हैं। भले ही इस सबसे ही वे औरों को आतंकित करते रहे हों। उनके अनुसार, "लोग बेकार अपने को डिफरेंट शोक करके अटैन्शन अट्रैक्ट कर रहे हैं।" यादव का कहना है कि हम लोगों ने बँधी-बँधाई परिभाषाएँ लादे जाने का विरोध किया और खोज का नारा बुलन्द किया था लेकिन लोग आधुनिकता के नाम पर वैसे ही विचार आयात कर रहे हैं जिस तरह सरकार विदेशी सहायता ले रही है। लेखक-समाज हीनभावना से ग्रस्त है और पश्चिम की थर्ड रेट किताब को भी खुदा की लिखी हुई मानता है और अपने यहाँ की अच्छी-से-अच्छी किताब भी नहीं पढ़ता। होड़ यही है कि कोई विदेशी ऑथर पकड़ लाओ और कोट करो कि यहाँ के लोग दबदबा मान जाएँ। यादव, पाश्चात्य प्रभाव के संस्कार बन जाने और महज उधार ले लिए जाने में भेद करके अपने को और अपने मित्रों को अपने उपर्युक्त आक्रोश से मुक्त रखना चाहते हैं।

यादव साहित्य को घुड़दौड़ और साहित्यकारों को घोड़ा मानते हैं और उनका कयास है कि साहित्य के लिए दौड़ आमरण चलती रहती है। 'कुछ पता नहीं, कौन, कब, कितनी अच्छी चीज दे जाए?' यादव आश्वस्त हैं कि उनका घोड़ा दौड़ में अच्छा जा रहा है और वह अपने को फेवरिट मानने के लिए निहित स्वार्थोंवाले आलोचकों को नहीं, अपने उन पाठकों की राय को आधार बनाना चाहते हैं जिनका "हिन्दी साहित्य की गन्दगी से कोई सम्बन्ध नहीं है और जो अपने-अपने क्षेत्र में नए जीवन का अनुभव प्राप्त करके सच्चे अर्थों में हम लेखकों से ज्यादा मॉडर्न व्यूवाले बने हैं।"

समाधि भाई प्रगतिसिंह : भीष्म साहनी

भीष्म साहनी, डॉ. लाल के इस मन-परिवर्तन से निश्चय ही थोड़े दुखी होंगे। भीष्म हिन्दी कहानी की भाग्यरेखा देखकर आश्वस्त होने के बाद सोवियत संघ गए थे लेकिन यहाँ लौटकर उन्होंने कुछ विचित्र ही माया देखी और 'कितना गलत रहा अनुमान' वाला बोध उनके बॉय स्काउट-मन को दुखी करने लगा।

भीष्म, सोवियत संघ जाने से पहले हिन्दी में नए ढंग की कहानी के पुराने ढंग के लेखक समझे जाते थे, लौटे तो देखा—उन्हें पुराने ढंग की कहानी के पुराने ढंग का लेखक माना जा रहा है। भीष्म खासे उत्साही, सजधज में काफी ठस्सेवाले, काफी पढ़े-लिखे और काफी सोचने-समझनेवाले, 'अभी तो मैं जवान हूँ, यह देखो मेरा बर्थ-सर्टिफिकेट' किस्म के आदमी हैं लेकिन युवा पीढ़ी उन्हें एक बोदा बुजुर्ग मान बैठी है। जनता की मान्यता है कि आधुनिक कला-साहित्य में भीष्म साहनी का दर्जा आर्यसमाजी वाला है। भीष्म, कहानी की राजनीति में न तीन में रहे, न तेरह में और सच तो यह है कि अगर वह हिन्दी कहानी के अंग्रेजी अनुवादक के रूप में और 'नई कहानियाँ' के सम्पादक के रूप में सामने नहीं आते तो यार लोग खाते से उनका नाम ही काट देते। भीष्म साहनी उस लुप्तप्राय जाति के प्राणी हैं जिसे सज्जन कहा जाता है। और उनका लेखन उस सदाबहार प्रणाली का है जिसे 'प्रगतिवादी' कहा जाता है।

उनका अन्दाजेबयाँ कुछ इतना सधा-बँधा है, बोलने में वह इतने ज्यादा कॉमा-फुलस्टाप लगाते हैं, मैं तो समझता हूँ—भई, मेरे खयाल में तो—जैसी क्षमायाचक विद्यालंकारी शब्दावली का कुछ इतना ज्यादा प्रयोग करते हैं कि हिन्दी कथा-साहित्य की आवेशमय और आक्रामक बहस में बड़े निरीह मालूम होते हैं। भीष्म साहनी के अनुसार, "हिन्दी-कथा-साहित्य इधर बहुत तेजी से साहित्यिक कम और व्यावसायिक ज्यादा बना है और इसीलिए वातावरण बहुत दूषित हो गया।" उनकी धारणा है कि हिन्दी लेखक का दिमाग एक ओर उपनिवेशवाद के प्रभाव से और दूसरी ओर शाश्वत चिन्तनवादी परम्परा की कैद से मुक्त नहीं हो पाया है। स्वाधीनता के बाद देश में जनजीवन की गति जरूर कुछ तेज हो गई है मगर बुनियादी ढाँचे में कोई परिवर्तन नहीं आया। इसी विरोधाभास के कारण ऐसे लोग पनप रहे हैं जिनके कस्बेवाले तौर-तरीके और काफ्कावाले तेवर हैं। लेखक सेक्सी कहानी लिखता है तो नायिका को नर्स और वह भी एंग्लो-इंडियन बनाना नहीं भूलता। देसी दृष्टि और विदेशी दर्शन के समन्वय के नाम पर बस इतना ही हो रहा है।"

अंग्रेजी साहित्य के अध्यापक भीष्म साहनी अनुभव करते हैं कि "हिन्दी में पाश्चात्य साहित्य की मान्यताओं को लेकर वाद-विवाद ज्यादातर ऐसे लोग कर रहे हैं जिन्हें पाश्चात्य साहित्य की कोई तमीज नहीं है—अभी हिन्दी लेखक उस धर्मनिरपेक्ष वस्तुवादी दृष्टि को ही प्राप्त नहीं कर सका है जो अंग्रेजी साहित्य को उपन्यासकार फील्डिंग ने आज से तीन सौ साल पहले दी थी। अगर हिन्दी साहित्य इस दृष्टि के मूलतः विरुद्ध होता और अपने प्राच्य स्वरूप का आग्रह कर रहा होता तो भी शायद कोई बात बनती लेकिन हिन्दी साहित्य तो अपनी

परम्परा के भी विरुद्ध है और सात-आठ सौ साल पहले की बात तो दूर दस साल पहले की रचना को भी रचना मानने के लिए तैयार नहीं है। अंग्रेजी साहित्य में आधुनिक युग का टी. एस. इलियट, पन्द्रहवीं शताब्दी के बैन जानसन की इस तरह चर्चा कर सकता है, मानो उसका समकालीन हो। हमारे यहाँ तो समकालीन लेखक ही एक-दूसरे को समकालीन मानने को तैयार नहीं हैं। इस स्थिति में एक ऐसे साहित्य का सर्जन हो रहा है जो भारतीय जीवन के स्पन्दन से बिलकुल कटा हुआ है और जो पश्चिमी परम्परा की अधूरी समझ के कारण कुछ अधकचरी धारणाओं से लदा हुआ है। सभी लेखक एक जैसा ही लिख रहे हैं और एक दूसरे जितना ही नीरस और निष्प्राण लिख रहे हैं।''

सखी सम्प्रदाय के सत्येन्द्र शरत्

लेकिन सत्येन्द्र शरत् को इससे कोई आश्चर्य नहीं होगा क्योंकि उनके अनुसार 'यार ये सब एक जैसे हैं'। सत्येन्द्र की राय की कद्र करनी पड़ती है क्योंकि वह तकरीबन सभी लेखकों के साहित्यिक साथी नहीं तो वैयक्तिक मित्र जरूर रह चुके हैं और हिन्दी के उन गिने-चुने लेखकों में से हैं जिन्हें हिन्दी का नया-पुराना सारा कथा-साहित्य बाकायदा पढ़ा है और संगृहीत किया है। यही नहीं, उनका चेहरा-मोहरा कुछ इस कदर सखी-सहेली छाप है कि औरतें उनके राज सुनने के लिए तड़प उठती हैं और आदमी उन्हें अपने राज सुनाने के लिए छटपटा उठते हैं। हिन्दी साहित्यिकों के बारे में जितने राज उनके सुकुमार सीने में महफूज हैं उनका शतांश भी पाकर कुलभूषण की 'कच्चा-चिट्ठा डिटेक्टिव एजेन्सी' धन्य हो उठती। जनता का तो यहाँ तक कहना है कि कुलभूषण भी अपने विषय में भूली हुई जानकारी के लिए सत्येन्द्र से मिल सकते हैं। सत्येन्द्र शरत्, राज की इन बातों और अपने विविध रोचक अनुभवों का भुगतान नहीं कर पाए हैं क्योंकि साहित्य में वह शरत् के मारे हुए हैं। मार उन्होंने अन्यत्र भी खाई है—जीवन में भावुक आदर्शवाद की और आकांक्षाओं में बम्बइया फिल्मी दुनिया की। अपनी समस्याओं का आदर्शवाद की हवा में हल ढूँढ़ते-ढूँढ़ते वह विविध भारती में हवा महल के संयोजक होकर रह गए हैं और इस बीच उनके सभी पुराने दोस्त बारी-बारी उनसे बिछुड़ चुके हैं। शायद इसीलिए सत्येन्द्र को साहित्य-चर्चा में कोई रास नहीं आता। इस लेख के प्रसंग में तीन बार उनसे भेंट की और हर बार फिल्मों की ही चर्चा हो सकी। सत्येन्द्र को शायद बम्बई का फिल्म-जगत अलादीन का चिराग लगता है जिसे सिद्ध करके वह किसी दिन अपने कलाकार को सार्थक सिद्ध कर सकेंगे और अब तक के अपमानित जीवन का प्रतिशोध ले सकेंगे।

पैदायशी बुजुर्गवार सर्वेश्वरदयाल सक्सेना

सर्वेश्वरदयाल सक्सेना की चाल निराली है। शायद इसीलिए जनता ने काफी सोच-समझकर उन्हें गजराज (प्यार में गज) की संज्ञा दी है। जनता उन्हें 'नई कविता का नीरज' और 'बासी कविता का प्रवक्ता' भी कहती है। कहानीकारों के रूप में उनके 'कस्बा छाप प्रतीकवाद' को काफी कोसा जाता है। सर्वेश्वर इस सबसे लगभग बेखबर अपने व्यक्तित्व और कृतित्व की सार्थकता के प्रति पूर्णत: आश्वस्त होकर लम्बी ताने रहते हैं। सोना उनकी एकमात्र हॉबी है। काफी सोने के बाद जब वह चौंककर थोड़ा-सा जागते हैं तो उन्हें किसी 'सिम-बल' के दर्शन होते हैं और वह तुरन्त किसी 'सिम-बालिक', 'शुद्ध साहित्यिक चीज' की रचना कर मारते हैं। 'सिम-बल' खोजने के लिए बहुत दूर जाना सर्वेश्वर की फितरत नहीं। चारपाई के आसपास कमरे में या खुली खिड़की के पार जो कुछ दीख गया वही उनकी सहज बुद्धि और कारीगर हाथों में 'सिम-बालिक' बन जाता है। सर्वेश्वर की कारीगरी असन्दिग्ध है और उसे सान पर चढ़ाते रहने के लिए वह बीच-बीच में ऐसा बहुत कुछ कहते हैं जो कहीं छपने नहीं भेजा जाता है—मसलन चुनाव के बाद उन्होंने कहा था, 'दीपक जला तो बैल हमारे चले गए।' बाल-साहित्यकार योगराज थानी को उन्होंने समझाया था, 'ज्यों-ज्यों, ज्यों-ज्यों बड़ा होता गया, त्यों-त्यों, त्यों-त्यों छोटा होता गया।' गन्ने का ठंडा रस पीने के बाद उन्होंने 'हरफ-हरफ में बरफ है तेरी निगाहों की' फरमाया था। इस तरह की चीजें भारतभूषण अग्रवाल और केशवचन्द्र वर्मा शायद सर्वेश्वर से ही लेकर प्रकाशनार्थ भेजते हैं। सर्वेश्वर इस ऊल-जलूल को साहित्य में नहीं लाना चाहते लेकिन जनता का कहना है कि 'यही सर्वेश्वर का वास्तविक स्तर है।' इस तरह की उक्तियाँ सर्वेश्वर की मौजूदगी में अमूमन नहीं कही जातीं क्योंकि सर्वेश्वर का कँपकँपाता हुआ और कँपा देनेवाला गुस्सा मशहूर है। गुस्सा अब सर्वेश्वर को अमूमन कम ही आता है और अपमानित करके अपमान का बदला लेनेवाले उनके मूड के दर्शन भी अब दुर्लभ हो चले हैं।

सर्वेश्वर कुछ तो यों ही पैदायशी बुजुर्गवार थे फिर बाल-साहित्यकारों से आक्रान्त होकर प्रौढ़ साहित्यकारों में इस कदर फँस गए कि उनका ठोस का शैदा साहित्यकार ठस होकर रह गया। पोढ़ा हो जाना उनकी बुजुर्ग काया में बसे किशोर-मन की पीड़ा के लिए खासा घातक सिद्ध हुआ है। सर्वेश्वर साहित्यिक बहस में आमतौर से पड़ना नहीं चाहते। वह बहस बन्द कानों से सुनते हैं और मन्द मुसकान से यह जता देते हैं कि तुम लाख करो बहस आज की, कल मैं ही किया जाऊँगा याद।

सर्वेश्वर का कहना है कि मुझे कोई 'एम्बीऽशन' नहीं है लेकिन उनकी इस विरक्त मुद्रा में जनता को दूध पी चुकी पूसी के दर्शन होते हैं। सर्वेश्वर की मुद्रा यह कहती नजर आती है कि 'मैं उनमें से नहीं जो मार कुआँ खोदने में जुटे रहते हैं कि पानी पी सकें, मैं तो स्वाति नक्षत्र में एक बार अपनी प्यास बुझा लेता हूँ।' जनता का यह कहना है कि उन्होंने 'स. ही.' वाटर वर्क्स से कनैक्शन ले रखा है और उन्हें घर बैठे पानी मिल रहा है। इसी के प्रताप से वह झगड़े-टंटे-पचड़े से दूर बैठे, तर्जनी और अँगूठे से दाँत में फँसा कोई टुकड़ा निकालते हुए (प्रसंगवश सर्वेश्वर छककर खाने में विश्वास करते हैं और विश्वस्त सूत्रों से ज्ञात हुआ कि उनकी यह वृत्ति बम्बई के एक स्वल्पाहारी सम्पादक के लिए काफी कष्टदायी सिद्ध हुई थी), स्वाति-बूँद-प्रतीक्षा की मुद्रा बनाते हुए मजे से सिम-बलों को ठोक-पीटकर देख पाते हैं। वात्स्यायन के प्रति सर्वेश्वर के भक्ति-भाव को लेकर जनता काफी फिकरेबाजी करती है लेकिन सर्वेश्वर अपने को वात्स्यायन का शिष्य नहीं, भाई मानते हैं। वह इस ओर ध्यान दिलाना चाहते हैं कि उनकी भाषा, उनका व्यक्तित्व, उनकी दृष्टि किसी भी चीज पर वात्स्यायन का प्रभाव नहीं है। जनता सर्वेश्वर को कहानीकार मानने के लिए तैयार नहीं है और कहती है कि वह कवि हैं। सर्वेश्वर का यह कहना कि शुरू में जब मैं कहानियाँ लिखता था तो ये लोग कविता लिखते थे, मैं कविता लिखने लगा तो ये कहानियाँ लिखने लगे, पहले मुझे कहानीकारों में ही शुमार करते रहे और बाद में कवियों में। इस झगड़े से बचने के लिए मैं अब नाटक लिखूँगा।' सर्वेश्वर आन्दोलन से दूर रहना चाहते हैं और उनका कहना है कि 'परिमल', जिससे वह कभी सम्बद्ध थे, एक आन्दोलन नहीं एक परिवार था, जिसमें लेखक एक-दूसरे के साथ रहकर कुछ सीखते-सिखाते थे। आज का लेखक ऐसी परिवार-भावना को समझ नहीं सकता, या तो वह बहुत आत्मविश्वासी है या बहुत स्वार्थी। सर्वेश्वर को प्रयाग परिवार की याद बहुत सताती है और दिल्ली 'उजड़े लोगों का आबाद शहर' नजर आता है। सर्वेश्वर ने बिलकुल नए लेखकों की चीजें पढ़ी हैं, हाँ तारीफ सुनने पर सूँघी जरूर हैं। उन्हें इनमें कुछ भी इतना अच्छा नहीं लगा कि मन में या संग्रहालय में रखें। लेकिन इस कारण वह हिन्दी कथा-साहित्य के भविष्य के प्रति निराश नहीं हैं। निहायत सादगी से फरमाते हैं, "जब तक मैं लिख रहा हूँ तब तक निराश होने का सवाल ही नहीं उठता। मैं अपने को नए लेखकों से सवा ही समझता हूँ लाख की जगह लक्ष्य कह लीजिए।"

सर्वेश्वर जितना आश्वस्त और निश्चिन्त व्यक्ति, अपनी उसी एक छोटी-सी बगिया की सेवा में मग्न व्यक्ति, हिन्दी साहित्य में ढूँढ़े नहीं मिल सकता। आपाधापी के दौर में अलग बैठा हुआ व्यक्ति साधारण जिन्दगी जीकर असाधारण

लिखने का नारा देनेवाला व्यक्ति जनता को कुछ अवास्तविक और इसलिए सन्दिग्ध मालूम होता है।

तुझे हम वली समझते, जो न पत्रकार होता : रघुवीर सहाय

रघुवीर सहाय को जब बताया गया कि सारिका के लिए उनका खाका खींचना है तो बोले, "मैं उस माने में करैक्टर नहीं हूँ और न अब बनना चाहता हूँ।" करैक्टर न बन जाने की यह कोशिश ही रघुवीर सहाय को जनता की निगाह में काफी हद तक एक विचित्र करैक्टर बनाए हुए है। 'ये चावै क्या है' वाला सवाल अक्सर उनके सिलसिले में उठाया जाता है। यों रघुवीर सहाय शुरू से अब तक यही सफाई देते आए हैं कि मैं चाहता क्या हूँ। इसी को वह अपनी एक मूर्ति बनाना और एक मूर्ति ढहाना कहते हैं। वह भूल गए हैं कि बात अपनी मूर्ति बनाने से नहीं, दूसरे की मूर्ति ढहाने से बनती है। बहरहाल अपनी मूर्ति बनाने और ढहाने के चक्कर में वह पब्लिक पार्क के लायक अपना कोई भी बुत साबित नहीं छोड़ पाए हैं। रघुवीर तो कविता में यह कहकर छुट्टी पा गए कि अब लोगों को उनकी शक्लों से नहीं, तोंदों से पहचानता हूँ, लेकिन लोग क्या करें कि रघुवीर की तोंद तक की कोई मूर्ति स्थिर नहीं हो पाई है। लखनवी आर्यसमाजी कायस्थ, पितृभक्त पुत्र, प्रगतिशील लेखक, अज्ञेय का गुटका संस्करण, प्रतिभाशाली पेशेवर लेखक, गम्भीर पत्रकार, बुनियादी चिन्तक, घरबारी प्राणी, रघुवीर की कई मूर्तियाँ सामने आई हैं।

रघुवीर खुद भी गाहे-बगाहे आत्म-प्रचाररत साहित्य संसार को अपने ठोस कामों की डस्टजैकेट फेहरिस्त देकर आकर्षित करने की कोशिश करते रहे हैं। लेकिन ये फेहरिस्त कुछ उसी तरह खोकर रह गई है, जिस तरह उनकी विविध और छिटपुट प्रकाशित रचनाएँ, इसीलिए सिद्धान्तों के धनी रघुवीर ने अब एक नया सिद्धान्त बनाया है—चीजें छिटपुट नहीं, संग्रह के रूप में ही प्रकाशित कराएँगे। उनकी थ्योरी इस प्रकार है : जब अभिव्यक्ति का संकट चारों ओर होता है, चोरी बहुत होती है, मेरी आज की रचना अन्तिम सम्पत्ति नहीं, लेकिन अपनी है, यह समझने का छोटापन मेरा कलाकार लाख बड़ा हो, छोड़ नहीं सकता, खासकर इसलिए कि शब्द साधना पारलौकिक सत्ता के लिए नहीं करता, रघुवीर का खयाल है कि जनता उनकी रचनाओं की नकल करके, नकलों को संग्रह रूप में छपवाकर, संग्रहों पर मित्र आलोचकों से ठेठ सांसारिक तरीके से मोहर लगवाकर नाम कमा गई है। कम क्यों लिखा है? यह पूछे जाने पर रघुवीर की 'सिद्धान्त कौमुदी' ने कहा : "जितनी कोशिश अपनी भाषा के इस्तेमाल के लिए मुझे चाहिए, उतनी हमेशा कर नहीं पाया हूँ—जबकि सैकड़ों से ज्यादा

की है। लेकिन कोई चीज मुझसे निरन्तर छूटती गई है और वह है भाषा की अन्दरूनी ताकत। मैं अद्‌भुत भाषा तो नहीं ही गढ़ना चाहता। अगर चाहता तो बड़ा आसान था। दस–पाँच गलियाँ और पचीस गोपन क्रियापद मिलाकर मैं भी एक जोरदार चीज तैयार कर देता। यों इस मसाले का इस्तेमाल मैं कर भी चुका हूँ और जहाँ तक मैं जानता हूँ जब भी किया है सबसे पहले, और अगर सबसे सफल नहीं तो अपनी जगह पर सबसे सफल तरीके से किया है। लेकिन अब मुझे बहुत ही सधी हुई भाषा चाहिए।'' कितनी सधी, इसका अनुमान उपर्युक्त वक्तव्य से ही किया जा सकता है। यह कानूनी अन्दाजेबयाँ, यह अगर–मगर, रघुवीर की खासियत है।

रघुवीर पढ़ने–पढ़ाने के मामले में सर्वेश्वर जितने काहिल हैं तो 'जड़ की बात' शैली से सोचने–विचारने में जैनेन्द्र से भी दो हाथ आगे हैं। इसका नतीजा यह है कि कई प्रगट अथवा पूर्वोद्‌घाटित तथ्यों तथा सिद्धान्तों तक वह अपने ही टेढ़े रास्तों से पहुँचे हैं। इस पर उन्हें नाज है और इन सिद्धान्तों के लिए वह दुनियादारी के ओछेपन से अछूते रहते हुए मगर दुनियादारी से एकबारगी नाता न तोड़ लेते हुए अदालती लड़ाई करने के वास्ते हमेशा तैयार रहते हैं। छोटे मगर बुनियादी मुद्‌दे को बड़ी अहमियत देने के मामले में वह खासे लोहिया वाक्य हुए हैं और उनकी सबसे ताजा मूर्ति लोहियावादी है। लेकिन यहाँ भी वह तलवार की धार पर या नट की रस्सी पर चलना चाहते हैं। जहाँ वह यह मानते हैं कि देश में मनुष्य के नीचे के स्तर की जिन्दगी बिताने वालों के बारे में जितना तीखा बोध संसद में लोहिया ने तीन आने रोज वाली बहस में कराया उतना एक भी साहित्यकार नहीं करा सका, वहाँ साहित्यकार का लोहियापन्थी बन जाना भी उन्हें स्वीकार नहीं है। वह यह मानते हैं कि ''जहाँ यथार्थ, उत्तरदायित्व, चेतना जैसे निरे पारिवारिक शब्दों का पहली बार रचनात्मक अभिप्राय मन में खोजना शुरू किया है वहाँ अभी डर बुरी तरह छाया हुआ है कि इस चिन्तन की विकृति तो नहीं होने लगेगी।''

रघुवीर व्यावसायिकता के बढ़ने से चिन्तित नहीं हैं और समझते हैं कि यह स्थिति खत्म होनी चाहिए जिसमें साहित्यिक पत्रिकाओं को ही व्यावसायिक पत्रिका बनना पड़ रहा है। ''यदि समृद्ध देशों में कलाकार व्यावसायिक लोगों के पैसे खींचकर समृद्ध हो सकते हैं तो यह खतरा मानते हुए कि सिर्फ बिकने के ख्याल से लटके मुँह का साइन बोर्ड लगा लेंगे। मैं नहीं मानता कि वे ये चालाकी साहित्यिक क्षेत्र में बहुत दिन तक बिना अपनी पोल खुलवाए निभा सकेंगे। जबकि हमारे यहाँ यह सम्भव है और हो भी रहा है।'' रघुवीर के इस तरह के बुनियादी चिन्तन की दाद देते हुए जनता कह उठती है : तुझे हम वली समझते, जो न पत्रकार होता।

घटिया सलीब बढ़िया मसीहा : श्रीकान्त वर्मा

श्रीकान्त वर्मा, रघुवीर सहाय के काफी बाद विशेष संवाददाता बने हैं, यों जनता का खयाल है कि वह शुरू से ही विशेष संवाददाता रहे हैं और उनके संवादों में स्वयं अपनी भूमिका विशिष्ट रही है। विचारों की दुनिया, असली दुनिया और अपने व्यक्तित्व के विकारों की दुनिया इन तीनों का तनाव श्रीकान्त ने इतने जोशोखरोश से भोगा है कि अक्सर उनके लिए इन तीनों के अलग-अलग रूप खत्म हो गए हैं। श्रीकान्त के मसीहा होने के बारे में जनता एकमत है, मतभेद बस इसी बारे में है कि श्रीकान्त के पीछे सलीब है, या खालिस हवा। श्रीकान्त सुखी होकर दुखी और दुखी होकर सुखी रहते हैं और कुल मिलाकर सुखी-दुखी हो जाते हैं। दुनिया साली इतनी घटिया है कि उन्हें अपनी एक मामूली-सी माँग के लिए गैर-मामूली संघर्ष और स्नायुपीड़न मोल लेना पड़ रहा है। माँग यह है कि श्रीकान्त वर्मा के लिए जरा-सी जगह खाली कर दी जाए—मंच के एन मध्य में माइक के सामने। श्रीकान्त स्पष्ट कर देना चाहते हैं कि यह जगह उन्हें अपनी नहीं, सत्य की प्रतिष्ठा के लिए चाहिए। मंच के मध्य से संसार का कल्याण करके वह स्वयं अन्तर्धान हो जाएँगे। जैसे लोहिया राष्ट्रपति-पद के लिए अपने को उपयुक्त पाने के लिए अभिशप्त हैं कुछ वैसे ही श्रीकान्त विचारों की क्रान्ति के नेतृत्व के लिए अपने को अभिशप्त पा रहे हैं।

रघुवीर की तरह श्रीकान्त भी लोहिया के प्रशंसक हैं बल्कि शायद यह कहना अधिक उपयुक्त होगा कि वह लोहिया को भी अपने प्रशंसकों की पंक्ति में बैठा हुआ देखना चाहते हैं। श्रीकान्त हिन्दी के उन इने-गिने लेखकों में से हैं जिनके लिए 'इंटेलेक्चुअल' शब्द का प्रयोग किया जा सकता है। इंटेलेक्चुअल, और वह भी यूरोपीय पद्धति के इंटेलेक्चुअल, होने के नाते तिल का ताड़ और ताड़ का तिल बना देने में उन्हें महारत हासिल है। मामूली सिरदर्द उनके लिए अवश्यम्भावी ब्रेन हैमरेज का पूर्व-संकेत बन सकता है तो कला, विज्ञान, राजनीति, साहित्य-समाज, शास्त्र, दर्शन आदि-आदि की तमाम पेचीदगी को वह एक बारीक-सी बात में समेटकर दिखा सकते हैं। यह दृष्टि खुद ही खासी उलझाने वाली होती लेकिन बदतर यों कि श्रीकान्त जेहाद छेड़ना जरूरी समझते हैं। (ताजा जेहाद : साहित्य अकादमी के खिलाफ) और जेहाद के लिए उनकी सवा लाख की सेना में वही सेनापति और वही सैनिक हैं क्योंकि 'हिन्दी के पेशेवर लेखक से मैं कभी भी इंटिमेट नहीं हो सका, जब भी इस तरह की कोशिश हुई मुझे अजीब हॉरर की फीलिंग हुई और पेशेवरों को भी हुई होगी।' इसलिए भी कि 'मैं इंटीमेसी से घबराता हूँ।' मुश्किल यह है कि 'लेकिन सेंटीमेंटल हो जाता हूँ।'

श्रीकान्त नई दिल्ली को संस्कृति के तथाकथित सेवकों के निहित स्वार्थ की नगरी मानते हैं और इस घटियापन में रहना और इस घटियापन से जूझना अपनी 'डेस्टिनी' समझते हैं। साथ ही वह यह भी जानते हैं कि नई दिल्ली इस माने में सम्भावनाओं की नगरी है कि यहाँ राष्ट्रीय और अन्तर्राष्ट्रीय मानस से सम्पर्क और टकराहट हो सकती है। कभी-कभी श्रीकान्त राष्ट्रीय मानस के घटियापन से बहुत आजिज आ जाते हैं और तब ऐलान करते हैं कि 'मेरी बहस इन नामवर घटियों से नहीं है—मेरी बहस है तो सार्त्र से है।' इस पर जनता की टिप्पणी है कि नव-विवाहित श्रीकान्त का दाम्पत्य कलहमुक्त है क्योंकि श्रीकान्त का जो भी घरेलू झगड़ा है सिमोन द बोउवा से है। श्रीकान्त वर्मा में एक बड़ा परिवर्तन उस दिन से आया, जिस दिन निर्मल वर्मा ने उनसे कह दिया कि 'तुम कुछ पढ़े-लिखे होते तो तुमसे बहस भी करते।' इसके बाद श्रीकान्त पढ़ने-लिखने के पीछे कुछ इतने पिल गए गए कि अब अपने को निर्मल वर्मा समेत सारे हिन्दी साहित्यकारों से यह कहने के लिए अभिशप्त पा रहे हैं कि 'कुछ पढ़े-लिखे होते तो तुमसे बहस की जाती।' यों बहस के लिए श्रीकान्त वर्मा सदा तैयार रहते हैं और 'आ जाएँ बेटा, जितने भी हैं, कर लें डिस्कशन' उनका चहेता नारा है। लेकिन डिस्कशन में जब जनता उनके 'सार्त्र हैक राइटर है' जैसे फतवों पर हँस पड़ती है तो श्रीकान्त को यह अनुभूति होती है कि 'अजीब साली मुश्किल है, डिग्निटी के साथ रह सकने तक में डिफिकल्टी आती है।'

अपमान उन्हें हर कहीं मुँह बाए खड़ा नजर आता है और उनके मन में संन्यास-भाव जाग उठता है, "आदमी का जीवन सीमित है और सब चीजों का अंग होने की कोशिश फिजूल है। आदमी को वही होना होगा जो वह है, यही उसकी नियति, यही उसका अभिशाप है। मैं किसी तरह के आन्दोलन में विश्वास नहीं करता, मैं आन्दोलन-विरोधी साहित्यिक रहा हूँ।" फिर श्रीकान्त का लड़ाका मन जाग उठता है और वह कहते हैं, "नए लोग तोड़ना चाहते हैं और मैं उनसे सहमत हूँ। अराजकता से ही नया अनुशासन पैदा होगा। उत्तेजना में मूर्खता कर बैठना सन्त की मुद्रा बनाए बैठे रहने से अच्छा है। लोग क्रान्तिकारी सन्तों का भेस बनाकर, सत्ता-प्रतिष्ठान से झूठी लड़ाई लड़कर, खुद सत्ता-प्रतिष्ठान के अंग बन गए हैं। अगर मैं भी बन गया हूँ तो मुझे भी उखाड़ फेंका जाए।" और फिर श्रीकान्त कहते हैं कि "जो मुझे उखाड़ना चाहते हैं, वे आ जाएँ बेटा। वे तो घटियों से भी घटिया हैं, आधुनिकता के सेल्समैन हैं, सूडो हैं, इललिटरेट हैं, अश्लील आधुनिकता के पंसारी हैं।" फिर श्रीकान्त का शान्त भाव रंग दिखाता है, "असल में हम सब साले घटिया हैं। हममें से हरेक यह जानता है कि उसने कुछ भी महत्त्वपूर्ण या उल्लेखनीय नहीं लिखा या किया

है। भारत में ही नहीं, पश्चिमी देशों में भी। सारा इतिहास हम देखते हैं और अपने को क्षुद्र-तुच्छ पाते हैं। लेकिन तुच्छता स्वीकार नहीं हो पाती इसीलिए लेखक अपने को दुगुने जोश से एसर्ट करता है।'' फिर 'एसर्ट' करते हुए श्रीकान्त कहते हैं, ''साहित्य मेरे लिए साधना का नहीं, संघर्ष की विधा है। मैं टक्कर लूँगा क्योंकि साहित्यिक समझौता मेरे लिए असम्भव है।'' इसी टकराहट के प्रताप से श्रीकान्त की एक अलग-थलग और दिलचस्प हस्ती बन सकी है।

दो हाथ आगे का : मुद्राराक्षस

भावुकता को एक निहायत ही भद्दी बात मानने में और भावुकता का मंत्र तोड़ने के लिए भद्दी-से-भद्दी बात कह और लिख देने में मुद्राराक्षस गंगाप्रसाद विमल से दो हाथ आगे हैं। एंटी-रोमांटिक होने के सद्प्रयास में विमल बाबू पुत्र द्वारा पिता को 'एक खूबसूरत औरत तोहफे में दिए जाने' की बात ही लिख पाए हैं तो मुद्राराक्षस युद्ध के मैदान में भागे हुए कायर पिता द्वारा पुत्री से बलात्कार करके शौर्य-परिचय दिए जाने जैसी बातें एक अरसे से लिखते आए हैं। दरअसल, मुद्राराक्षस हर मामले में ही दो हाथ आगे रहे हैं और अफसोस है तो यही कि उन्हें अगुआ मानने के लिए कोई तैयार नहीं है। लखनऊ के सुभाषचन्द्र ने अपने लिए मुद्राराक्षस उपनाम चुनकर 'दो हाथ आगे' मार्का साहसिकता का पहला परिचय दिया था और तब से बराबर वह 'नुईसेंस प्वाइंट आफ व्यू' से अपनी बायोग्राफी लिखते आए हैं। मुद्राराक्षस सींकचिया पहलवान हैं मगर यह मानना होगा कि इस वजन में उनसे भारी साहित्यकार मिल सकना जरा मुश्किल है। मुद्राराक्षस को दर्शनशास्त्र का विद्यार्थी रह चुकने पर नाज है और अपने समकालीन 'अधपढ़ और अनपढ़' लेखकों के बारे में वह कुछ उसी अन्दाज से बात करते हैं जिससे साहब लोग डर्टी इंटियन्स् की चर्चा करते थे। ''एक यादव है जिसने कुछ कोशिश की है इंटेलेक्चुअली इकुप होने की, बाकी तो सब गँवार हैं और यादव को भी हद-से-हद हाफ-एजुकेटेड कहा जा सकता है।'' मुद्राराक्षस के अनुसार आज के साहित्य में ऐसे ही लेखक का कोई स्थान हो सकता है कि जो ज्ञान-विज्ञान में पारंगत हो, तर्कशास्त्री और दार्शनिक हो। मुद्राराक्षस एक अरसे से तमाम गुण अपने में देख रहे हैं लेकिन साथ ही हिन्दी-कथा-साहित्य में अपने लिए कोई स्थान देख नहीं पा रहे हैं।

जैनेन्द्र जूनियर : हिमांशु जोशी

हिमांशु जोशी के लिए भी जैनेन्द्र कभी 'डिक्टेटर' रह चुके हैं। राहुल की 'मेरी जीवन-यात्रा' पढ़कर पहाड़ी कस्बे के किशोर ने जीवन-यात्री बनने का फैसला

किया और रुपए पच्चीस लेकर नगरबोध की तलाश में नई दिल्ली पहुँचा। काफी टक्करें खाने के बाद वह जैनेन्द्र के पूर्वोदय प्रकाशन में 'पीर बवर्ची भिश्ती खर' नियुक्त हुआ और जनता के सामने जैनेन्द्र के चमचा-इन-चीफ के रूप में प्रकट हुआ। हिमांशु जोशी अब जैनेन्द्र के यहाँ काम नहीं करते और जैनेन्द्र का नाम भी पहले जितना नहीं लेते। बल्कि यहाँ-वहाँ जैनेन्द्र के साहित्य के विरोध में थोड़ा-बहुत कह देना अपना कर्तव्य समझते हैं। यों जैनेन्द्र के व्यक्तित्व में उन्हें अब भी श्रद्धा है।

जैनेन्द्र और हिमांशु जोशी एक-दूसरे के लिए बहुत सुखकर सिद्ध हुए होंगे। जैसे हिमांशु बड़ी सन्तुष्ट मुद्रा में कहते हैं, "जितना विरोध जैनेन्द्र का मैंने किया उतना शायद ही किसी ने किया होगा, लेकिन इसके माने यह नहीं है कि मैं जैनेन्द्र के मानवीय गुणों को नकार दूँ।" कुछ इसी अन्दाज में जैनेन्द्र भी झूम-झामकर कहते होंगे, "लड़काऽऽ, विरोध करता था मेराऽऽ, लेकिन उसमेंऽऽ बुरा लगने-वाली कोई बात लगी हो मुझे, ऐसा तो नहीं। जैसे प्रेमचन्द के बड़प्पन के सामने मेरा लड़कपन थाऽऽ कुछ वैसा ही देखता हूँ अपने सामने हिमांशु के लड़कपन को।"

हिमांशु जोशी नई दिल्ली में कुछ वर्ष पहले 'मनीषा' की उस गोष्ठी का आयोजन करके प्रकाश में आए थे जिसमें हिन्दी कहानी की फ्री-स्टाइल कुश्ती की पहली झाँकी देखने को मिली थी। इसके बाद नवगांधीवादी हिमांशु को 'अहिंसा परमो धर्मः' का बोध ज्यादा तीव्रता से हुआ और वह नेशनल जिओग्राफिक मैगजीन का जाप करते हुए असाहित्यिक साहित्य में शामिल होने चल दिए। जीवन-यात्री हिमांशु जोशी रोमांस और आदर्शवाद से काफी घबराते हैं, मगर मूलतः जीवन और साहित्य में प्यासा पपीहावाद से जुड़े हुए हैं। "मेरे भीतर जो प्यास है वह दिल्ली के कास्टमोपोलिटन ऐटमास्फियर में रहकर ही पूरी हो सकती है या फिर मैं मध्य यूरोप में ही बस सकता हूँ।"

जैनेन्द्र : एक कृति लेखक

अब मिलिए जैनेन्द्र से। जैनेन्द्र के साथ महात्मा शब्द जोड़ने को जी चाहता है। मैं समझता हूँ कि जैनेन्द्र का उठना-बैठना, बोलना-चालना, ओढ़ना-पहनना, खाना-पीना सब महात्मा मार्का है। उनसे इंटरव्यू लेते समय मुझे अक्सर यह आभास हुआ कि बोधिवृक्ष तले प्रवचन सुन रहा हूँ। मेरे खयाल से जैनेन्द्र को महात्मा सम्बोधन से कोई आपत्ति भी नहीं होगी। शायद जैनेन्द्र चाहते भी यही रहे हैं कि उन्हें हिन्दी साहित्य का महात्मा गांधी समझा जाए। क्रान्तिकारियों से उपन्यासकार जैनेन्द्र को विशेष मोह है, लेकिन विचारक जैनेन्द्र रक्तहीन क्रान्ति के साधक हैं। राजनीतिक प्राणियों से उपन्यासकार जैनेन्द्र को विशेष मोह है,

लेकिन विचारक जैनेन्द्र राजनीति-विरोधी राजनीति के पोषक हैं। और व्यक्ति जैनेन्द्र, जनता के अनुसार, न राजनीतिक हैं और न राजनीति-विरोधी। इतना जरूर है कि राजनीतिक राजनीति और साहित्यिक राजनीति से कुछ पुराने ढर्रे के सत्ता-स्रोतों से उनका सम्बन्ध रहा है—वह भी उतना जितना कि संन्यासी का संसारी प्राणी से किसी अतिमानवीय करुणा के वश हो सकता है। इस विरोधाभास ने जैनेन्द्र को साधारण आत्मा से ऊँचा दर्जा दिया है लेकिन महात्मा गांधी हो सकने में वह चूक गए हैं।

जैनेन्द्र जैन मुनि भी हो सकते थे और जनता में इधर एक झूठा लतीफा यों सुना-सुनाया जा रहा है कि हिमांशु जोशी एक शोध ग्रन्थ लिख रहे हैं जिसका शीर्षक है 'जैन-दर्शन—जैनेन्द्र से जैनेन्द्र तक'। लेकिन यहाँ दिक्कत यों पेश आई कि उपन्यासकार जैनेन्द्र नारी पात्रों की समस्याओं के प्रति अनावश्यक रूप से आसक्त हो गए। बुरा हो शरच्चन्द्र चट्टोपाध्याय का। कुल मिलाकर जैनेन्द्र ने जैनेन्द्र-साहित्य को आतंककारी के तमंचे और देवदास की पारो का प्रणय-क्रीड़ांगन बना डाला है और रैफरी की सीटी प्रेमचन्द को सौंप दी। जैनेन्द्र ने प्रेमचन्द की युगबद्धता और सामाजिक प्रतिबद्धता से हटकर शाश्वत को अपनाया और इस सिलसिले में वह आधुनिक समझे गए। लेकिन ज्यों ही साहित्य में समय-सापेक्ष आधुनिकता आई वह शाश्वत की जगह पोंगापन्थी प्रतीत होने लगे। जैनेन्द्र के आधुनिक शाश्वत भाव में सबसे बड़ी सेंध लगाई अज्ञेय नामक एक लेखक ने जिसे यह नाम तक जैनेन्द्र ने स्वयं दिया था!

इस तरह जैनेन्द्र की स्थिति उस मोरारजीवादी कांग्रेस की-सी हो गई जो नेहरूवादी कांग्रेसी से सत्ता की दौड़ में हार गया हो। जैनेन्द्र दार्शनिक हैं इसलिए हार को दार्शनिकवत ग्रहण कर सकते हैं मगर जैनेन्द्र के साधारण मित्र उन्हें हमदर्दी का और साधारण विरोधी हँसी का पात्र करार दे रहे हैं। इस सबसे परे जैनेन्द्र बराबर साहित्य बोलकर (बोलने से ब्रह्मानुभूति बढ़ती है) लिखवाते रहे हैं और नए-नयों तक से बराबर की बातचीत और बराबरी की टक्कर के लिए प्रस्तुत हुए हैं। नई पीढ़ी जैनेन्द्र की अनगढ़ सुन्दरतावाली हिन्दी की लाख पैरोडी कर ले, नई पीढ़ी जैनेन्द्र के अनुगूँजपूर्ण स्वरों वाले उच्चारण की लाख नकलें उतार ले, जैनेन्द्र की महानता विचलित नहीं होती। एक बार खफीफ-सी हो गई थी और तब उन्होंने खफा होकर दो नए कथाकारों के मिले-जुले रूप को अपनी कहानी का नायक बनाया था और फिर इस संयुक्त नायक को अध:पतन की सीमा तक पहुँचा दिया था।

नई पीढ़ी भले ही जैनेन्द्र को अजायबघर का अधिकारी बताती रहे, जैनेन्द्र साहित्य में एक के बाद एक अजूबा दिखाए जा रहे हैं—दशकों बाद के भारतीय

राजनेता के बारे में अमेरिकी पत्रकार अपनी डायरी उपन्यासकार को सौंपे जा रहे हैं और दशकों बाद भी 'जैनेन्द्र के विचार' और 'स्त्री-पात्र-समस्या' ही आर्यावर्त्त पर छाए दीख रहे हैं। जैनेन्द्र साहित्यजीवी होने के नाते इस अति यथार्थ का यथार्थवादी ढंग से व्यापार करने के लिए अपनी कृतियों का प्रकाशन स्वयं करते हैं। लेकिन स्वरति उन्हें छू तक नहीं सकी और इसीलिए अपने ही प्रकाशनगृह से छपी अपनी पुस्तक की भूमिका में वह लिख सकते हैं, "यह संकलन छापते समय प्रकाशक माँगते हैं कि आदि में मैं फिर कुछ शब्द दूँ। यह अदया है।"

यह वाक्य जैनेन्द्र की ताजा पुस्तक 'प्रेमचन्द– एक कृति व्यक्तित्व' के आमुख में है। प्रसंगवश जनता ने इस पुस्तक के शीर्षक से प्रेरणा लेकर 'जैनेन्द्र : एक कृति साहित्यिक' फिकरा चलाया है। जनता का कहना है कि 'त्यागपत्र' के बाद जैनेन्द्र साहित्य से त्यागपत्र दे देते तो उपन्यासों के चन्द्रधर शर्मा गुलेरी मान ही लिए जाते, बेकार उन्होंने अपनी कलम को और अपने पाठकों को कष्ट दिया। जैनेन्द्र की शुरू की अच्छी कहानियाँ भी इधर लगभग भुला दी गई हैं और मैं समझता हूँ कि भुला दिए जाने का यह क्रम हिन्दी के जैसे तरुण और सीमित साहित्य में अनुचित ही नहीं, घातक भी है। इससे कोई सार्थक परम्परा नहीं बन पाती है और सार्थक परम्परा के अभाव में कोई भी विद्रोह सार्थक नहीं हो पाता।

जब जैनेन्द्र से बातचीत में यह प्रसंग उठा तो उनकी प्रतिक्रिया प्रत्याशित रूप से अप्रत्याशित रही, "अगर नया कथाकार जैनेन्द्र की कथाएँ नहीं पढ़ता तो हर्ज क्या है? आप जिस परम्परा की बात करते हैं उसका होना लेखक के लिए जरूरी मैं तो नहीं मानता। मैं लिखना शुरू कर चुका था, दो-तीन कहानियाँ प्रकाशित भी हो चुकी थीं तब का प्रसंग है। चतुरसेन मिले। पूछा, 'प्रसाद की कहानियाँ पढ़ी हैं?' मैंने जिज्ञासा प्रकट की, 'प्रसाद कौन?' बाद में प्रसाद को पढ़ा जरूर। लेकिन पढ़ना मेरे लिखने के लिए आवश्यक ही होता ऐसा मान नहीं पाता।"

लेकिन पढ़ने में कोई असत्कार निहित हो और यह असत्कार किसी दावेदारी का आधार बनता हो तो जैनेन्द्र को आपत्ति है, "लिखने के साथ कुछ दावेदारी मेरी समझ में नहीं आती। मैंने लिखा तो मुझे बताया गया कि प्रेमचन्द से वह भिन्न था। लेकिन प्रेमचन्द के प्रति असत्कार का भाव एक क्षण को भी मन में नहीं उठा।" प्रतिष्ठित होने के लिए जो संघर्ष चल पड़ा है, उसके सम्बन्ध में जैनेन्द्र ने कहा, "अस्तित्व के सम्बन्ध में किंचित अविश्वस्त है लेखक इसलिए किंचित आग्रही। प्रतिष्ठित भी कराना जरूरी हुआ है। सबने ऐसा किया

हो, यह तो नहीं। निर्मल वर्मा ने स्वीकृति माँगी नहीं, मिली उन्हें। आग्रह हुआ तो उनकी अस्वीकृति का हुआ, कुछ अन्य लेखकों की ओर से हुआ।''

जैनेन्द्र आज के उत्कट साहित्य-संघर्ष में मध्यवर्ग का उत्कट जीवन-संघर्ष प्रतिबिम्बित पाते हैं। व्यावसायिकता उनके विचार से आज हर कहीं अनिवार्यतः व्याप्त है। यह पूछे जाने पर कि फिर लोग साहित्यिकता के पचड़े में न पड़कर बाकायदा व्यावसायिकता के क्षेत्र में क्यों नहीं चले जाते, उन्होंने कहा, ''दूसरी जगह शब्दाडम्बर कम चलता है, चल नहीं सकता। अव्यावहारिकता और बौद्धिक व्यर्थता का भी कुछ मूल्य लग जाता है तो साहित्य में।''

अपनी-अपनी डफलीवाला मामला बढ़ जाने के विषय में जैनेन्द्र बोले, ''साहित्यकार स्वरति से सर्वथा मुक्त हो यह एक ऐसी अपेक्षा है जो कैसे पूरी हो? स्वरति प्रतिष्ठित साहित्यकार में क्षम्य है और उदीयमान में अक्षम्य, ऐसा मानना भी ठीक न होगा। स्व-प्रचार से मैं लेखक में आत्मस्वीकृति का अभाव देखता हूँ।''

आज के साहित्यकारों में एक-दूसरे के लिए हमदर्दी क्यों नहीं है, इसके जवाब में जैनेन्द्र ने कहा, ''दूसरों को सहानुभूति उसी मात्रा में दे सकते हैं जितने में अपने को देने से बचा ले। सब अपने को दे रहा हो तो दूसरे को क्या देगा? जिस सभ्यता में हम फँस गए हैं उसमें स्वार्पण की प्रेरणा जगानेवाला कोई तत्त्व है नहीं। स्व-केन्द्रित, स्वार्थ-केन्द्रित है सब कुछ और ऐसे में स्वाग्रह और स्वरति ही बच रहते हैं। विज्ञान के युग में पुरुषार्थ का लक्षण 'जय' हो गया है और यही भाषा बन गई है आजकल के मानस की। अब इसका उपाय मैं आस्तिकी में ही देखता हूँ, बहुत कठिन है, फैशन उसे स्वीकार कर ही नहीं पाता है।''

जैनेन्द्र हिन्दी साहित्य के संकट को देश के राजनीतिक संकट से ही जोड़कर देखने को तैयार नहीं थे बल्कि उनका आग्रह था कि यह राजनीतिक संकट भी आज की वैज्ञानिक सभ्यता के समूचे नैतिक संकट का ही एक अंग है। जब उन्हें इस विषय में कोंचा गया कि देश की बदलती हुई राजनीतिक परिस्थितियाँ क्या साहित्यकार पर एक ओर दक्षिणपन्थी राष्ट्रवादी आग्रह और दूसरी ओर वामपन्थी क्रान्तिकारी दबाव नहीं डालेंगी तो उन्होंने साहित्यकार की राजनीति-विरोधी मानवीय भूमिका के विषय में मुझे चार पेज डिक्टेट करवा दिए। इस लेख का सारांश इस प्रकार था, ''साहित्यकार को हिम्मत करनी होगी कि वह राजकारण का अनुगामी न बने बल्कि आवेशों और निवेशों के बीच वह मानव मूल्य की अपनी टेक पर दृढ़ बना रहे। आज कौन पार्टी है, जो अपना सांस्कृतिक फ्रंट खड़ा करने पर तुली नहीं है! साहित्यकार के चारों ओर राजनीतिक खेमे हैं और वहाँ सब सुभीते भी प्रस्तुत हो सकते हैं। पर खेमे खेमेवालों की चिन्ता

करते हैं, असंख्य निरीह व्यक्तियों की नहीं। साहित्य को उसी निरीहता के साथ रहना है। धारणा का साहित्य स्वास्थ्य का नहीं, रोग का लक्षण है। राजनीतिक या और कैसे भी एब्सट्रैक्शन के मोह में हमें कंक्रीट मैन को भुला नहीं देना होगा।'' इस प्रवचन के बाद जैनेन्द्र-साहित्य का पुनर्वाचन अवश्य हो जाता है। यह जानने के लिए कि उसमें एब्सट्रैक्शन देखकर जनता ने कहीं भूल तो नहीं की।

मिंक कोट और हीरों के हारवाला मामला

अगर जैनेन्द्र गांधी स्मारक निधि हैं तो सच्चिदानन्द हीरानन्द वात्स्यायन 'अज्ञेय' नेहरू अभिनन्दन-ग्रन्थ हैं। जिस तरह नेहरू 'डिस्कवरी ऑफ इंडिया' और 'ग्लिम्पसेज आफ वर्ल्ड हिस्ट्री' का और गांधी और मार्क्स का समन्वय करके भारतीय राजनीति में छा गए, उसी तरह अज्ञेय पूर्व और पश्चिम, लोक-मानस और अभिजीत-मानस, अतीत और भविष्य, परम्परा और प्रयोग को घोलकर पी और पिला गए। यह सही है कि हिन्दी साहित्य में अज्ञेय का वैसा एकछत्र राज न हो सका जैसा नेहरू का भारतीय राजनीति में हुआ, मगर यह भी सही है कि हिन्दी साहित्य में और किसी का अज्ञेय जितना भी नहीं हुआ। अज्ञेय फिलहाल साहित्यिक संघर्ष के टेस्ट मैच से 'रिटायर्ड हर्ट' हैं और उनकी मुद्रा यह बताती है कि हर्ट का तर्जुमा 'चोट खाकर' नहीं 'रुसा कर' किया जाना चाहिए। जब मैंने पहली बार उनसे इस लेखमाला का प्रसंग छेड़ा तो उन्होंने कहा, ''आप लिख दीजिए कि जब मैंने अज्ञेय से पूछा कि दिल्ली की साहित्यिक राजनीति के बारे में आपके क्या विचार हैं तब उन्होंने दोनों हाथ मेज पर रखकर, और त्यौरियों पर बल डालकर यह कहा—'ओ, दिल्ली! आपसे किसने कह दिया कि मैं दिल्ली में रहता हूँ' ऐसा लिखने से आपकी शैली भी निभ जाएगी और सम्पादक भी सन्तुष्ट होंगे।'

अज्ञेय व्यक्तिवाद के स्तम्भ बताए जाते हैं, लेकिन शायद उनकी कोशिश एक अलग व्यक्ति होने की उतनी नहीं रही है जितनी कि एक अलग हस्ती और एक अलग संस्था बनने की। अज्ञेय का हस्तीवाद साहित्य पर कुछ ऐसा छाया कि जिसने कलम सँभाली उसने हस्ती बनने के लिए पिछली हस्तियों के साहित्य-शीर्ष पर हस्त-कौशल सिद्ध करना शुरू कर दिया। अज्ञेय इस नाते भी अपने को हस्तियों की हस्ती मान सकते हैं कि सबसे ज्यादा हस्तियाँ उनके खिलाफ हैं। इसके बावजूद अज्ञेय की यश-यात्रा की राह में कोई बड़ी रुकावट नहीं पड़ी है और कुछ लोग इस रुकावट के न पड़ने को ही अज्ञेय के अज्ञेय होने का प्रमाण मानते हैं। जो लोग अज्ञेय के समर्थकों और विरोधियों द्वारा निर्मित

लोक-प्रतिमाओं में पूरी आस्था रखते हैं, उन्हें अज्ञेय का आचरण अक्सर बहुत निराश या बहुत आश्चर्यचकित कर जाता है। इससे यह सिद्ध होता है कि अज्ञेय व्यावहारिक हैं।

साहित्य में उनके इर्द-गिर्द जितने लोग आते रहे हैं, उनमें से कुछ शुद्ध व्यावहारिकता के नाते आए हैं और कुछ उनके महिमा-मंडित आभिजात्य से आकर्षित होकर। पहले वर्ग ने यह पाया है कि अज्ञेय सौदा करने में बहुत भोले नहीं हैं। दूसरे वर्ग को यही दुख लग रहा है कि अज्ञेय का सौदागरों से सम्बन्ध ही क्यों है? जिज्ञासा और भक्ति में बुनियादी बैर है। इसलिए अज्ञेय के भूतपूर्व भक्तों की संख्या बहुत बड़ी है। अज्ञेय ने साहित्य अकादमी पुरस्कार स्वीकार किया तो भक्तों को घोर निराशा हुई और भूतपूर्व भक्तों ने यहाँ तक कहा कि उन्होंने कोशिश करके लिया है, अस्वीकार करने का सवाल ही नहीं उठता।

अज्ञेय पर जो आरोप लगाया जाता है, वह इतना टुच्चा होता है कि अज्ञेय की महानता से मेल नहीं खाता। कुल मिलाकर मिंक कोट और हीरो के हारवाला मामला हो जाता है। आरोप लगानेवाला ही कुछ छोटा हो जाता है। अज्ञेय कोई प्रत्युत्तर नहीं देते और आरोपकर्ता से अधिक शालीनता से पेश आते हैं। इससे आरोपकर्ता भी घबरा जाता है। साहित्यिक राजनीति में सत्ता का विघटन होने पर जब से लोहियावादी मूर्तिभंजन की बन आई है, अज्ञेय अपनी मूर्ति हिन्दी साहित्य सभा उद्यान से उठाकर विश्व वाङ्मय उद्यान में रख आए हैं और हिन्दी के एकमात्र निर्यात-योग्य लेखक के रूप में प्रतिष्ठित हुए हैं।

अज्ञेय हिन्दी साहित्य में 'बायोग्राफी पाइंट ऑफ व्यू' के आद्याचार्य रहे हैं। पुस्तकों के पीछे प्रकाशित उनका संक्षिप्त परिचय भी सामान्य पाठक के लिए विस्मय और लेखक-पाठक के लिए ईर्ष्या की सामग्री जुटा पाता है। अज्ञेय को कायदे-करीने में बड़ी आस्था है और वह अपना छोटे-से-छोटा काम भी बड़े सलीके से और खूब सोच-विचार करके करते हैं।

अज्ञेय की सारी बायोग्राफी में यही सलीका और सोच-विचार झलकता है। इस दिलचस्प बायोग्राफी में इतनी विविधता है कि नट-विद्या का धोखा होता है। और लुत्फ यह है कि इसके बावजूद शील का तर्क कहीं भंग नहीं हुआ है। अज्ञेय ने जमाने-भर के काम किए हैं और दुनिया-भर की यात्रा की है। छोटा-मोटा आदमी होता तो इसमें से कोई एक काम या कोई एक यात्रा करके या करते रहकर घटिया हो गया होता। अज्ञेय ब्रितानी शासन में आतंककारी भी रहे हैं और एम.एन. राय के चेले होने के कारण सेना-अधिकारी भी। अज्ञेय अमेरिका भी गए हैं और सोवियत संघ भी। उन्होंने जहाँ भी कुछ काम किया है, कुछ अलग ढंग का और कुछ अलग तरह से किया है। रेडियो में कर्मचारी रहे तो

समाचार विभाग में, समाचार विभाग में रहे तो सिर्फ भाषा–सलाहकार होकर, साहित्य में जमे तो 'प्रतीक' के सम्पादक होकर, प्राध्यापक हुए तो बर्कले कैलीफोर्निया में, पत्रकारिता में लौटे तो हिन्दी के पहले समाचार–साप्ताहिक के सम्पादक होकर, आन्दोलन चलाया तो नई कविता का, संस्था बनाई (या बिगाड़ी ?) तो 'परिमल' और भक्तों में से कोई भक्त चुना तो वह भी सर्वेश्वर।

ज्ञान–विज्ञान और शोक–शगल के मामले में अज्ञेय ने अपने को सर्वतोमुखी प्रतिभा के पुराने ब्रितानी मॉडल पर ढाला है। 'सारिका' में जब अज्ञेय 'अपनी दृष्टि में' उजागर हुए थे तो यह फिकरा मुकम्मल हुआ था कि एक कुरुक्षेत्र से चूक गए वरना अज्ञेय किस क्षेत्र में नहीं कूदे ? अज्ञेय अपनी इस विविधता का आवश्यकतानुसार और सीमित मात्रा में प्रदर्शन करते हैं इसलिए प्रभाकर माचवे बन जाने के खतरे से बरी हो रहे हैं।

अज्ञेय अपने अनुभव और अपने ज्ञान की बातें जिस सीमित भक्त मंडली में करते हैं उसे बार–बार अपने अज्ञान का तीव्र बोध होता है। बहुत आग्रह और अनुरोध पर किसी विषय पर प्रसंगात दो शब्द कहते हुए अज्ञेय और इन दो शब्दों को आतुरता से सुनते हुए भक्तों के चित्र को (बिलकुल बाएँ मनोहर श्याम जोशी बैठे हैं) जनता ने सटीक शीर्षक दिया है, 'बुद्ध और बुद्धू।'

अज्ञेय 'एनेकडोट प्वाइंट ऑफ व्यू' में भी किसी से पीछे नहीं रहे हैं और छोटी से छोटी बात में भी उन्होंने इतनी खास भंगिमा अपनाई है कि किस्सागो का कल्याण हो गया है। टेलीफोन के मामले में ही उनकी कई बारीकियाँ हैं। मसलन 'हलो' के बजाय 'जी' कहना। इससे दूसरी ओर वाला विस्मित हो जाता है और अगर इस कारण वह अज्ञेय को कोई जाहिल देहाती समझकर अंग्रेजी में रोब गालिब करने लगता है तो अज्ञेय उसकी हिन्दुस्तानी–अंग्रेजी के मुकाबले में अपनी अंग्रेजी–अंग्रेजी दागकर उसे और अधिक विस्मित होने का अवसर प्रदान करते हैं। अगर टेलीफोन पर वार्तालाप दूसरी ओर से शुरू हुआ है और अंग्रेजी में तो 'कुड आई स्पीक टू मिस्टर वात्स्यायन' का जवाब अज्ञेय 'दिस इज ही' में देकर सही अंग्रेजी में बोलने और अंग्रेजदाँ–हिन्दुस्तानी से कुछ अलग होने का सुख लूट लेते हैं। हिन्दी में कोई पूछ बैठे कि 'अज्ञेय जी हैं', तो जवाब मिलता है, 'मैं वात्स्यायन बोल रहा हूँ।'

वात्स्यायन बोलते हैं और अज्ञेय लिखते हैं, यह भेद आम जनता की समझ में नहीं आता। यूँ वात्स्यायन भी कभी–कभी लिख देते हैं, कभी अज्ञेय के बारे में और कभी अज्ञेय के भक्तों के बारे में। अज्ञेय के बारे में जो उन्होंने लिखा है उसे 'स्वरति और स्वप्नप्रचार' का उदाहरण माना गया है। बल्कि कहना चाहिए 'आदर्श' माना गया है क्योंकि उनके बाद के बहुत से साहित्यिकों ने 'और इन

पंक्तियों के लेखक ने...' का जमकर प्रयोग किया है। यह द्रष्टव्य है कि वात्स्यायन ने अज्ञेय के बारे में जो कुछ लिखा है उसमें से कोई गलत-सी बात चुनकर यार लोगों ने गलत ढंग से अज्ञेय को विवादास्पद बनाया है। इन गलतियों और गलतफहमियों से भी अज्ञेय की लोकप्रतिमा को चार चाँद लगे हैं। वात्स्यायन ने अज्ञेय के भक्तों के बारे में जो कुछ लिखा है वह भक्तों की बायोग्राफी बिगाड़ने में ही सहायक हुआ है।

फिलहाल वात्स्यायन के इर्द-गिर्द टेस्टिमोनियल पानेवालों की कोई भीड़ नहीं है। सप्तकों के स्वर सो चुके हैं और प्रतीक इतिहास में खो चुका है। और जिस अज्ञेय पर विद्रोही प्रयोगशीलता का आरोप था उसके उत्तर प्रियदर्शी के "स्मरण करो! स्मरण करो!! उस दयानमित, करुणा-विगलित को वरण करो!" से परम्पराप्रेमी निरुत्तर हुए जा रहे हैं। आज के आधुनिक लेखक की कल के आधुनिक अज्ञेय से पटरी बैठ नहीं पाती।

अज्ञेय भी आज के आधुनिक को उतना नहीं पढ़ते जितना "तब पढ़ता जब कि किसी साहित्यिक पत्रिका का सम्पादन कर रहा होता।"

कहानी से तो खासकर उनका इधर एक अरसे से कोई सम्बन्ध या सम्पर्क नहीं रहा। यों 'कथादशक' उन्होंने ध्यान से पढ़ा था और उस पर कुछ लिखने की सोच भी रहे थे। मगर और कई योजनाओं की तरह इसकी भी बारी लग नहीं पाई। जो थोड़ा-बहुत पढ़ा है उससे यही लगा है कि "फिजूलियात को लेकर बहस हो रही है। पश्चिम के प्रभाव का सवाल उठाया जाता है अक्सर। अगर कोई कहे कि उसके लेखन पर प्रभाव ही नहीं है तो झूठ बात है। और प्रभाव न होना भी कोई बड़ी बहादुरी या बुद्धिमानी की निशानी नहीं है। सवाल यह होता है कि जो प्रभाव हुआ उससे हमने बनाया क्या? न तो मैं इससे आधुनिक हो जाता हूँ कि मुझ पर रोब्ब ग्रिये का प्रभाव है और न इससे पुराना हो जाता हूँ कि मुझ पर कालिदास का प्रभाव है।"

फिजूलियात पर बहस क्यों है? इसलिए कि "मान निर्धारित करनेवाले लोग या तो संस्कृत की परम्परा में ढले हुए थे या पश्चिमी परम्परा में। दोनों में से कोई भी मानदंड आज के भारतीय साहित्यिक के काम का नहीं है। इस स्थिति में हर कोई अपने लिए जो भी चाहे दावा कर सकता है। जब तक कि कोई साहित्य अपने को अपने सन्दर्भ में देख नहीं सकता तब तक वह महत्त्वपूर्ण हो नहीं सकता। हिन्दी साहित्य की भी यही दशा रही है। कुछ संकट व्यावसायिकता के बढ़ने से भी पैदा हुआ है। साहित्यकार व्यावसायिक हो सकता है लेकिन साहित्यिक प्रतियोगिता व्यावसायिक प्रतिद्वन्द्विता में बदल जाए तो वही हो सकता है जो आज हिन्दी में हो रहा है। चार गालियाँ दूसरों को दीजिए और

दे लेने पर अपने को बड़ा मान लीजिए। विषय–वस्तु को लेकर इतनी बहस कीजिए कि कोई आपसे यह न पूछ सके कि आपको लिखना आता भी है? यह जवाब तो हो नहीं सकता कि अच्छे विषय पर लिखा है इसलिए अच्छा है।''

यह पूछे जाने पर कि अगर नया साहित्यिक यह कहे कि उसने वही सब किया जो आप लोगों ने अपने समय में किया था और आप उस पर वैसे ही खीझ रहे हैं जैसे आपसे पहले के आप लोगों पर खीझे थे तो? अज्ञेय ने उत्तर दिया, ''अगर नए वही सब कर रहे हैं जो हमने किया था तो नया क्या कर रहे हैं? या तो हमें वे अमान्य घोषित करें या फिर प्रमाण बनाएँ।''

देश की स्थिति और साहित्य की राजनीति में कोई सम्बन्ध आप देखते हैं इसका जवाब यों मिला, ''सतह पर नकार है तो सतह से नीचे स्वीकार है। हिन्दुस्तान एक विराट झूठ में जी रहा है। असल में एलिनियेशन यही है कि हिन्दुस्तानी न हिन्दुस्तान में रह पाया है और न पश्चिम में घुस पाया है।''

मेरे यह कहने पर कि ''इस तरह की बात आपके सन्दर्भ में कही जाती है'' अज्ञेय बोले, ''मुझे कोई आपत्ति नहीं। आई नो आई डोंट हेव ए लैक ऑफ सेंस ऑफ बिलांगिंग। जिनमें ऐसा अलगाव है उनके कारण साहित्य का स्तर गिरेगा और फिर उग्र संकीर्ण राष्ट्रवाद का विस्फोट होगा। ऐसा एशिया के दूसरे देशों में हुआ है। इस देश में होना जरूरी नहीं था मगर होता यही दीखता है।''

अज्ञेय इन दिनों पद्य नाट्य की सम्भावनाओं से साक्षात कर रहे हैं और दो–ढाई सौ पृष्ठ का एक उपन्यास भी लिख रहे हैं जिसके विषय को वह 'मिस्ट्री' (रहस्य) ही रहने देना चाहेंगे।

जनता का कहना है कि अज्ञेय के बायोग्राफी प्वाइंट ऑफ व्यू का चरमोत्कर्ष तब होगा जब उन्हें कोई ऐसा पद (राजदूत?)या पुरस्कार (नोबल?) मिल जाएगा जो सामान्यत: भारतीय लेखक को न मिलता हो। दूसरा चरमोत्कर्ष कुमाऊँ में अपना सेब–उद्यान खोलने और वानप्रस्थ का सुख लूटने से हो सकता है लेकिन इसके लिए ''पैसे नहीं जुटा पाते।'' क्योंकि, ''खर्चने की कला जरूरत से ज्यादा सीख ली है।''

असली बेटा : मन्नू भंडारी

जब कोई लेखक–पत्नी बन जाती है तब क्या होता है? यही कि जहाँ साधारण पत्नियाँ 'ये तो' शैली में बोलती हैं वहाँ लेखिका पत्नी 'ये तो' शैली में लिखती हैं। मन्नू भंडारी अपने व्यक्तित्व और कृतित्व से इतनी छोटी शहरी लगती हैं कि उनके लिए यह बात सच होनी चाहिए थी। मगर सच यह है कि उन्होंने इस शैली में बहुत कम लिखा है। राजेन्द्र यादव ने ही शायद अपनी प्राध्यापिका–लेखिका–

पत्नी पर ज्यादा लिखा हो। इससे पता चलता है कि यादव ज्यादा बड़े लिक्खाड़ हैं और प्रमाण भी प्रस्तुत होता है कि मन्नु भंडारी कमजोर लड़की नहीं है।

जनता मन्नू भंडारी जी के खरी और खुली बात करने के अन्दाज की, मतवाद से मुक्त साहित्यिक दृष्टि की और साहित्यिकता से मुक्त जीवन-दृष्टि की दाद देती है। जनता इस प्रसंग में पति और पत्नी के तुलनात्मक विवेचन का क्रम शुरू कर देती है। इस तरह की आदतों के कारण जनता बदनाम है और बड़े बुजुर्ग यह कहते आए हैं कि अच्छे बच्चों को जनता के साथ खेलना-बोलना नहीं चाहिए। जनता अपनी ओर से शरारत पर बराबर आमादा रही है और पीछे ही पीछे यह कोशिश करती रही है कि मन्नूजी को यादव से बड़ा और बेहतर लेखक करार दे दे। ध्यान रहे कि यह वही जनता है जिसने कीर्ति चौधरी के पति यशस्वी ओंकारनाथ श्रीवास्तव को ओंकारनाथ श्रीवास्तव चौधरी की संज्ञा दी। जिसने तीसरे सप्तक की तैयारी के दिनों में अजित कुमार को अपनी बहन कीर्ति चौधरी से सख्त उन्नीस कवि सिद्ध किया और जो अब अजित कुमार की नई कविताओं की निन्दा और अजित कुमार की पत्नी स्नेहमयी चौधरी की नई कविताओं की मुक्त प्रशंसा कर रही है—यद्यपि चौथे सप्तक की तैयारी तो दूर, तैयारी की बात तक नहीं है।

पति राजेन्द्र यादव जनता की इस शरारत के शिकार नहीं हुए तो किसी हद तक इसलिए भी कि मन्नूजी प्राध्यापिका और परिवार-संचालिका की हैसियत से अपनी जिम्मेदारियों के प्रति जितनी उत्साही हैं लेखन के प्रति उतनी ही उदासीन हैं। मन्नूजी अव्वल तो लिखती ही बहुत कम हैं, और लिखती भी हैं तो किसी यथार्थ या काल्पनिक महानता का निशाना साधकर नहीं। यादव बहुत तैयारी और मूड अफजाई के बाद लिखने बैठते हैं और एकान्त में एकाग्रचित होकर शब्द-साधना करते हैं। उधर मन्नूजी हैं कि रसोइघर में खाना बनाते-बनाते ही साहित्य भी पका लेती हैं। लेकिन इससे यह न समझा जाए कि उन्हें चूल्हे-चक्की से कोई विशेष अनुराग है। साथ ही चूल्हे-चक्की से विशेष अनुराग न होने से यह न समझा जाए कि मन्नूजी जरूरत से ज्यादा उच्च मध्यवर्गीय या आधुनिक हैं। दरअसल, मन्नूजी उस तरह की बेबाक और बेखौफ लड़की हैं जिस तरह की लड़कियों को छोटे शहरों में मध्यवर्गीय पिता बहुत प्रसन्न होकर सर्टिफिकेट देते हैं कि 'बेटी, तू ही मेरा असली बेटा है।'

मन्नूजी का 'बकवास बन्द करो' दृष्टिकोण कहानी-सम्बन्धी बहस से उन्हें अलग रखता है। साहित्यिक झगड़े उन्हें बहुत सतही और नकली मालूम होते हैं इसलिए कभी-कभी यह भी देखने को मिलता है कि जिस व्यक्ति की यादव से बोलचाल बन्द है मन्नूजी उससे सहज भाव से बातचीत कर रही हैं।

कुलाचवे : प्रभाकर माचवे

विष्णु प्रभाकर का एक किस्सा इस बाबत भी है कि लोग उन्हें प्रभाकर माचवे समझ बैठते हैं। प्रभाकर माचवे को इससे कोई एतराज न होगा। आप चाहे जिसे प्रभाकर माचवे समझ लें। बस एक भारतभूषण अग्रवाल को प्रभाकर माचवे समझने की भूल न करें। माचवेजी और भारतजी साहित्य अकादमी में बड़ी चम्पा और छोटी चम्पा बनकर खिले हुए हैं। प्रोटोकोल का पालन आवश्यक है। माचवेजी अकादमी के एकमात्र राष्ट्रीय-अन्तर्राष्ट्रीय स्तर के व्यक्ति हैं और इस माने में कोई हिन्दी साहित्यकार उनकी टक्कर के हो सकते हैं तो अज्ञेय। टक्कर नहीं हुई है तो इसीलिए कि पुरानी पीढ़ी नौकानयन में दक्ष है।

माचवेजी अपनी एक आँख घड़ी पर और दूसरी कुतुबनुमा पर रखते हैं। बुराई वह किसी भी संस्था, व्यक्ति या कृति की नहीं करते, हाँ बुराई करने में आपका साथ सहर्ष दे सकते हैं। जनता उन्हें हिन्दी साहित्य का सबसे निर्विकार निन्दक मानती है। निन्दा के मामले में माचवेजी पग-पग आगे आते हैं ताकि अगर कोई गलतफहमी हुई हो और आप सम्बद्ध पात्र के निन्दक नहीं प्रशंसक हों तो माचवेजी फौरन थोड़ा पीछे लौटकर प्रशंसा का पथ पकड़ लें। माचवेजी किसी भी व्यक्ति, संस्था और कृति की निन्दा या प्रशंसा साधिकार कर सकते हैं क्योंकि जो कोई भी किसी लायक है या था उसे वह जानते हैं, जो भी पत्रिका निकली थी, निकलती है या निकलनेवाली है, उससे उनका सम्बन्ध है और जहाँ भी कुछ महत्त्वपूर्ण घटा था, वहाँ वह मौजूद थे। ऐसा कौन अभागा साहित्यिक होगा जिससे उनकी आश्वासनपूर्ण सहृदय 'अच्छा-अच्छा' न सुनी हो ? भारत की कौन साहित्यिक संस्था या गोष्ठी इतनी गई-गुजरी रही होगी, कि माचवेजी उसे अपने 'आँ-हाँ-हाँ, आँ-हाँ-हाँ' हास्य से गुंजित करने न गए हों ? कौन लघु पत्रिका इतनी लघु हो सकी होगी कि इस दीर्घकाय साहित्यकार को अपने यहाँ स्थान न दे पाई होगी ? कोई नहीं ! कोई नहीं ! तो माचवेजी भारतीय साहित्य के अन्यतम यत्र-तत्र-सर्वत्र बन गए हैं।

उनकी याददाश्त गजब की है और हर चीज और हर आदमी की हिस्ट्री उन्हें रटी पड़ी है। उनकी बातचीत खासी तिथि और तथ्य प्रधान रहती है। विभिन्न भारतीय भाषाओं की पत्रिकाओं-पुस्तकों और उनमें से निकाली गई कतरनों का माचवेजी के पास विशाल भंडार है। कोई भी प्रसंग उठने पर वह उससे सम्बद्ध कोई पुरानी कतरन किसी बोरे में से निकालकर पेश कर देते हैं, "फौटी-टू में मैंने अमुक पत्रिका में यह लेख छपवाया था।" और यह देखिए, "फौटी-फाइव में अमुक ने अमुक बँगला/मराठी/तमिल पत्रिका में मेरी ही बात दोहराई थी।"

किसने कहाँ से क्या उड़ाया इस बारे में माचवेजी का ज्ञान वास्तव में विकट है। हिन्दी की लगभग सभी महत्त्वपूर्ण रचनाओं का मूल स्रोत वह अन्यत्र खोजकर बता सकते हैं। माचवेजी ने खुद कुछ उड़ाया नहीं है, उद्धृत जरूर किया है। यह बात दीगर है कि अक्सर उद्धरण माचवे की अपनी कृति पर हावी हो गए हैं। इस प्रकार के उद्धरण (जो माचवेजी के बहुभाषी होने का प्रमाण भी प्रस्तुत करते हैं) माचवेजी के आलोचना-साहित्य में ही नहीं कृति साहित्य में भी बड़े पैमाने पर मौजूद हैं। उनके प्रसिद्ध उपन्यास 'परन्तु' में नायक जहाँ भी जो पुस्तक उठाकर पढ़ना शुरू करता है वहाँ उस पुस्तक से लम्बे-लम्बे उद्धरण आने लगते हैं और हर पुस्तक को हर दर्शन का विचार करने के बाद नायक उसी एक नतीजे पर पहुँचता है, 'ऐसा करता, परन्तु... ।' इस पर रघुवीर सहाय की टिप्पणी थी कि 'परन्तु' के नए संस्करण में एक और अध्याय जोड़ा जाए जिसमें नायक इस सबसे कहीं दूर भाग जाने का फैसला करे और 'आल इंडिया रेलवे टाइम टेबल' उठाकर पढ़ने लगे। जब पूरा टाइम टेबल उद्धृत हो जाए तब नायक उसे पटककर कहे, 'मैं जाता, परन्तु... ।' फिर यह संस्करण 'एक पूरा उपन्यास, साथ में पूरा टाइम टेबल' के रूप में बेचा जाए। माचवेजी ने इस मजाक का बुरा नहीं माना।

बुरा न मानना उनकी विशेषता है और उन्होंने अगर सबको मजाक मानना है तो हर किसी को मजाक करने देने का अधिकार भी दिया है। माचवेजी समसामयिक हिन्दी लेखकों और कवियों का जमकर अध्ययन करते हैं और हर विवाद में हिस्सा लेते हैं। आन्दोलनों की बारातों में उनकी वर के जीजाजी वाली हैसियत रहती है।

माचवेजी वर्तमान साहित्यिक संकट को राष्ट्रीय चरित्र के समूचे संकट का हिस्सा मानते हैं और अरक्षित नई पीढ़ी के उत्पात को क्षम्य और सकारण ठहराते हैं। उनके विचार से "राष्ट्रीय मानस का रैशनल रिकंस्ट्रक्शन नेपथ्य में हो रहा है और आगे बहुत तेजी से होगा। न पूरी तरह विदेशी, न पूरी तरह प्राचीन ऐसा एक आधुनिक भारतीय मानव फोर्ज होगा। आप हम सब पुराने ढर्रे के हैं और अपनी ही सीमित गोष्ठियों की हालत से चिन्तित हो रहे हैं लेकिन बाहर देखें तो निम्न और निम्न-मध्यवर्ग से एक नई चेतनावाला युवा वर्ग उठ रहा है जो निश्चय ही साहित्य का नक्शा बदल देगा।"

रामकुमार : विरामकुमार

प्रभाकर माचवे के बाद रामकुमार की चर्चा कुछ ऐसी है जैसी लाउड स्पीकर के बाद सायलेंसर की। रामकुमार मौन के कथाकार और उदासी के चितेरे हैं।

होते–होते उनका कथाकार पूरी तरह मौन ही हो गया है। चितेरा उदासी के रंग-रूप आँकते हुए उदास अगर हुआ है तो इसी माने में चित्रकारों की नई पीढ़ी रामकुमार को भी प्रतिष्ठान का एक अंग मानकर चित करने की कोशिश में रही है। यों चित्रकार के रूप में भी रामकुमार ने प्रतिष्ठा पाने के क्रम में प्रतिष्ठान से बचने का भरसक यत्न किया है। शायद इसीलिए नए चित्रकार भी उनके उतने 'कांट्रा' ('खिलाफ'—नए चित्रकार की मुख-पत्रिका का नाम) नहीं हैं जितने उनके मित्र मकबूल फिदा हुसेन और सतीश गुजराल के। नए कथाकार तो खैर उनके सर्वथा 'प्रो' (पक्ष में) हैं और कहानीकार के रूप में चुके हुए रामकुमार को कुछ उसी तरह अपना हीरो बनाए हुए हैं जिस तरह अमेरिकी युवा समाज ने अभिनेता जेम्स डीन को उसकी असमय मृत्यु के बाद बना लिया था।

रामकुमार ने जब सार्वजनिक जीवन में कदम रखा तब उनके सामने तीन रास्ते खुले थे—बैंक में अफसरी का, हिन्दी कहानी का, और चित्रकला का। पहले उन्होंने तीनों एकसाथ आजमाए, फिर क्रमशः पहला और दूसरा रास्ता छोड़ दिया और सारा ध्यान तीसरे रास्ते पर लगाकर प्रतिष्ठा की मंजिल प्राप्त कर ली। यों कथाकार के रूप में भी वह खासे प्रतिष्ठित हो चुके थे और एकाध अच्छा उपन्यास भी लिख देते तो शीर्षस्थों में शुमार कर लिए जाते। मगर इससे तवक्को रही नहीं। इसका नतीजा है कि जहाँ कभी हिन्दी साहित्य में निर्मल वर्मा कथाकार रामकुमार के भाई और चित्रकार रामकुमार की 'उदास सूरतों' के मूल मॉडल के रूप में जाने जाते थे वहाँ आज साहित्यिक गोष्ठियों में रामकुमार का परिचय निर्मल वर्मा के भाई के रूप में दिया जा रहा है। बहरहाल रामकुमार को साहित्यिक हलचलों से कुछ लेना-देना नहीं है। वह भारत के अग्रणी चित्रकार हैं मगर भारतीय चित्रकला की नीति-रीति से भी उन्हें कुछ लेना-देना नहीं है। रामकुमार रोज कुछ घंटों तक गोल मार्केट में अपने स्टूडियो के एकान्त में कलाकार रहते हैं।

अकेलेपन से अकेलेपन तक : अमृता प्रीतम

अमृताजी का नाम आते ही जनता 'गलियाना का खत' ढूँढ़ने लगती है। अमृताजी कहानीमय कम और काव्यमय अधिक हैं। यों उनकी सफलता पूरी तरह उभयमुखी है। जनता की अपनी डिक्शनरी में रोमांस का पर्याय अमृता प्रीतम लिखा है। (ऐसा जनता का दावा है।) अमृताजी के अनुसार उनकी कहानी 'अकेलेपन से अकेलेपन तक' की कहानी है। अपने माता-पिता के सम्बन्ध में उनके विचार रोमानियत और अकेलेपन की भूमिका में विशेष महत्त्वपूर्ण हैं। उनका कहना है कि "मेरी माँ से विवाह करने के पहले मेरे पिताजी उठती जवानी

में वैरागी साधु बन गए थे। उन्हें सन्तों के डेरे पर प्रणाम करने के लिए आनेवाली एक सुन्दर युवती 'राज' से प्रेम हो गया था। यही लड़की 'राज' मेरी माँ बनी।''

अमृताजी को कल्पना अधिक प्रिय है—ऐसी कल्पना, जिसमें वह एक स्वप्निल राजकुमारी बनकर अपने 'राजन' से मिल सकें। वह मिलीं भी, लेकिन एक अस्वीकार का बोझ ढोने के लिए। उनके अनुसार उनके राजन ने कहा कि ''तुम दरअसल इतनी सुन्दर हो कि तुमसे प्यार करते मुझे डर लगता है।'' और आज उनके अनुसार उसी राजन से यह कहे और पूछे जाने पर कि ''देखो, अब तो मैं सुन्दर नहीं रही, मेरे चेहरे पर उम्र की कितनी लकीरें पड़ गई हैं...'' उन्हें उत्तर मिला, ''जरूरत के मुताबिक सुन्दर नहीं रही।''

इसलिए अमृताजी जिस तरह अपने जीवन के शुरू के वर्षों में परेशान थीं, आज अपनी उम्र के ढलते वर्षों में भी परेशान हैं।

मौन : कृष्णा सोबती

कृष्णा सोबती कहने को बहुत कुछ कह सकती हैं। 'यारों के यार' तथा 'मित्रो मरजानी' के पाठक उनकी कह सकने की क्षमता से चकित-चमत्कृत भी हुए हैं। लेकिन इस लेखमाला के लिए उन्होंने मौन रहना ही पसन्द किया। कहानी सम्बन्धी बहस के बारे में भी वह प्रकाशन के लिए कोई वक्तव्य नहीं देना चाहेंगी क्योंकि वक्तव्य देने से कोई स्टेक (दावा) होने की ध्वनि निकलती है और उनकी ऐसी कोई दावेदारी नहीं है।

सोबतीजी की इस विनम्रता की दाद दी जा सकती है लेकिन इस विनम्रता के चक्कर में वह 'बादलों के घेरे' से लेकर 'यारों के यार' तक कहानी के क्षेत्र में अपने हर बार कुछ नए, कुछ और जोरदार योगदान को नकारना चाहें तो उससे सहमत हो सकना मुश्किल है। यों यह नकार शायद मध्यवर्गीय विनम्रता का नहीं, सामन्ती गरिमा का संकेत हो। सोबतीजी के बारे में जनता की जानकारी नहीं के बराबर है। उनकी छोटी-छोटी बात भी रहस्य का दर्जा रखती है। मसलन यह कि वह सिर हमेशा क्यों ढके रहती हैं? सोबतीजी साहित्यिक जनता से बिलकुल कटकर रही हों ऐसा भी नहीं। तो भी वह चिर-रहस्यमयी हैं। यों जनता का विश्वास है कि सोबतीजी ही एक छद्म नाम से नए कहानीकारों की खबर लेती रही हैं।

हृषिकेश मुखर्जी के साथ ढाई दिन

हमें भी जाने क्या सूझी! ईश्वर और कमलेश्वर का नाम लेकर बम्बई जा पहुँचे। उद्देश्य—सिनेमा को अपनी साहित्यिकता प्रदान करना उर्फ अपनी साहित्यिकता को सिनेमा का सहारा देना। जाते ही बम्बइया इंडस्ट्री में अपने एकमात्र मित्र श्री हृषिकेश मुखर्जी उर्फ हृषि दा को घंटियाया। बार-बार। हर बार उधर से एक अपरिचित आवाज सुनाई दी 'आप कऊन?' चौदह वर्ष के दिल्लीवास में लगभग भुला दी गई बम्बइया बोली को फिर से याद करते हुए हम हर बार कहते रहे कि हृषि दा को बोलो दिल्ली से जोशी आएला है, उसे कोई जरूरी बात करने का है—क्या? हर बार यही सुनने को मिला कि सा'ब घर पर नहीं हैं, जबी आएगा तो बोल देंगा—क्या। आखिर रात के साढ़े दस बजे सा'ब फोन पर उपलब्ध हुआ और उसने अपनी खास गद्गद शैली तथा बंगाली लहजे में कहा, "आरे जोशि; कभी आया बम्बई, डाइरेक्ट इधर आ जाता! तो अभी आ जाओ न! हाँ लेट तो हो गिया है काल, शौकाले फर्स्ट थिंग इन द मार्निंग अऊर कोई प्रोग्राम नहीं है बस अपन दू जने बात करेंगे।"

तो अगले दिन सुबह टैक्सी लेकर हृषिकेश मुखर्जी की कार्टर रोड स्थित कोठी 'अनुपमा' पर पहुँचे। सागर-तट की शान्त-एकान्त बस्ती में इधर काफी परिवर्तन हुआ है लिहाजा कोठी ढूँढ़ने में थोड़ी दिक्कत हुई। कोठी के गेट पर 'कुत्तों से सावधान' की तख्ती बदस्तूर लटकी हुई थी और अन्दर लान पर छोटी विलायती नस्लों के कई सफेद कुत्ते गहन समाधि से लेकर प्रचंड आक्रमण तक की विभिन्न मुद्राओं में उपस्थित थे। इस शानदार श्वान-स्वागत में हम किंचित किंकर्तव्यविमूढ़ हुआ चाहते थे कि भीतर से हृषि दा की आवाज आई—"आरे देखो बाहिर कऊन आगा है अऊर जरा कुत्ता लोग को बाँधो।"

एक भृत्य प्रकट हुआ और हमें सही-सलामत अन्दर तक पहुँचा आया।

हृषि दा का घर पहले भी हर पहुँचे हुए ईंटेलेक्चुअल के घर की तरह खासा अस्त-व्यस्त रहता था। पर इस बार कुछ ज्यादा ही अस्त-व्यस्त नजर आया। शायद उसका कारण यह था कि विधुर होने के बाद हृषि दा इस दुमंजिली कोठी में अकेले हैं। फिर कुछ यह भी था कि नीचे की मंजिल पर अपनी बैठक को

वह फिल्म देखने के कक्ष का रूप दिलवा रहे थे और इस सिलसिले में बढ़ई लोग व्यस्त थे।

जब हम बैठक में दाखिल हुए हृषि दा अपने प्रिय तख्त पर कई आकार-प्रकार के तकियों के सहारे अधलेटे थे। छोटे-मोटे कुत्ते तख्त पर और तख्त के आस-पास उछल-कूद मचाए हुए थे। एक अपरिचित सज्जन हृषि दा की मिजाजपुर्सी में मशगूल थे और कुछ इतनी गम्भीरता से कि शुरू में हम उन्हें डॉक्टर समझे।

हृषि दा ने फौरन तकिए का सहारा लेकर उठने की एक विफल कोशिश की और एक कराहती हुई आवाज में हमारा स्वागत किया। और यह सूचना दी, "मनोहर, अरे यू डांट नो आई हैव बीन सो सीक, सो सीक।"

हृषि दा बीमार हैं, यह सुनकर हमें याद आया कि हृषि दा की बीमारी का इतिहास इतना लम्बा है कि बम्बइया इंडस्ट्री के लिए यह बीमारी एक मजाक बन चली है। ऐसा नहीं कि वह रुग्ण न हों। उन्हें हाथ और पाँव के जोड़ों में बहुत बुरा गठिया है और मर्ज लगभग लाइलाज है। लिहाजा उसके विभिन्न उपचार चलते रहते हैं जो सभी साथियों के लिए कुतूहल का विषय बनते हैं। फिर कुछ यह भी है कि रोगी होने के बावजूद वह काम तो किए चले जाते हैं, गो बीच-बीच में खाट पकड़ लेने की धमकी देते रहते हैं। यह भी गौरतलब है कि हृषि दा के गठिया के दर्द का मूड से भी बहुत सम्बन्ध रहता है। मूड उखड़ा तो दर्द से कराहने लगे, मूड काम में, बातचीत में या शतरंज खेलने में रमा तो दर्द भूल गए।

इस समय हृषि दा बम्बई के विख्यात अस्पताल 'जसलोक' में दो हफ्ते रहकर अपने रोग की विस्तृत पड़ताल करवाके आए थे। पड़ताल के सिलसिले में जोड़ों का ऑपरेशन भी किया गया था, यह देखने के लिए कि कहीं कोई और माजरा तो नहीं। लेकिन सारी पड़ताल के बाद रोग वही लगभग लाइलाज 'गाउट' निकला। हृषि दा ने पड़ताल के हर पक्ष से हमें अवगत कराया। मिजाजपुर्सी के लिए आए दुबले-पतले चश्माधारी सज्जन अपनी प्रश्नावली से इस चर्चा को कुछ और मेडिकल बनाते रहे।

हम मुतवातिर चुप चले आ रहे थे, लिहाजा कुछ कहने की गर्ज से हमने बताया कि कैसे हमारी पत्नी के भी बहुत दर्द हो गया था और दिल्ली के एक मशहूर डॉक्टर ने उन्हें दर्द दबाने और वात दूर करने की कोई भी एलोपैथिक दवा नहीं लेने दी। हृषि दा ने इस घटना का और सम्बद्ध डॉक्टर की योग्यता का पूरा ब्योरा हमसे चाहा।

हृषि दा को, जो बात करते-करते इधर उठ बैठे थे, सहसा याद आया कि मैं बीमार हूँ। तो एक लम्बी कराह भरकर वह लेट गए। उनकी कराह सुनकर

एक वृद्ध गुजराती महिला भीतर से आईं, उनके हाथ में पानी का गिलास और दर्द दबाने वाली दवा का कैप्सूल था। उन्होंने हृषि दा से अनुरोध किया कि कैप्सूल खा लें। हृषि दा ने इनकार किया और फिर वृद्धा को बताया कि कैसे ए अमारा दोस्त जोशि को बहुत दर्द हो गिया था लेकिन दिल्ली का सबसे बड़ा डॉक्टर ऐसा दवा खाने को मना कर दिया। हमने हृषि दा को याद दिलाया कि मामला हमारा नहीं, हमारी पत्नी का था। लेकिन हृषि दा इस घटना के अपने ही संस्करण पर कायम रहे और बाद में मिजाजपुर्सी के लिए आनेवाले कई लोगों को, जिनमें विनोद मेहरा और जया भादुड़ी भी शामिल थे, हृषि दा ने जोशि के जोड़ों में दर्द होने पर दिल्ली के सबसे बड़े डॉक्टर द्वारा एलोपैथिक दवा न दिए जाने का किस्सा सुनाया। कुल मिलाकर यह कि उस दिन दवा के प्रति अपनी विरक्ति पर अडिग रहे।

वृद्धा ने कहा कि दवा नहीं खाते हो तो कुछ नाश्ता तो कर लो। हृषि दा कुछ जवाब देते उससे पहले ही उसने नौकर को बुलवाकर अपने हाथ से बनाया हुआ शुद्ध गुजराती ढंग का नाश्ता मेज पर लगवा दिया। हृषि दा ने वृद्धा का परिचय अपनी धर्म माँ के रूप में कराया और बताया कि किस तरह अस्पताल में भर्ती होने की सूचना मिलते ही यह विमान द्वारा अहमदाबाद से यहाँ आ गई थीं। हृषि दा के इस तरह के गैर-फिल्मी और गैर-बंगाली स्वजनों की सूची बहुत लम्बी है। नाश्ते के बाद बातचीत चल रही थी कि उनकी एक मराठी बहन आ गईं जो हृषि दा की गर्दन, कोहनियों, घुटनों और टखनों पर सहारे के लिए रखे हुए तकियों के कोण बदलने में व्यस्त रहीं।

हृषि दा के यूनिट के लोग भी उनके लिए पारिवारिक प्राणियों की हैसियत रखते हैं। यह भी है कि परिवार के मुखिया के नाते वह इस बात को बहुत पसन्द नहीं करते कि उनके इस फिल्मी परिवार की प्रतिभा परिवार से कहीं बाहर जाए। यूनिट के स्वामिभक्त सदस्यों की भीड़ अब बाहर बरामदे में जमा होने लगी थी। भीतर भी हमारी तरह के कई एक-दूसरे से सर्वथा अपरिचित किन्तु हृषि दा से घनिष्ठ गैर-फिल्मी लोग विराजमान थे। अगर किसी चीज का अभाव था तो फिल्मी दरबार के लिए अनिवार्य चमचों का। यह उल्लेखनीय है कि हृषि दा के यहाँ उनके स्वजन या मित्र किस्म के लोग बहुत मिल जाते हैं, चमचे नहीं। यह भी कि स्वयं हृषि दा ने कभी चमचागीरी नहीं की।

इस भीड़-भाड़ में अपने साहित्यिक की सिनेमाई महत्त्वाकांक्षाओं का जिक्र करते हुए हमें संकोच हो रहा था। लिहाजा विमल दत्त का सहारा लिया और उसने हृषि दा को बांग्ला में याद दिलाया कि जोशी अपनी तथाकथित साहित्यिक प्रतिभा को बम्बइया सिनेमा से ब्याहने के लिए पाँच प्यारे 'प्रपोजीशन' लेकर

आए हुए हैं और आपने आज उन्हें इसी सिलसिले में बात के लिए बुलाया है। फिल्मी कहानी का नाम सुनकर हृषि दा बीमार से पुनः फिल्मकार बन गए। यानी अब तक तकियों का सहारा लिये लेटे थे और अब उठ गए। उन्हें हमने पाँचों कहानियों की थीम सुनानी चाही लेकिन आदेश हुआ कि एक समय में एक। पहली कहानी के बारे में हमने बताया कि यह अमुक अमेरिकी उपन्यास से प्रेरित है। इसके बाद हृषि दा ने थीम सुनने की कोई जरूरत नहीं समझी क्योंकि उन्होंने न सिर्फ वह उपन्यास पढ़ रखा था बल्कि लगभग 26 वर्ष पहले उस पर बनी हालीवुड की बहु-पुरस्कृत फिल्म उन्हें शाट-दर-शाट याद थी। हृषि दा में इस तरह की याददाश्त आश्चर्यजनक है। यों इस मामले में उनके छोटे भाई उनसे भी अधिक पहुँचे हुए हैं। हमें याद आया कि हृषि दा जब अपने पटकथा-लेखक से बात कर रहे होते हैं तब उनके छोटे भाई सम्बद्ध सीन के लिए बीसियों देसी-विदेशी फिल्मों के प्रसंगों का उल्लेख कर डालते हैं। जहाँ तक साहित्यिक ज्ञान का सम्बन्ध है, बम्बइया इंडस्ट्री में शायद ही हृषिकेश मुखर्जी के जोड़ का कोई और व्यक्ति हो। मिसाल के लिए इस मुलाकात के समय हमारे हाथ में अमेरिकी आलोचक एडमंड विल्सन की अल्पज्ञात और एकमात्र कथाकृति 'मैमोयर्स ऑफ हैकेट काउंटी' थी और यह भी हृषि दा की पढ़ी हुई निकली। इसके सम्बन्ध में उन्होंने हमसे बात की। बहरहाल अमेरिका से उड़ाई हुई हमारी फिल्मी कहानी नम्बर-1 हृषिकेश मुखर्जी के लिए कोई अनजान चीज नहीं थी और उन्होंने कहा कि अगर तुमने इसका बम्बइया फिल्मों की दृष्टि से अच्छी तरह रूपान्तर किया हो तो मैं निश्चय ही इसे बनाना चाहूँगा। उन्होंने बताया कि इस समय मेरी चार फिल्में लगभग तैयार हैं और जनवरी-फरवरी से मुझे चार फिल्में और शुरू करनी हैं। इन प्रस्तावित फिल्मों में से एक के निर्माता के पुत्र बाहर यूनिटवालों के साथ बैठे हुए थे। हृषि दा ने उन्हें बुलवाकर हमारा परिचय प्रस्तावित फिल्म के सम्भावित लेखक के रूप में दे डाला। यह ऐलान भी हुआ कि फिल्म की कहानी मोहन स्टूडियो चलकर सुनी जाएगी क्योंकि यहाँ बहुत भीड़भाड़ है।

इसके बाद हृषि दा की निर्माणाधीन फिल्मों की चर्चा चल निकली। इनमें से तीन के विषय में वह विशेष उत्साही मालूम होते थे। एक बेरोजगार नययुवक के बारे में है, दूसरी प्रौढ़ होकर शिक्षा ग्रहण करनेवाले एक व्यक्ति के बारे में और तीसरी तस्करों के विषय में। इन तीनों फिल्मों के बारे में उन्होंने जो कुछ बताया उससे ऐसा महसूस हुआ कि हृषि दा 'अभिमान' या 'मिली' की भावुकता से हटकर 'सत्यकाम' या 'नमकहराम' की सामाजिक प्रतिबद्धता की ओर बढ़ना चाहते हैं।

निर्माणाधीन फिल्मों की बात चल ही रही थी कि उनमें से एक के नायक विनोद मेहरा आ पहुँचे। वह हाल ही में अमेरिका में लोकेशन शूटिंग से लौटे थे और हृषिकेश के लिए बतौर उपहार फाउंटेनपेन लाए थे। बहुत श्रद्धा से उन्होंने पेन भेंट किया और अपनी अमेरिकी यात्रा का संक्षिप्त विवरण देने के बाद उन्होंने यह जानना चाहा कि हृषि दा का स्वास्थ्य कैसा है।

बस हृषि दा शुरू हो गए। रोग की पड़ताल का उन्होंने विस्तार से विवरण दिया और फिर यह बताया कि अब मैंने सब एलोपैथिक दवाएँ छोड़ दी हैं। शायद इससे उन्हें याद आया कि जब दर्द को दबानेवाली दवाएँ नहीं ली जा रही हैं तब दर्द अपनी जगह पर कायम होगा। वह फिर कराहते हुए लेट गए और तकिया विशेषज्ञ बहन ने उठकर सारे तकिए नए सिरे से जमा दिए।

विनोद मेहरा के बाद जया भादुड़ी आईं, राही मासूम रजा आए, कुछ निर्माता आए और सबने हृषि दा को भयंकर दर्द से छटपटाते हुए देखा। हृषि दा ने ऐलान किया कि अब मैं मोहन स्टूडियो नहीं जाऊँगा। उन्होंने यूनिट वालों को बुलाकर काम समझाना शुरू किया। इस क्रम में वह अपना दर्द फिर भूलने लगे।

हृषि दा उन दिग्दर्शकों में से हैं जो फिल्म का एक-एक ब्योरा शूटिंग से पहले तय कर लेना चाहते हैं और हर काम सौ फीसदी अपनी मर्जी के मुताबिक होता देखना चाहते हैं। और तो और, हृषिकेश मुखर्जी अपनी फिल्मों के अधिकतर संवाद भी खुद ही बँगला में तय कर देते हैं। इस तरह से काम करने वाला आदमी जब एकसाथ कई फिल्में बना रहा हो तब स्वाभाविक है कि झल्लाहट के मौके बहुत आते हैं। इस समय भी आए। यूनिट वालों से बँगला में बोलते-बोलते जब भी वह झल्लाते, बम्बइया हिन्दी के कलकतिया संस्करण पर उतर जाते। इस झल्लाहट के बाद, सम्पूर्ण विरक्ति अंग्रेजी में अभिव्यक्त होती।

यूनिटवालों से इस बातचीत के बाद निर्माताओं के आदमियों की बारी आई। उनमें से एक ने बताया कि मैंने शूटिंग के लिए दिन में दो बजे से शुरू होनेवाली शिफ्ट ली है। हृषि दा ने कहा, "आप जो भी शिफ्ट रखें, मैं छह बजे चला जाएगा। अरे बाबा, अस्पताल वाला तो छोड़ते नहीं थे। एट माई ओन रिस्क मैं आ गिया, शूटिंग का वास्ते में। डॉक्टर मेहता को प्रोमिस किया जे डायाथर्मी का वास्ते रोज साढ़े छह बजे आऊँगा। अब तुम्हारा स्टार सैट पर पाँच बजा आएगा तो भी हृषि दा तो छह बजा में चला जाएगा। घंटाभर में जो हो, सो हो, नाट अ मीनिट मोर। तब ये नहीं कहना कि हृषि दा एक-दो शाट और कर लो—हँ-हँ। स्टार का डेट फिर मिलेगा नहीं—हँ-हँ प्लीज। ओ तो हमसे सकेगा नहीं। आई कांट कील माइसेल्फ।"

इतना कहकर हृषि दा फिर दर्द से पस्त हो गए।

जब दूसरे निर्माता का आदमी आया और निर्माणाधीन फिल्म के सैटों की बात होने लगी तब हृषि दा का दर्द फिर कम होने लगा। उस आदमी से हृषि दा तब खफा हुए जब उसने सूचना दी कि जमाखोर के गोदाम के लिए कुल दो सौ बोरों का प्रबन्ध हो पाया है। हृषि दा बोले, "अभी दो सौ से कैसे काम चलेगा ? मैं तो बोल दिया था कि आई वांट हांड्रेड्ज एंड हांड्रेड्ज ऑफ बैग्स। एक बोरे पर दूसरा यहाँ से वहाँ तक और ओ ऊपर तक आई वांट टु टिल्स एंड पैन।" हृषि दा के हाथ बोरों को फिल्माते हुए कैमरे की तरह घूमने लगे, "अरे, नहीं मिलता सीमेंट तो रेत भरो, कुछ भरो। कम-से-कम अढ़ाई हजार बोरा रखो।"

इस पर निर्माता के आदमी ने कह दिया कि खर्च बहुत हो जाएगा। बस, हृषि दा उखड़ गए, "अभी स्टार को पाँच लाख रुपए देने का होगा तो सकेगा—हँ! और जे हृषिकेश मुखर्जी स्टूडियो के बाहेर में फव्वारा का सैट ठीक करने को दो हजार रुपया लगाने को कहेगा तो नहीं सकेगा—हँ! दो हजार में फिल्म ओवर बजट हो जाएगा, पाँच लाख में नहीं होगा।" और फिर हमसे मुखातिब होकर, "एंड मनोहर तुम जैसा लोग बोलेगा कि हृषि दा फिल्म नहीं बनाता।"

पूरी विरक्ति से हृषि दा ने ऐलान किया, "आई कांट मेक फील्म्स दीस," और कराहते हुए लेट गए।

इस संन्यास घोषणा के बाद यूनिट के सदस्यों ने उपयुक्त गम्भीर मुद्रा धारण की और विमल दत्त हृषि दा के पास जाकर खड़े हो गए। कुछ देर के मौन के बाद उन्होंने बहुत ही शान्त स्वर में हृषि दा से बँगला वार्तालाप शुरू किया जो 'आप निश्चिन्त रहें, ऐसा कर दिया जाएगा' से शुरू हुआ और 'तो विमल बाबू लगे हाथ ऐसा भी कर दो, ऐसा भी कर दो, ऐसा भी कर दो' पर खत्म हुआ। विमल दत्त और यूनिट के दूसरे लोग स्टूडियो जाने के लिए बाहर निकले और हम भी उनके साथ हो लिए। हृषि दा ने ऐलान किया कि "कल सबेरे से स्टूडियो में मेरे एडिटिंग रूप में जोशि की कहानी पर बैठक होगी, नो बडी शुड डिस्टर्ब अस।" उन्होंने हमसे कहा कि कल सुबह ही यहाँ आ जाओ, नाश्ता करके उधर चलेंगे।

कुछ देर के लिए यूनिटवालों के साथ मोहन स्टूडियो गए, ग्लैमरहीन वातावरण में ग्लैमर का निर्माण होते देखा, यह सूचना प्राप्त की कि हृषि दा अपना एडिटिंग रूम एक अन्य दिग्दर्शक को दिए हुए हैं, लिहाजा कल यहाँ स्टोरी कॉन्फ्रेंस होने की बात में कोई दम नहीं है। हमने यूनिटवालों से जिज्ञासा की कि जब हृषि दा इतने अस्वस्थ और नाराज हैं तब केवल छह दिन बाद सभी फिल्मों के शूटिंग का कार्यक्रम शुरू कैसे हो सकेगा ? उन्होंने हमें आश्वस्त किया कि हृषि दा अब भी बदस्तूर रूठने के बाद मनाने पर मान भी जाते हैं। और जब वह काम शुरू करेंगे तब उन्हें साढ़े छह बजे भी डायाथर्मी की याद नहीं रहेगी।

स्टूडियो में हृषि दा के कमरे पर एक बड़ा सा नोटिस लगा हुआ था—'यहाँ शतरंज न खेलें।' और ऐन उसी नोटिस के नीचे बाजी जमी हुई थी! हृषि दा की यूनिट में काम करनेवाला हर व्यक्ति देर-सबेर अन्तरर्राष्ट्रीय शैली का शतरंज खेलना और बँगला बोलना सीख लेता है। वक्त काटने के लिए हमने भी यूनिट के सदस्य के साथ शतरंज खेली और किसी फ्लूक से लगातार दो बाजियाँ जीत गए। यह जीत हमें अगले दिन काफी महँगी पड़नी थी।

दूसरे दिन सुबह-सुबह जब हम हृषि दा के यहाँ पहुँचे वह बाहर बरामदे में विमल दत्त के साथ निर्माणाधीन फिल्म के कुछ दृश्यों को अन्तिम रूप दे रहे थे ताकि राही मासूम रजा संवाद तैयार करने में जुट सकें। इससे निपटने के बाद हृषि दा ने हमें सूचना दी कि मोहन स्टूडियो में तो एडिटिंग रूम में कोई और काम कर रहा है लिहाजा स्टोरी-सैशन यहीं होगा।

उन्होंने आश्वस्त किया..."कोई आयेगा नहीं इधर, हम-तुम और विमल बाबू तीन जन बैठकर डिस्कस करेगा, दराज्जा बन्द कर देगा और बोल देगा कि हम इधर नहीं हैं।"

इस आश्वासन के बाद एक पेच, "मगर हाँ, मनोहर यू नो समथिंग वैरी फार्चूनेट! कालकाटा का सबसे बड़ा आर्थोपेडिक सर्जन वह अपना फेमिली का साथ में कहीं जाता है इन्टर-नेशनल कान्फ्रेंस में तो मैं बोला आप होटल क्यूँ जाते, इधर ही आ जाओ। ही विल कम, आएगा और मुझे एक्जामिन करेगा। वैरी फार्चुनेट!"

इसका स्पष्ट अर्थ यह था कि स्टोरी-सैशन डॉक्टर साहेब के आने और एक्जामिन करने से पहले शुरू होनेवाला नहीं है। थोड़ी देर बाद यह रहस्य खुला कि डॉक्टर साहेब और उनका परिवार ही नहीं, कई और लोग भी बदस्तूर आ रहे हैं। देखते-ही-देखते फिल्मी और गैर-फिल्मी लोगों का मजमा लग गया। यूनिट के सदस्य बाहर बरामदे में शतरंज खेलने लगे। हमने हृषि दा के पुस्तकालय से उठाए हुए एक ताजा अमेरिकी उपन्यास को पढ़ने की कोशिश की लेकिन उस हंगामे में गुरु-गम्भीर किस्म का यह उपन्यास पढ़ा नहीं जा सका। लिहाजा शतरंज की बाजी देखने लगे। हृषि दा के यहाँ शतरंज की बढ़िया मार्बल टॉप मेज है और उसी के अनुरूप बड़े-बड़े कलात्मक मोहरें भी। हृषि दा एक निर्माता से बात करके मेज की तरफ आए तो हमने उनसे कहा कि न हो तो डॉक्टर साहेब के आने तक भीतर स्टोरी-सैशन ही कर डाला जाए।

वह बोले, "ओ भी होगा, लेकिन पहला थोड़ा चैस। हम सुना काल स्टूडियो में हमारा असिस्टेंट को हरा दिया तुम। अभी हमसे खेलो।"

खेले और छककर हारे। हृषि दा शतरंज के उस्ताद हैं। इस खेल पर कोई पाँच सौ किताबें उनके पुस्तकालय में हैं और खेल के हजारों नक्शे उन्हें याद हैं। तो प्रतिद्वन्द्वी की जगह वह प्रशिक्षक बन बैठे और ढाई घंटे विभिन्न 'गेम्बिट' समझाते रहे। शतरंज का सिलसिला डॉक्टर साहेब के आने पर ही खत्म हुआ।

डॉक्टर साहेब ने लंच से पहले हृषि दा की जाँच की और कहा कि आपको एलोपैथिक दवाएँ सहसा नहीं छोड़नी चाहिए। इस फतवे से ही हृषि दा होमियोपैथी भूल गए, गो पिछले दिन लन्दन के होमियोपैथ के बम्बइया अनुयायी उनकी परीक्षा शाम को आकर कर गए थे। अब हृषि ने जोशि समेत सब आने-जानेवालों को यह बताना शुरू किया कि कालकाटा के इंटरनेशनल फेमस डॉक्टर ने एलोपैथिक दवा लेते रहने की आवश्यकता पर जोर दिया है। जोशि को सूचित किया गया कि स्टोरी सैशन लंच के बाद शुरू होगा।

लंच के दौरान हृषि दा डॉक्टर साहेब के परिवारजनों से नितान्त घरेलू अन्दाज में बात करते रहे, पर डॉक्टर परिवार उन्हें बम्बइया ग्लैमर इंडस्ट्री की एक हस्ती के रूप में ही देखता-सम्बोधित करता रहा।

लंच के बाद हृषि दा ने सारी एलोपैथिक गोलियाँ खाईं और उनके प्रभाव से उनींदे हो चले। उन्होंने कहा, "मनोहर, मैं सारी रात सो नहीं सका। इट वाज सो पैनफूल, सो पैनफूल, अभी क्या कहे। मैं जरा लेटेगा, पन्द्रह मिनट। उसके बाद स्टोरी सैशन। ठीक है तो।" हमने कहा, "ठीक है।"

फिर हम विमल दत्त के साथ बाहर बरामदे में बतियाते रहे और हृषि दा के जागने की प्रतीक्षा करते रहे। अनुभवी विमल दत्त ने बताया कि हृषि दा की पन्द्रह मिनट में जागने की कोई सम्भावना नहीं है। कहीं चले चलें, शाम को आकर देखेंगे। लेकिन हम डटे रहे और विमल दत्त को भी रोके रहे। पन्द्रह मिनट के तीन घंटे हो गए लेकिन हृषि दा की नींद नहीं टूटी। हारकर विमल दत्त के साथ निकल आए। कई जगह से फोन किया और एक ही उत्तर पाया—साब अभी सोयेला है। फिर जब भी फोन किया एंगेज्ड पाया।

अगले दिन सुबह हृषि दा को फिर फोन किया और उन्होंने कहा, "भाई काल जो हुआ, उसके लिए तो आई एम वैरी सॉरी, आज तुम डेढ़ बजे आ जाओ तो। कोई गड़बड़ नहीं होगा, दिस आई प्रामिस।"

हम पहुँचे और सचमुच कोई गड़बड़ नहीं हुई। हृषि दा अकेले थे और हमारे इन्तजार में थे। हमारे पास रूपान्तरित उपन्यास का पूरा पोथा था। हृषि दा ने कहा, "इसे अभी पढ़ो मत, पहला अपने ही ढंग से बताओ कि यह कहानी किस तरह एडेप्ट किया है।" हमने सुनाना शुरू किया। जहाँ कहीं भी हम किसी महत्त्वपूर्ण

दृश्य का उल्लेख करते, हृषि दा कहते इसे अपने एडेप्टेशन में से पूरा पढ़कर सुनाओ। वह आँख मूँदकर कहानी सुन रहे थे और कभी-कभी शक होता था कि ऊँघ न रहे हों। इस शक के मारे हम रुक जाते तो वह कहते, "आगे बोलो, आउर फिर क्या हुआ?" कहानी पूरी सुन लेने के बाद, हृषि दा ने उपन्यास में से, कुछ दृश्य फिर सुने। अब हम इस इन्तजार में कि वह कोई फैसला दें।

फैसला—"बात यह है मनोहर, जब तुम कहा कि उस अमेरिकी उपन्यास का एडेप्टेशन किया है तब फौरन हमारा दिमाग में यह आया कि जे आशोककुमार के लिए बढ़िया फिलीम बन सकता है। लेकिन इसमें तुम बाप का करैक्टर बिलकुल वैसा ही रखे जैसा ओरिजनल में है। ऐसा जला भुना बाप दर्शक लोग का सिम्पैथी कइसा लेगा, जबकि वह जो कहता है सो ठीक है। बेटी का करैक्टर तुम वैसा ही रखा सो ठीक किया। उसका प्रेमी का करैक्टर भी थोड़ा बदल देने से ठीक होता था कि सब उसको बहुत अच्छा समझें सिर्फ बाप पहचाने कि ओ बादमाश है। बेटी का फ्रेंड का करैक्टर तुम बदला उसे निट-विट बनाया मूरख-सा, सो ठीक किया किया कामेडी रिलीफ के लिए। लेकिन अगर तीनों मेन करैक्टर में सभी पेचवाला रखेगा, सभी को एक तरह से गलत, एक तरह से ठीक बनाएगा तो हमारा आडियेंस एक्सेप्ट नहीं करेगा। और जे तुम चाहेगा कि कुल इन तीन करैक्टर को लेकर दो घंटे का फिलीम बनाएँ तो ओ भी पासिबल नहीं। दो-चार साइड करैक्टर लेना होगा।"

हमें मजाक सूझा—"असरानी, डेविड, वगैरह।"

हृषि दा बोले—"ओ जोक का बात नहीं। हिन्दी फिल्म का आडियेंस ऐसा स्ट्रेट ड्रामा नहीं चाहते कि बस तीन करैक्टर आपस में टकराता है और तीनों में कौनो पेच है जे। ऐसा ड्रामा लेगा तो फिलीम या छोटा हो जाएगा बहुत या फिर ड्रेग करेगा।"

इसके बाद हृषि दा ने परिवर्तनों की एक लम्बी सूची सुझाई और कहा कि अगर इनको कर डालो और कहानी में बेटी का जगह बाप को सेन्टर में करो तो आशोक कुमार का अच्छा फिलीम बन सकता है। इसमें सीड है, यू डैवलेप इट दैट्स ऑल। अगर यहाँ रहेगा तुम तो रिवाइज्ड स्टोरी के लिए अगला सैशन मैं फिक्स कर सकता। अगर देहली जाएगा तो वहाँ से फिर उपन्यास का शक्ल में लिखकर भेजना होगा।

दोनों ही बातें हमारे लिए सम्भव नहीं थीं, लिहाजा हमने अपनी सिनेमाई आकांक्षाओं से और हृषिकेश मुखर्जी से एकसाथ विदा ली। हृषिकेश बाहर तक साथ आए। बरामदे में एक नव-तारिकानुमा बंगालन अपने अभिभावकों के साथ प्रतीक्षारत बैठी थी।

इस्टोरी से इस्क्रीन तक

प्रसिद्ध अभिनेता हृदयनाथ (उर्फ दिलदार हुसैन) की इधर कई फिल्में काफी हद तक 'फ्लॉप' गईं। आप, अपने ही शब्दों में, एक मिनट 'स्टाप और थिंक' करने को बाध्य हुए। बहुत अफसोसों के साथ इस नतीजे पर पहुँचे कि ढलती सारिका रसिका (उर्फ रामप्यारी) का सधा हुआ साथ और कभी शर्मीले कभी भड़कीले शरीफजादे का रसीला रोल, दोनों आपको छोड़ देने होंगे। 'जादूगर सैंया' के सेट पर हृदयनाथ जी ने प्रोड्यूसर पी. गुहा से अपने हृदय की बात कही और उनके प्रोडक्शन नं. 10 (प्रस्तावित टाइटिल—'छोड़ मेरी बैंया') में हरगिज रोल न करने का ऐलान किया। आपने नए ढंग के रोल और नई ढंग की हीरोइन की माँग की।

रतनलालजी 'रतन' जिनका इकलौता उपन्यास 'आँधी से लड़े जा', कभी उनके ही शब्दों में सुपरहिट गया था, इधर प्रसिद्ध सिने लेखक पंडित सुख-दयालजी के सवैतनिक किन्तु अनामा सहायक लगे हुए थे। आपके पास एक धाँसू 'थीम' थी जिसका जिक्र आप प्रोड्यूसर पी. गुहा के चमचा-इन-चीफ आर. सिंह से और आर. सिंह, प्रोड्यूसर पी. गुहा से कर चुके थे। हृदयनाथ जी की बात सुनकर प्रोड्यूसर पी. गुहा को 'रतनजी' की याद आई, आप आर. सिंह से बोले, "ओ जो ओ तुम बोला था नया छोकरा बोलके जिसके पास नया थीम बोले, ओ जरा उसे लाओ ना आमरा घार में।"

हर 'थीम' पर कहानी बन गई थी पर हिमालय के शेरपाओं की ओर किसी का ध्यान नहीं गया था, बस रतनजी ने हाथ मार दिया। कहानी एक पर्वतारोही आंगदेवा के बारे में थी, जिसका पिता शेरपा-सरदार आंगछू अनंग पर्वत की चढ़ाई में लापता हो गया। आंगछू ने एक क्रिश्चियन लड़की से शादी की थी, इसलिए शेरपा उससे नाराज थे। ज्यों ही वह लापता हुआ उन्होंने उसके बेटे और उसकी बेवा को जात बाहर कर दिया। देवा बड़ा होकर सेना की स्कीइंग कोर में भरती हुआ, फिर लड़ाई से लौटकर आया, पिता के हत्यारे पर्वत पर विजय पाने और पिता की चुनी हुई पुत्रवधू, मौजूदा शेरपा सरदार की बिटिया को अपना बनाने के लिए। इस बीच यह बिटिया न सिर्फ किसी ओर की बन चुकी थी

बल्कि उसकी हत्या भी हो चुकी थी। दुखी देवा, स्कीइंग करते हुए करोड़पति-कन्या वसुन्धरा से जा टकराया। ए मिस्टर से शुरू होकर बात ए जाने जिगर तक पहुँची। वसुन्धरा ने देवा को अपने पिता के आलीशान होटल में मैनेजर बनवा दिया। करोड़पति जी चाहते थे उनकी इकलौती बिटिया, उनके मित्र स्वर्गीय रामलाल जी के बेटे कुमार से, जो उनका सारा काम-काज देख रहा था, विवाह कर ले। उन्हें क्या पता था कि आस्तीन का साँप कुमार कारोबार पर हाथ साफ कर रहा था और शेरपा सरदार की बिटिया पर हाथ साफ कर चुका था। इसके बाद कैसे देवा, वसुन्धरा की मदद से अनंग पर्वत पर चढ़ा, कैसे उसे वहाँ अपना खोया हुआ पिता मिल गया (जिसे लोग हिम मानव समझ बैठे थे), कैसे खोए पिता की खोई याददाश्त लौटी, कैसे अपने ब्लैक हृदय और साथियों की ब्लैक मेल के सहारे कुमार ने करोड़पतिजी का (टाइम बम से, हवाई जहाज में) काम तमाम करने की योजना बनाई, कैसे देवा ने कुमार की काली करतूतों का पर्दाफाश करने की कोशिश की लेकिन उसे गलत समझा गया, कैसे करोड़पतिजी का हवाई जहाज कुमार के टाइम बम की कृपा से एक ग्लेशियर में जा गिरा, कैसे देवा ने अपनी बुद्धिमत्ता से उन्हें बचा लिया, कैसे एक फाइट में किस्मत के कई उतार-चढ़ाव के बाद कुमार की हार और देवा की जीत हुई और फिर कैसे देवा करोड़पति की बेटी और बपौती दोनों का मालिक बन सका, संयोग के ये ऐसे खटके हैं जो रजत-पट पर मनोयोग से देखे जाने से ताल्लुक रखते हैं, कोरे कागज पर लिखे जाने से नहीं।

थीम और रोल हृदयनाथ जी को पसन्द आया, लेकिन शीर्षक 'पर्वत की पुकार' आपको कतई नहीं भाया। आपने फरमाया, "उ से शुरू होने वाले नामों की मेरी सब फिल्में हिट गई हैं।" इस पर चमचों में इन हिट फिल्मों के नाम गिनवाने की होड़ लग गई—'उस पार', 'उन्माद', 'उत्साह', 'उम्मीद', 'उसने लिखा था', 'उड़ जा रे पंछी' वगैरह-वगैरह। इस प्रतियोगिता के बाद आर. सिंह ने गला खखारा, अपना सदाबहार काला चश्मा उतारा और कहा, "मेरे खयाल से नाम कुछ ऊटपटाँग-सा होना चाहिए, मसलन 'वहशी', 'वाह रे विलायती', ऐसा ही कुछ। आइ मीन, पब्लिक ऐसे ही नाम पसन्द करती है।" हृदयनाथजी ने कहा, "एक्जैक्टली।" चमचों ने 'एक्जैक्टली' का कई भाषाओं और बोलियों में अनुवाद किया और रतन जी ने 'उजबक' नाम सुझाया तो हृदयनाथजी को पसन्द आते हुए भी कुछ पसन्द नहीं आया। चमचे पसोपेश में पड़ने लगे, सिगरेटें सुलगने लगीं। गुहा ने फोन करके श्रीमतीजी से सलाह की, लौटकर आए तो उनकी 'सर्वसम्मति' से 'उजबक' पास कर दिया गया। हृदयनाथजी ने नई

हीरोइन की माँग दुहराई, सभा बरखास्त होने को आई, चमचों ने फाइव-फाइव-फाइव के टिन से एक-एक सिगरेट और निकाली ओर सुलगाई।

सुषमा (असली नाम शमा), दो-चार हिन्दी फिल्मों में हीरो की छोटी बहन का रोल अदा कर चुकी थीं। फिर उन्हें एक गुजराती फिल्म 'प्रेम नो डंख लाग्यो' में हीरोइन का रोल मिला। यह फिल्म गुजराती फिल्म उद्योग के प्रतिमानों से अच्छी हिट गई यानी इसका हिन्दी संस्करण बनाने की बात तो प्रोड्यूसरों ने सोची और एक तीसरे ने कर दिखाई। सुषमा के बारे में गुजराती सिने पत्रिकाओं ने लिखा, "प्रेम नो डंख लाग्यो माँ रूपराणी सुषमा नू आँखों ने आंजीनांखें तेवुं यौवन अने अभिनय।" तो आँखों को चकाचौंध कर देने वाले इस यौवन को पी. गुहा ने फौरन अपने कन्ट्रेक्ट में ले लिया।

स्थान : जुहू का एक होटल, उपस्थिति—राइटर-डाइरेक्टर-प्रोड्यूसर : पी. गुहा, संवाद लेखक : रतन, पटकथा लेखक (बगैर क्रेडिट के) : मनोज गांगुली, कैमरामैन : रासबिहारी (विशेष आमंत्रण पर), चमचे : आर. सिंह आदि (बगैर आमंत्रण के)।

कार्रवाई का संक्षिप्त विवरण : लंच लिया गया, आर. सिंह अच्छे पान लेने चौपाटी भेजे गए। पी. गुहा ने पन्द्रह मिनट फोन पर सुषमा से बात की। रतनजी ने रासबिहारी को, उनकी प्रस्तावित अगली फिल्म के लिए, दबे स्वर में एक स्टोरी आइडिया दिया। बाद में यही मनोज गांगुली ने भी किया। चार बजे विधिवत स्टोरी का काम शुरू हुआ। पी. गुहा ने कहा कि हिट फिल्म की पटकथा का बुनियादी सिद्धान्त रहा है कि इन्टरवल से पहले सिर्फ लव माने रोमांस और ब्यूटी माने सीनरी हो। इन्टरवल के बाद की दो रीलों में घोटनाचक्र माने दीमाग चोक्कर खाए। फिर तीन रीलों में सांस्पेंस, माने कैसा होगा किया होगा, आखिरी दो रीलों में फॉल्स रिजोलूशन माने सोचता ये तो अभी सब ठीक, फिर गोल-माल, और फिर, क्लाइमेक्स-एंटी-क्लाइमेक्स यानी ये तो ऐसे कैसे होगा और अहा ये तो ऐसे ठीक हो गया। मनोज गांगुली ने पटकथा शुरू की। ट्रेन टु दार्जिलिंग-ट्रेवलिंग शाट्स। म्यूजिक-रेलगाड़ी का आवाज का माफक। दार्जिलिंग आता, देवा उतरता, घार को जाता, रास्ता में चाय तोड़नेवाला छोकरी लोग मिलता, देवा गाता, छोकरी हँसता; छोकरी गाता, देवा हँसता। फीर देवा अपना स्वीट हार्ट के बारे में सोचता, ड्रीम सीक्वेंस। इस पर आर. सिंह को जिज्ञासा हुई राह चलते ड्रीम सीक्वेंस कैसे? मनोज गांगुली ने कहा, आच्छा ड्रीम नहीं वीजौन। पी. गुहा ने ड्रीम और विजन की कैफियत समझाई और बताया कि कैसे एक बार उनकी दादीजी ने उनके दादाजी का दुर्घटनाग्रस्त होना बैठे-

बैठे देख लिया था। रतनजी ने जो किस्सा शुरू किया वो अधूरा ही रह गया क्योंकि एकाएक पी. गुहा के घर से फोन आया कि बेबी को पार्टी में जाने के लिए बड़ी कार चाहिए। आर. सिंह बड़ी कार लेकर रवाना हो गए। मनोज गांगुली ने स्क्रिप्ट आगे सुनाई। देवा घर पहुँचता, माँ गले लगाता, माँ पूछता अभी तुम किया करेगा ? देवा खिड़की से बाहर देखता माउंटेन, बोलता, अम ईस पहाड़ पर चढ़ेगा, ई आमारा फादर का मार्डर किया। माँ बोलता नहीं और अफसोस सीन का प्रतीकवाद पूरा नहीं हो पाया क्योंकि सुषमा अपनी छोटी गाड़ी लेकर आ पहुँचीं। चाय हुई, पी. गुहा सुषमाजी के साथ चले गए। सुषमाजी ने जाते-जाते आम जनता से मुखातिब होकर कहा—कैसा चल रहा है ? इसे रतनजी ने खास अपने लिए समझा और इस खुशी में रोगरस पीकर एक कविता लिखी जो सालभर बाद मासिक 'सलिला' से लौट आई।

दूसरी स्टोरी कान्फरेंस : स्थान वही, उपस्थिति वही, कार्रवाई वही।

तीसरी स्टोरी कान्फरेंस : स्थान पी. गुहा की केबिन। उपस्थिति—पी. गुहा, मनोज गांगुली, रतन। पी. गुहा ने कहा कि इसमें जरूरी सुधार किया जाए। उन्होंने विदेशी फिल्मों के कई टुकड़े सुनाए और समझाए जिन्हें स्क्रिप्ट में लेना उनकी निगाह में जरूरी था। इस तरह जो सुधार हुआ उससे स्क्रिप्ट उधार का बन गया। फिर स्क्रिप्ट और सुषमा को बगल में दबाए पी. गुहा लोकेशन देखने दार्जिलिंग गए।

चौथी स्टोरी कान्फरेंस : स्थान-मकाकचुंग का डाक बंगला। उपस्थिति—पी. गुहा और एक अदद ब्लैक एंड ह्वाइट की बोतल। कार्रवाई—पी. गुहा ने स्क्रिप्ट में लाल स्याही से कई जगह निशान लगाए। उन्होंने अपनी पहली हिट फिल्म 'मेरा जवाब नहीं' के कुछ लटके स्क्रिप्ट में शामिल किए। इस तरह उधार की स्क्रिप्ट का भी बंटाधार हुआ। दार्जिलिंग में सुरा और सुन्दरी ने गुहा को स्क्रिप्ट के लिए ज्यादा फुरसत नहीं दी। वे उसे पूरा नहीं कर सके।

स्क्रिप्ट अधूरी, संवाद लिखने को बाकी तो क्या ? पी. गुहा जैसे महान् निर्देशक तो सारी फिल्म दिमाग में लेकर घूमते हैं। दार्जिलिंग से लौटे। कास्ट साइन हुई। फिल्म सेट पर गई। कैमरामैन, रिकार्डिस्ट, एडिटर, म्यूजिक, डाइरेक्टर सब चोटी के रखे गए ताकि फिल्म बनाने का फन पी. गुहा के लिए फन साबित हो।

कामकाज की झाँकियाँ : कैमरामैन : शाट क्या है ?
अस्टिंट डायरेक्टर : साहब, शाट क्या है ?
स्टोरी कान्फरेंस : राइटर महोदय क्लाइमेक्स-एंटी सीन समझाते खुद ही क्लाइमेक्स पर पहुँच गए।

डाइरेक्टर : शाट ? स्क्रिप्ट कहाँ है ? इधर लाओ। ये रहा सीन नं. 25।
कैमरामैन : शाट डिवीजन ?
डाइरेक्टर : जोल्दी करना अबी तुम अम मिलकर सोचता।
कैमरामैन : (बाद में अपने असिस्टेंट से) तुम अम माने रास बिहारी और ए. गुहा अपने को डाइरेक्टर बोलता—हुँ: !

भावविह्वल रतनजी डायलाग लिखते हुए और उन्हें पड़ोसिन की मुर्गियों को सुनाते हुए, "वसु, तुम, तुम, समझ नहीं पाओगी, वसु, जाने कैसा-कैसा होने लगता है मन में इस पर्वत को देखकर जैसे, जैसे कोई मुझे झकझोर कर कह रहा हो—निकम्मे, तूने बाप के खून का बदला नहीं लिया।"

हीरो : रेडी फार टेक ? डायलाग्स कहाँ हैं ? क्या ये ? बकवास, किस उजबक ने लिखे हैं।

डाइरेक्टर : रतन को बुलाओ—जल्दी। ए डाइलाग कैसा लिखा बोलो माने बदलो—इदर टाइम वेस्ट होता है।

एडिटर नीलकंठ, जिनके बारे में यह मशहूर है कि वे फिल्म में डाइरेक्टर को हाथ नहीं लगाने देते, अपने असिस्टेंट डांडेकर से—एस्टेबलिश नहीं होता तो जैसा है ठोको। इनको टेकिंग आता भी है ? कैसा भी गाने के साथ सिंक कर दो, जरूरी हो तो पिछली फिल्मों की कटिंग में से कुछ इन्सर्ट डाल दो। कोई नहीं जानेगा। ये राइटर, प्रोड्यूसर, डाइरेक्टर भी नहीं।

म्यूजिक डाइरेक्टर रात देर से सोए थे। सुबह-सुबह बच्चों ने रेडियो खोल दिया। उन्हें डाँटने के लिए उठे तो अंग्रेजी का गीत सुनाई पड़ा—'काउंटिंग कलर्स इन द रेनबो, ह्वेन द सन मेक्स न रेन गो।' फौरन ये रिकार्ड मँगवा लिया, गीतकार बेकरार बिल्लीमोरियावी को बुला भेजा। दोनों के मेल से एक हिट सांग मुकम्मल हुआ—ये मौसम ये महीना, मुश्किल है तेरे बिन जीना। आजा ओ आजा, आजा ओ आजा, ओ मेरी हसीना !

फैसला किया गया कि पब्लिसिटी में हृदयनाथ को जेम्स डीन, मार्लन ब्रांडो जैसा 'उठा चढ़ा' (बिल्ड अप) दिया जाए—क्वायट बट डेंजरस, एक नया हृदयनाथ, असली हृदयनाथ आदि, आदि। सुषमा को एकसाथ सौन्दर्य की रानी, घर-आँगन की शोभा और डैबी रैनल्ड्स की छोटी बहन साबित किया

जाए। साथ ही ऐसे संकेत दिए जाएँ कि सुषमा, हृदय की सुषमा हुई जा रही है।

अंग्रेजी पत्रिका 'फिल्म वर्ड' से : ''हृदय मीन्स हार्ट एंड इन द पर्टिकुलर केस आफ द फेमस मैटिनी आयोडल, एन एकिंग हार्ट। ए मच मिसअन्डरस्टुड मैन हृदय सफर्स फ्राम दैट कास्मिक लोनलीनेस ह्विच हैज बीन द हाल मार्क आफ आल ग्रेट थिस्पियन्स फ्राम डेविड गैरिक टु जान बैरीमूर। हियर वी पब्लिश सम इन्टीमेट स्टडीज आफ द गाय विद द राय स्माइल।''

हिन्दी पत्रिका 'रजत पट' के स्थायी स्तम्भ 'अगर ये झूठ है तो सच को गोली मारिए' से : ''सुना गया है कि हृदय ने रसिका से नाता तोड़ लिया है। क्यों न हो! अधेड़ रसिका नीरस जो हो चली है। कहते हैं अब हृदय की कार अक्सर सुषमा के फ्लैट सामने नजर जाती है। हम तो यही समझे बैठे थे कि सुषमा से हृदय का रिश्ता बेटी और बाप के रिश्ते जैसा है, लेकिन उजबक के लोकेशन वर्क के दौरान में दार्जिलिंग, एक प्रसिद्ध होटल के कमरा नं. 25 में जो कुछ हुआ देखते हुए मानना पड़ा कि अभी तो ये जवान हैं।''

हिन्दी पत्रिका 'सिने संसार' में (हृदयनाथ जी के नाम से प्रकाशित लेख 'सुषमा मेरी माँ है' से) : ''एक अधेड़ होने को आए व्यक्ति के मुँह से एक उभरती हुई युवती के लिए ऐसा उद्‌गार शायद पाठकों को विचित्र लगे, मगर ये सच है कि मैं महसूस करता हूँ, सुषमा में मुझे अपनी खोई हुई माँ वापस मिल गई है। कुँवारे के कमरे जैसे, मेरे बेतरतीब मन को इस ममतामयी ने सजाया है, सँवारा है। सुषमा एक सुन्दर और समझदार लड़की ही नहीं बहुत ऊँचे पाए की अभिनेत्री भी है।''

साप्ताहिक 'भारत-भूमि' के फिल्म पृष्ठ से : ''हृदयनाथ श्रेष्ठ साहित्य में सदा से रुचि लेते रहे हैं। आप 'भारत-भूमि' नियमित रूप से पढ़ते हैं। हमारे पाठकों के लिए उन्होंने हस्ताक्षरयुक्त ये तस्वीर भेजी है।''

अंग्रेजी पत्रिका 'स्क्रीन लाइट' से : ''हृदय इज ए वोरेशस रीडर एंड सुषमा इज ए विवेशस डांसर, ए विनिंग टीम इंडीड आफ टू आर्टिस्टिकली इंक्लाइंड स्टार्स।''

गुजराती पत्रिका 'रूपेरी आलम' से : ''सौन्दर्य राणी सुषमा पड़दा पर अभिनय नां अजवाला पाथरवामां जेटली कुशल छे तेटलीज रांधण कला मां पण प्रवीण छे। एना हाथ नी खांडम अने खमण ढोकला तो खाधां होय तेज जाणे।''

(इन विज्ञापनों की भाषा वे सब दर्शक आसानी से समझ सकेंगे, जो हिन्दी फिल्मों के फारसीनिष्ठ संवाद और गीत समझ लेते हैं) प्रोड्यूसर-डाइरेक्टर

पी. गुहा की प्यार-भरी प्यारी फिल्म 'उजबक।' दार्जिलिंग के मसहूरकुन मनाजिर में फिल्माया गया, प्रोड्यूसर-डाइरेक्टर पी. गुहा का महय्युरुल अकूल शाहकार, तहय्युर अंगेज तोहफा-'उजबक'। आहों का अदाकार हृदय और ख्वाबों की शायरी सुषमा, दो हसीन सितारे, एक हसीन फिल्म—'उजबक'।

रेडियो इन्टरव्यू से (जिसकी स्क्रिप्ट मशगूल मुरादाबादी ने लिखी और जिसके लिए आर. सिंह ने पी. गुहा का प्ले-बैक दिया)

अनाउंसर : (उजबक के कई गानों के सुनाए जाने और सभी कलाकारों के आसमान पर चढ़ाए जाने के बाद) : गुहा साहब, अब हम यह जानना चाहेंगे कि 'उजबक' की कहानी आपके जेहन में कैसे आई ?

गुहा : अमूमन मैं अपने फन के मुताल्लिक बातें करना पसन्द नहीं करता और फिर सवाल आपने ऐसा किया जिसका कोई जामे और माने जवाब देना जरा मुश्किल ही है। बकौल शायर कि खुदा की देन का मूसा से पूछिए अहवाल कि आग लेने को जाएँ, पैयम्बरी मिल जाए। दरअसल हुआ ये कि मैं अपनी पिछली फिल्म 'जादूगर सैंया' बनाकर भीतर से कुछ इतना टूट गया कि आराम और दिलबहलाव की गरज से दार्जिलिंग जाना जरूरी हो चला। वहाँ दिलकश मनाजिर देखे, शेरपाओं की सादा मगर शायस्ता जिन्दगी देखी और खुद-ब-खुद मेरे जेहन में 'उजबक' की कहानी उभरती चली गई। वाकया है कि मुकाकचुंग के रोमानपरवर मनाजिर मेरे लिए बहुत ही बसीरत-अफरोज साबित हुए। कहते हैं, यहीं कभी एक शेरपा शायर ने खुदकुशी की थी। जब मैं यहाँ पहले थीम पर काम करते हुए और बाद में शूटिंग के लिए गया तो ऐसा महसूस हुआ कि हर बात आप-से-आप हुई जाती है गोया उस मरहूम शायर की रूह बहिश्तेबरी और जन्नतुल फिरदौस से मेरी कयादत के लिए बनसेनफीस चली आई हो।

आलोचकों की राय :

'टाइम्स आफ भारत' : बेमानी, बेहूदा, बेकार।

'हिन्दुस्तान जर्नल' : उजबक किसी उजबक ने उजबकों के लिए बनाई है।

'मासिक सलिला' : उजबक।

'साप्ताहिक भारत भूमि' : उजबक के निर्माता के जन्मदिन पर बधाइयाँ भेजिए!

'साप्ताहिक साधूवाद' : उजबक जैसी बकवास फिल्मों पर प्रतिबंध क्यों नहीं ?

जनता की राय : हाउसफुल, सिलवर जुबली!

छपते-छपते : उजबक बार्लो बारी फिल्मोत्सव में भारत की ओर से।

जिस देश में जीनियस बसते हैं

अंग्रेजी शब्द जीनियस के जो भी हिन्दी पर्याय अब तक सूझे या सुझाए गए हैं, वे हिन्दी साहित्य के प्रणेताओं, पारखियों और प्रेमियों को नितान्त अपर्याप्त प्रतीत हुए हैं। इसीलिए अंग्रेजी का यह शब्द ज्यों का त्यों हिन्दी में चल पड़ा है। इस शब्द की आवश्यकता हिन्दी साहित्य में है भी खासी। दूसरे साहित्यों में बहुत ढूँढ़ने पर मुश्किल से एक मिलता है तो वहाँ बगैर ढूँढ़े हर पीढ़ी में एक हजार जीनियस मिल ही जाते हैं। आप चाहें तो इसे यों कह लीजिए कि हर पीढ़ी में एक हजार साहित्यिक अपने को जीनियस मानते और मनवाते मिल ही जाते हैं। यहाँ शायद यह स्पष्ट कर देना उचित होगा कि जीनियस की एक परिभाषा यह भी है कि जीनियस हर परिभाषा से परे होता है—वह दूसरों के बनाए हुए मानकों का पात्र नहीं, अपने अलग अनूठे मानकों का निर्माता होता है। वह अलग मानकों का दावा करता है इसलिए इतर जन अपने मानकों के अनुसार उसके व्यक्तित्व और कृतित्व को प्रपंच घोषित कर सकते हैं और करते हैं। इसलिए जहाँ शब्द जीनियस की आवश्यकता होती है वहाँ इसके एक विपर्यय फ्राड की भी माँग बहुत बढ़ जाती है। हिन्दी साहित्य में फ्राड भी जीनियस की तरह बहुप्रचलित हुआ है। तो आज हिन्दी साहित्य में दो ही तरह के प्राणी बसते हैं—जीनियस और फ्राड। बल्कि यों कहना चाहिए कि निरे जीनियस ही जीनियस बसते हैं जिन्हें समय, सुविधा और सत्ताकांक्षा के आग्रह के अनुसार आप चाहे जब फ्राड करार दे सकते हैं।

पूजन और प्रताड़न का यह सह-अस्तित्व हमारे साहित्यिक मंच का महत्त्व भले ही घटा रहा हो उसका मनोरंजन-तत्त्व निश्चय ही बढ़ा रहा है। यह संयोग नहीं कि लतीफेबाजी इधर हिन्दी साहित्य में सर्वाधिक चर्चित विद्या का स्थान पा गई है। श्रद्धा-भक्ति का यह हाल है कि अगर कोई सत्तारूढ़ व्यक्ति लिखे कि अमूक पीढ़ी के लेखक परम मूर्ख हैं तो अमुक पीढ़ी के लेखक फौरन कह रहे हैं कि आपने तो मेरे मुँह की बात छीन ली। किसी व्यक्ति को इसीलिए नाचीज कहा जा रहा है कि वह प्राध्यापक है, साहित्य का डॉक्टर है, तो किसी व्यक्ति को इसलिए नगण्य माना जा रहा है कि वह प्राध्यापक नहीं है, साहित्य का डॉक्टर

नहीं है। अमुक जी के अभिनन्दन समारोह में जो लोग मंच पर जाकर अमुक जी को पुष्पों और प्रशस्तियों के हार पहना रहे हैं वे ही आपस में यह कह रहे हैं कि अमुक जी फ्राड के मामले में सर्वथा न भूतो न भविष्यति हैं और तो और, यह अभिनन्दन भी उन्होंने फ्राड में कराया है। हर आदरणीय सम्पादक महोदय हिन्दी साहित्य की श्रीवृद्धि करने के लिए सराहे जा रहे हैं और पद से हटते ही हिन्दी साहित्य का बंटाधार करने के लिए जिम्मेदार ठहराए जा रहे हैं। आत्मप्रचार और गुटबन्दी को बहुत बुरा बताया जा रहा है मगर मजबूरी कुछ ऐसी है कि थोड़ा-बहुत आत्मप्रचार और गुट-संगठन करना ही पड़ रहा है। किसी को इसी बात का नाज है कि वह अंग्रेजी पढ़ा-लिखा हिन्दी लेखक है तो किसी को इस बात का कि उसे अंग्रेजी नहीं आती। कुल मिलाकर यह कि कस्बा शहर का मुखौटा लगाकर हिन्दी साहित्य के मंच पर छद्म आधुनिकता और छद्म भारतीयता का अभिनय कर रहा है। साहित्यिक परिदृश्य समाजशास्त्रीय अध्ययन का विषय बनता जा रहा है।

हमारे तरुण लेखक इस स्थिति से क्षुब्ध हैं लेकिन इससे निपटने के लिए वे भी पूर्ववर्तियों के मार्ग पर चलने की भूल कर रहे हैं। एक ओर वे अगले जमाने के प्रगतिशील साहित्यकारों की तरह यह दुराग्रह कर रहे हैं कि एक विशिष्ट चिन्तन अपना लेने से ही साहित्य महान या महत्त्वपूर्ण हो जाता है। दूसरी ओर वे प्रयोगवादियों की तरह यह माने ले रहे हैं कि एक लघु-पत्रिका निकालकर, एक मित्र मंडली का मिला-जुला संकलन छपवाकर (जिसमें लेखक परिचय रूमानी मगर चौंकाने वाले हों—यथा 'सूने देह का अभिज्ञान कराया, जिसने आत्मा का अलौकिक परिचय दिया') और 'व्यावसायिक, पोंगापन्थी हिन्दी वालों की फटीचर परम्परा से अलग होने' और संस्कृत तथा अंग्रेजी की गौरवमयी परम्परा से जुड़े होने का दम भर लेने से ही कोई भी कैसा भी लेखक अपनी और दूसरों की निगाह में महत्त्वपूर्ण ठहरा दिया जा सकता है। कुल मिलाकर यह कि नई पीढ़ी का नया होने का ढंग भी निहायत ही पुराना है। कभी-कभी ऐसा महसूस होता है कि तथाकथित आधुनिक हिन्दी साहित्य तमाम 'क्रान्तिकारी' पीढ़ियों के प्रयत्नों के बावजूद किशोरावस्था को पार नहीं कर पाया है। कैशोर्य उसका स्थायी भाव है—कभी-कभी अपनी इस अदा के कारण वह खासा प्रीतिकर मालूम हो सकता है। लेकिन ज्यादातर वह एक ऐसे किशोर का ही स्मरण करता है जो बड़ा होने से इनकार कर रहा हो मगर बड़ा समझे जाने का आग्रह कर रहा हो। इस दृष्टि से हमारा साहित्य परिदृश्य मनोवैज्ञानिक के लिए रोचक बन जाता है, भले ही पाठक के लिए उसमें ऊब ही ऊब हो।

जीनियसों की भीड़ होने से मानदंडों का लोप हो रहा है तो मानदंडों का लोप होने से जीनियसों की भीड़ कुछ और भी बढ़ रही है। आज खरी आलोचना को भी द्वेषपूर्ण ठहराया जा सकता है, इसलिए कि अक्सर आलोचनाएँ द्वेषपूर्ण होती हैं। खरी प्रशंसा को भी गुटबन्दी की देन माना जा सकता है इसलिए कि अक्सर प्रशंसाएँ गुट के सदस्यों की ही की जाती हैं। हमेशा निस्संग दार्शनिक मुद्रा में बोलने-लिखने वाले महान हिन्दी साहित्यकार की चाटुकारिता का चटखारे ले-लेकर सेवन करते हैं और आत्मप्रचार और आत्मप्रशंसा का अवसर चुकाना अधर्म समझते हैं। ऐसा मालूम होता है कि प्रतिष्ठित होने के बाद भी उन्हें अपनी प्रतिष्ठा के आधार पर कोई भरोसा नहीं है, हिन्दी साहित्य के चंचल संसार का स्मरण करके वे सदा त्रस्त और आशंकित रहते हैं और काफी प्रतिष्ठित व्यक्ति ऐसा करते हैं। इसलिए मान लिया जा सकता है कि सभी लब्ध-प्रतिष्ठ व्यक्ति फ्राड हैं और यह भी कि अगर हम फ्राड करें तो मात्र इसी से हमारी गणना लब्ध-प्रतिष्ठों में होने लगेगी। साहित्य का नीति या राजनीति से सम्बद्ध होना तो आवश्यक है नहीं, शिल्पगत आग्रह का भी कोई अर्थ नहीं होता, इसलिए बिना किसी संशय या संकोच के कोई भी आन्दोलन छेड़ दीजिए, उसे कुछ भी नाम दे दीजिए और उसकी ऐसी परिभाषा कीजिए कि किसी के पल्ले कुछ पड़े ही नहीं। छायावाद से लेकर अकविता तक यही हुआ है—अंग्रेजी और संस्कृत साहित्य के शास्त्रों के आधार पर लम्बी-चौड़ी बहसें हुई हैं और हिन्दी साहित्य का संसार लगभग ज्यों का त्यों रह गया है। जिस देश में जीनियस बसते हैं उस देश में यही सब होता है।

बेबीलोन की लाटरी

स्पेनी भाषा के कथाकार होर्जे लुई बोखैज ने 'बेबीलोन की लाटरी' नामक एक कहानी लिखी है जिसमें होते-होते प्रभुसत्ता लाटरी को ही मिल जाती है—यानी लाटरी 'भाग्य का खेल' होने की अवस्था से आगे बढ़कर स्वयं भाग्य-विधाता बन बैठती है। पता नहीं कि भारत के विभिन्न राज्यों के वित्त मंत्रियों ने इस कथा का अध्ययन किया है या नहीं, लेकिन जिस जोर-शोर से वे लाटरियों का प्रचार-प्रसार कर रहे हैं उससे यही प्रतीत होता है कि लाटरी को भाग्य-विधाता का स्थान देने में उन्हें विशेष संकोच नहीं होगा।

पहले एक-दो राज्य सरकारें ही इस चक्कर में पड़ी थीं, लेकिन अब तो लाटरी शुरू करने की जैसे होड़ ही मच गई है। इनमें से किसी लाटरी के एक नितान्त साहित्यिक विज्ञापन में हमें यह पढ़ने को मिला कि मनुष्य के लिए उन्नति के लिए दो मार्ग होते हैं—पुरुषार्थ और भाग्य। इस दार्शनिक सूत्र का हवाला देने के बाद विज्ञापनकर्त्ता ने जनसाधारण का उद्‌बोधन करते हुए यह लिखा था कि पुरुषार्थ तो आप करते ही होंगे, अब क्यों न लगे हाथ भाग्य भी आजमा देखें। हम समझते हैं कि विज्ञापनकर्त्ता का आशय यह रहा होगा कि पढ़ने वाला इन पंक्तियों को ही न पढ़े, इन 'पंक्तियों के बीच' भी कुछ पढ़ ले। कटु संदेश को समझें—"जब सरकार तक को धन-संग्रह के अन्य उपाय छोड़कर लाटरियाँ चलाने पर उतार आना पड़ता है तब आप पुरुषार्थ से क्या खाक भविष्य सुधारेंगे। भाग्य ही आजमा लीजिए।"

कभी-कभी हमें ऐसा लगता है कि शायद यह लाटरियाँ हमारी प्राचीन फलित ज्योतिष विद्या का भाग्य सुधारने के लिए शुरू की गई हैं—गड़े खजानों का जमाना गुजर चुका है, इसलिए 'सहसा खजाना हाथ लग जाने' की भविष्यवाणी ज्योतिषीजी को सिर खुजलाते हुए करनी पड़ती है। पहले जिस तरह की वर्ग पहेलियाँ आदि हुआ करती थीं वे स्वाधीन भारत के सिद्धान्तनिष्ठ शासकों द्वारा गैरकानूनी घोषित की जा चुकी हैं। अन्य प्रकार के जुए भी शासन द्वारा आमतौर पर अमान्य ही हैं। इन हालात में 'धनेश' के सहसा प्रसादाभिमुख हो जाने की बात ज्योतिषी लोग कैसे कह पाते। राज्य सरकार की लाटरियों ने

उन्हें एक सम्बल दिया है। फलित ज्योतिष के प्रति हमारे नेताओं की श्रद्धा किससे छिपी है। फिर ज्योतिषियों का उपकार वे न करते तो कौन करता?

इन लाटरियों से जनसाधारण के जीवन में दिवास्वप्न देखने और प्रतीक्षा का आनन्द लूटने के दुर्लभ सुखों की प्रतिष्ठा हुई है। इन्हें चलाकर राज्य सरकारों ने हाथ पर हाथ धरे बैठे हुए इस गरीब देश के लोगों के नीरस जीवन में रोचक और रोमांचक के रंग छितरा दिए हैं। पश्चिम के भोगवाद को कोसने और उसी भोगवाद की तमाम बुराइयों को खसोटवाद के रूप में ग्रहण करने वाले देश में किस्मत से रुपया पा जाने का आकर्षण कितना प्रबल हो सकता है।

हमारे यहाँ सामन्ती ढाँचे के टूटने के बाद श्रेष्ठता के कुल-गोत्रपरक मानक टूटे हैं लेकिन गुण की कीमत लगाने वाले आधुनिक मानक आ नहीं पाए हैं। संक्रमण की परिस्थिति में जहाँ पुराने मापदंड सर्वथा संस्कारहीन होकर राजनीतिक अस्त्रों में परिणत हो गए हैं वहाँ नए मापदंड धन को ही सबसे बड़ी सत्ता मानने वाले भ्रूण के रूप में ही मान्य हो सके हैं। इस वातावरण में किसी अभावग्रस्त व्यक्ति के लिए नव-धनाढ्यों की जमात में शामिल होने की सम्भावना का द्वार बस लाटरी से ही खुलता दीखता है।

कुछ लोग एतराज कर सकते हैं कि जिस देश में उद्योग और परिश्रम को लक्ष्मी की सिद्धि का सबसे बड़ा साधन समझा गया था, जिसमें 'उद्योगिनं पुरुषसिंहमुपैति लक्ष्मी' और 'वीर भोग्या वसुन्धरा' जैसे आप्तवचन कहे गए थे उसमें लाटरी का क्या काम? लेकिन लाटरी चलाने वाली राज्य सरकारें इन शंकालुओं को 'भाग्य ही सर्वदा फलता है' जैसी कई प्राचीन उक्तियाँ सुनाकर आश्वस्त कर सकती हैं कि लाटरियाँ शुरू करना प्राचीन भारतीय परम्परा के विरुद्ध नहीं है।

शुद्ध सौन्दर्य-बोध की दृष्टि से भी भाग्य की बात पुरुषार्थ की बात से अधिक प्रीतिकर प्रतीत होती है। दोनों में वही अन्तर है जो कविता और पत्रकारिता में है और हमारे नेताओं का काव्य-प्रेम सर्वविदित है।

कुछ लोग कह सकते हैं कि हमारी असली परम्परा भाग्य और पुरुषार्थ को इस तरह अलग-अलग नहीं रखती। उसका आग्रह है कि पुरुषार्थ खूब किया जाए लेकिन फल भाग्य पर छोड़ दिया जाए। इस तर्क का लाटरी चलाने वाले शुद्ध लोकतंत्रात्मक सिद्धान्तों के अनुसार खंडन कर सकते हैं और कह सकते हैं कि ऐसा भी क्या पुरुषार्थ जिसका फल अनिश्चित हो। यह तो 'तुरत दान, महाकल्याण' का युग है, अगर फल अनिश्चित ही रहना है तो पुरुषार्थ क्यों, लाटरी लगाइए न।

हम लाटरी में बस यही खतरा देखते हैं कि आगे चलकर केवल इनाम जीतने का आकर्षण ही पर्याप्त सिद्ध न हो। जिस कहानी का हमने शुरू में

उल्लेख किया है उसमें भी मोहभंग की ऐसी स्थिति का वर्णन है। तब बेबीलोन के शासक लाटरी में एक पेच और पैदा करते हुए यह विधान करते हैं कि कुछ नम्बरों पर इनाम निकलेंगे और कुछ पर सजाएँ। उससे भी आगे चलकर यह व्यवस्था होती है कि सबको लाटरी का टिकट लेना होगा और एक लाटरी के खुलने से दूसरी लाटरी के खुलने तक की अवधि में हर व्यक्ति को वही जीवन बिताना होगा जो लाटरी में उसके नाम खुला हो। अगर हमारे नेतागण देश की सारी नीति–राजनीति ही लाटरी का विषय बना दें तो क्या कहने! किसकी सरकार बनेगी, कौन प्रधानमंत्री होगा, किसे क्या विभाग मिलेगा, शराबबन्दी लाटरी से हो जाए! बाकी सब झंझट ही दूर हों। अन्तर्राष्ट्रीय क्षेत्र में भी हम लाटरी की पैरवी कर सकते हैं और विश्व बैंक को यह सुझाव दे सकते हैं कि वह विकासशील देशों के लिए एक लाटरी चलाए। बहरहाल सारा लाटरी प्रकरण दिलचस्प सम्भावनाओं से भरा हुआ है। पुरुषार्थ प्रकरण इससे अधिक सार्थक भले ही प्रतीत हो, रोचक बिलकुल नहीं है। उससे दिलचस्पी होना मुश्किल है क्योंकि पुरुषार्थ की कहानी दिल के दर्द की दास्तान है। इसमें खून–पसीने की बातें हैं जो सौन्दर्य–बोध और सुरुचि के विरुद्ध हैं।

शो मैन के पीछे क्या है?

शो मैन के पीछे इंडस्ट्री थी और इंडस्ट्री के आगे देश था और देश के कई हिस्सों में लोग बावेला मचा रहे थे जिन्हें उनके असली नाम से पुकारने की अखबारों को सख्त ताकीद की जा चुकी थी। देश बरबाद हो रहा था और बदतर यह कि फिल्म शो बरबाद हो रहे थे। पब्लिक कुछ टैरर के डर के मारे घरों से निकल नहीं रही थी। गुंडों तक ने नाइट शो देखना बन्द कर दिया था। शो मैन की जान, जैसा कि सितारों की धूल फाँकने के शौक से अनजान लोगों तक को पता है, शो में अटकी रहती है। सो वह स्कॉच के पैग के साथ-साथ उस देश की चिन्ता में भी डूबने लगा जिसमें कभी गंगा बहती थी और नाइट शो नहीं हो पा रहे थे।

शो मैन की देखा-देखी सारी इंडस्ट्री के गम गलत करने के लिए स्कॉच की बोतल खोली। इतनी स्कॉच इंडस्ट्री में पी जाने लगी जितनी स्काटलैंड में क्या उल्हास नगर में भी नहीं बनती। शो मैन ने देश को बरबादी से बचाने के लिए राष्ट्रीय एकता का गीत अपने और देश के चहेते सितारों पर फिल्मा कर दूरदर्शन को दे डाला। वैसे ही जैसे नेकी करके कुएँ में डाल दी जाती है। घटिया नकली स्कॉच से बढ़ते उसके दर्देजिगर ने कहा, "शो मैन, या तो तू नैक्स्ट प्लेन पकड़कर स्काटलैंड चल या फिर 'टैरर' फैलाने वालों से निपटने के लिए कुछ कर।" शो मैन बोला, "मैं तो शो मैन हूँ, निपटने का शो ही कर सकता हूँ।" चमचा बोला, "सरजी, देश के बड़े-बड़े नेता भी यही कर रहे हैं।"

तो शो मैन ने राइटर को बुलाया और उसे रुपया बीस हजार साइनिंग का थमाया। राइटर हर्षाया क्योंकि वह जानता था कि लिखेगा तो शो मैन खुद ही और जो लिखेगा वह इसलिए हट कर होगा कि जहाँ मेरे समेत तमाम और फिल्मी लेखक हालीवुड की फिल्मों की नकल करके रोटी-रोजी चला रहे हैं, वहाँ शो मैन 'रामायण, महाभारत, ते महबूब दी मदर इंडिया'—इन तीन एपिकों से प्रेरणा लेता है। शो मैन ने कहानी से भी पहले टाइटिल का सवाल उठाया और पूछा कि 'टैरर' फैलाने वाले को हिन्दी में क्या कहते हैं? राइटर बोला, "जो कहते हैं वह मुझे मालूम है लेकिन वह लफ्ज जबान पर लाना नहीं चाहता। उन लोगों की तरफ से उस शब्द का इस्तेमाल करने की मनाही है और फिर वह शब्द भी

ऐसा है जो इंडस्ट्री के सबसे समझदार शो मैन के ही पल्ले नहीं पड़ेगा, आम पब्लिक की तो बात ही क्या?''

'मनाही' की बात सुनकर शो मैन के कान खड़े हुए। बोला कि बैन और कंट्रोवर्सी पब्लिसिटी के नजरिए से अच्छे रहते हैं। लेकिन राइटर ने कहा कि वे लोग सीधे गोली से उड़ा देने के आदी हैं और शो मैन उड़ गया तो इंडस्ट्री ही उड़ जाएगी। इस पर शो मैन ने कहा, ''यार, वे लोग इतने सेंसेटिव हैं तो तुम जरा सेंसेटिवली ही ट्रीट करना टैरर फैलाने वाले हमारे हीरो को।'' राइटर ने आपत्ति की, ''वह तो विलेन हुआ, नायक नहीं, खलनायक।''

शो मैन ने तुरन्त दस हजार की एक गड्डी राइटर पर न्यौछावर की और अलमारी से निकालकर सिंगल माल्ट स्कॉच की वह बोतल खोली जो उसने खुद ड्यूटी-फ्री शॉप से खरीदी थी। उसने चमचे से दो बातें कहीं, ''एक, टाइटिल खलनायक रजिस्टर करवा लो। दो, लिरिक राइटर और म्यूजिक डायरेक्टर को यह मुखड़ा सुना दो—नायक नहीं, खलनायक हूँ मैं।''

चमचे ने हुकुम बजा लेने के बाद महज सैद्धान्तिक स्तर पर आपत्ति की, ''खलनायक भौत सकील लफज है। मासेज की समझ में नहीं ना आयेगा।'' शो मैन बोला, ''यार, फिल्म में कुछ तो क्लासेज के वास्ते होना चाहिए, बाकी कहानी हमने मासेज वाली ही बनानी है।'' चमचा बोला, ''हाँ वैसे तो 'परती घाट' भी सकील टाइटल के बावजूद चल गई थी।

शो मैन ने कहा, ''अपनी भी चलेगी, बल्कि दौड़ेगी। देखो राइटर, तुम मामले की नजाकत को ध्यान में रखते हुए ऐसा दिखाना कि हमारा खलनायक और कुछ नहीं वही मदर इंडिया से लेकर अब तक जाना-पहचाना नायक है जो प्यार और इन्साफ ना मिलने की वजह से बागी हो गया है। मगर पब्लिक को ऐसा भी नहीं लगे कि हम उसको ग्लैमराइज कर रहे हैं। इसलिए तुम उसके पीछे लगे हुए पुलिस आफिसर का नाम राम रख देना। इस तरह हम टैरर फैलाने वाले को बड़ी सफाई से रावण भी कह जाएँगे।''

चमचे ने शो मैन की हथेली पकड़ी और उसे क्रमशः माथे, आँखों और ओठों से लगाया। वह बोला ''सर जी, आपके आइडियाज के टुकड़ों पर ही सारी इंडस्ट्री पल रही है। जिन्हें लोग टैरर फैलाने वाला कहने तक में घबरा रहे हैं उन्हें आप बड़े मजे से रावण कह जाओगे और अगले फिर भी आपका बाल बाँका नहीं ना करेंगे क्योंकि उन्होंने तो यही देखना है कि आपने उन्हें खून का प्यासा नहीं प्यार और इन्साफ का भूखा बताया है। और सर जी, आप ये भी देख लें कि राम का बॉक्स ऑफिस रिकार्ड बहुत बढ़िया है। राम का नाम लेकर अपना रामानन्द सागर चल गया, अरुण गोविल चल गया और बी. जे. पी. चल गई।''

शो मैन बोला, "सुनो राइटर, हीरोइन को भी तुम राम की तरह पुलिस में रखवा देना और उसका नाम रखना गंगा। यह ऑल इंडिया हिट नाम है। जिस भी फिल्म के टाइटिल में रख दिया गया वही चल गई।"

चमचा बोला, "और सरजी, राम और गंगा दोनों का नाम लेकर अगले वक्तों के शो मैन राज साहब की 'राम तेरी गंगा मैली' तो सुपर-डुपर हिट हुई।

शो मैन खफा हुआ। बोला, "बकवास करने की तेरी आदत कब जाएगी चमचे? हमारे खलनायक का 'राम तेरी गंगा मैली' से क्या लेना-देना है?"

चमचा हाथ जोड़कर बोला, "मैं तो यह अरज कर रहा था सर जी, कि इस मुल्क की नब्ज या तो राज साहब की पकड़ में आई थी या फिर आपकी पकड़ में आई है। आप दोनों ही समझ सके हो कि हमारा कल्चर किन खास-खास सिम्बलों पर टिका है। गंगा का तो काम ही पापियों के पाप धोना हुआ। हीरोइन के प्यार में डुबकी लगा के अपने खलनायक के सारे पाप धुल जाने हैं और उनने पाक-साफ बन्दा बन जाना है। सर जी, आपने हीरोइन के वास्ते सुपरहिट मुकाबला नम्बर वन नाम सोचा है। अपनी परमेश गोदरेज ने भी नए साबुन का नाम गंगा ही रख छोड़ा है।"

शो मैन चिढ़ गया। चिल्लाया, "स्कॉचहराम, बैठा शो मैन की महफिल में है और जिक्र शोई वूमेन का कर रहा है। खबरदार जो तूने अब बीच में बोलकर मेरे आइडियाज डिस्टर्ब किए।

चमचे को चुप कराने के बाद शो मैन भी कुछ देर तक चुपचाप कुछ सोचता रहा। और राइटर का काम तो खैर था ही यह कि वह चुपचाप सुनता रहे और शो मैन के बदलते आइडियाज के मुताबिक स्क्रिप्ट बदलता रहे। कहानी जितनी गड़बड़ होती जाए वह उतना ही भविष्य के प्रति आश्वस्त होता जाए क्योंकि शो मैन निर्विवाद रूप से सिद्ध कर चुका था कि बेतुकी कहानियों को बेहतरीन ढंग से फिल्माने और बॉक्स ऑफिस पर सफल बनाने में उसका जवाब नहीं।

सोच-विचार करने के बाद शो मैन बोला, "कोई पवित्रता से भी काम चलता नहीं है। गंगा, गंगा ही बनी रह गई तो फिल्म करोड़ों का धन्धा नहीं करेगी। जहाँ अपनी माधुरी दीक्षित हो वहाँ पब्लिक एक-दो तीन जैसा ठुमका तो माँगती ही माँगती है। लेकिन क्या है हमें एथनिक टच देना होगा।"

शो मैन गुनगुनाने लगा और चुटकियाँ बजाते हुए कन्धे कसमसाने लगा। फिर वैसे ही ठुमकते हुए उसने आँखों से सीने की ओर इशारा करते हुए पूछा-यहाँ जो पहनते हैं उसे क्या बोलते हैं?" चमचा बोला, "सर जी ब्रा।" शो मैन खफा हुआ, "अबे हिन्दी में।

चमचा बोला, ''हिन्दी में भी अब ब्रा ही कहते हैं सर जी, पहले बॉडी कहा करते थे।''

शो मैन चमचे पर अपनी एंगर शो करने वाला ही था कि राइटर ने कहा, ''उसे चोली कहते हैं।'' शो मैन चहका, ''हाँ, चोली। तो ऐसा रखवाओ कि चोली में समथिंग-समथिंग।''

चमचे ने चुप्पी तोड़ी, बोला, ''सर जी, आपके आइडियाज के टुकड़ों पर ही सारी इंडस्ट्री पलती है। इस समथिंग-समथिंग से हमारी झोली भी उसी तरह भर जानी जिस तरह चोली भर जाती है। और सर जी क्या है...''

शो मैन उसकी बात बीच में ही काटकर बोला, ''समथिंग-समथिंग की जगह क्या रख दो। चोली में क्या है?''

चमचा शो मैन के सिर को श्रद्धापूर्वक खटखटाकर बोला, ''सर जी, आपके खोपड़े के पीछे तो प्लेटिनम जुबलियों की खदान है।''

अब शो मैन ने चमचे का हाथ चूम लिया। बोला, '''में' की जगह 'के पीछे' रखवाओ। चोली के पीछे क्या है? ये हुआ ना मुखड़ा।''

इस बार चमचे ने शो मैन के पाँव को क्रमशः माथे, आँखों और ओठों से लगाया। शो मैन फिर उसी तरह चुटकियाँ बजाते हुए कन्धे कसमसाने लगा। उसकी देखा-देखी चमचा भी। कई दिनों तक शो मैन के साथ-साथ लिरिक राइटर और म्यूजिक डायरेक्टर भी इसी तरह कसमसाते रहे मगर दूसरी पंक्ति बन नहीं पाई। इसकी वजह यह थी कि पवित्र गंगा के मुँह से शो मैन उस चीज का नाम नहीं लिवाना चाहता था जो चोली के पीछे अनादिकाल से होती आई है और जिसका उल्लेख हमारे लोकशास्त्रीय दोनों तरह के संगीतों की तमाम बन्दिशों में निस्संकोच किया जाता रहा है। शो मैन की बातों से कुछ ऐसा लगा मानो चोली के पीछे की चीज ने भी उन लोगों की तरह यह चेतावनी दे रखी हो कि अगर हमें सही नाम से पुकारा गया तो गोली से उड़ा दिए जाओगे।

चमचे ने सुझाया, ''सर जी, जिस तरह आप उनको खलनायक नाम दे बैठे हो उसी तरह चोली—पीछे की चीज को भी कुछ और नाम दे बैठो।''

लोगों ने कई तरह के विकल्प शो मैन को सुझाए। यहाँ तक कि संस्कृत या इंग्लिश का वर्ड डाल देने की बात भी कही गई। लेकिन शो मैन इस मामले में समझौता करने को कतई तैयार नहीं था। उसने साफ कहा, ''देखो जी, मैं फुल फैमिली एंटरटेनमेंट बनाता हूँ कि माताओं-भैनों के साथ बैठकर देखा जा सके। आज तक मेरी किसी फिल्म में कोई वल्गैरिटी नहीं रही है और डबल मीनिंग वाले वर्ड मैंने कभी इस्तेमाल नहीं करने दिए हैं अपने डायलॉग राइटर को।''

राइटर ने कहा, "माताएँ-बहनें भी रतजगों के गीतों में चोली के पीछे वाली चीज को धड़ल्ले से याद करती रही हैं।" देश की नब्ज पर हाथ रखने वाला शो मैन बोला, "अब रतजगे नहीं होते।" चमचे ने याद दिलाया कि डिस्को और नाइट क्लब का जमाना है। देश की नब्ज मजबूती से पकड़े हुए शो मैन बोला, "माताएँ-बहनें उनमें भी नहीं जातीं। तो कोई ऐसा वर्ड बताओ जिस पर माताओं-बहनों को आब्जेक्शन न हो।" लिरिक राइटर ने 'ममता' शब्द सुझाया तो चमचे को कतई पसन्द नहीं आया और बोला, "सरजी, बात तो तभी बनती है जब हम चोली के पीछे वाली चीज को उसके असली नाम से पुकारें। और आब्जेक्शन का तो ऐसा है सर जी, जिन्हें चोली के पीछे वाली चीज का नाम लिया जाना ठीक नहीं लगना है उन्होंने तो चोली का जिक्र किए जाने पर भी रौला डालना है। सर जी, पब्लिक बहुत सियानी हो गई है, लफाफा देख के ही खत का मजमून भाँप लेती है।"

शो मैन चीखा, "शट अप! खोते के पुत्तर, तुझसे किस उल्लू के पट्ठे ने कह दिया कि शो मैन रौला नहीं डलवाना चाहता? हम तो चाहते हैं कि कन्ट्रोवर्सी हो।"

फिर शो मैन लिरिक राइटर से मुखातिब होकर बोला, "मेरे को एक आइडिया आता है। ममता हुई, मोहब्बत हो गई, आल दीज फीलिंग्स ये किधर रहती हैं? दिल में? दिल किधर रहता है? चोली के पीछे।"

इस बार म्यूजिक डायरेक्टर और लिरिक राइटर ने शो मैन की एक-एक हथेली थामी और क्रमशः माथे, आँखों और ओठों से लगाई। चमचा, जो उल्हास नगर की स्कॉच के असर में अपनी औकात भूल बैठा था, दबे स्वर में आपत्ति कर बैठा, "सर जी, दिल तो चोली के एक ही हिस्से के पीछे हुआ ना। दूजी साइड तुसी इग्नोर नहीं ना कर सकदे। आपको पब्लिक को सच-सच बताना होगा कि चोली के पीछे क्या है?"

शो मैन गरजा, चुप कर ओय पब्लिक के नाखून के मैल। चोली के पीछे कुछ भी होता रहे, शो मैन ने नहीं ना बताना है अपने मुँह से। बताने के लिए उसे न तू मजबूर कर सकता है, न तेरी पब्लिक, आई तेरी समझ में? शो मैन राइटर-साइटर रखता जरूर है बाकी शो मैन जानता है कि सिनेमा विजुअल मीडियम है। शो मैन ने विजुअली बताना है कि चोली के पीछे क्या है? उसने हीरोइन और उसकी साथ वाली से तमाम लटके-झटके-इशारे इस्तेमाल करवा देने हैं कि देख लो, समझ लो चोली के पीछे असली में क्या है? मैं भले ही आपकी नैतिकता का दिल रखने के वास्ते गाने में दिल कह रही हूँ लेकिन आप इतना सब देखने के बाद धोखे में मत रहना। इसके बाद भी पब्लिक नहीं ना समझी तो शो मैन ने ऐसी जाहिल पब्लिक के लिए आइन्दा फिल्म ही नहीं बनानी है।"

जिस शो मैन के आइडियाज के टुकड़ों पर इंडस्ट्री पल रही थी उसके मन में फिल्में न बनाने का आइडिया उठता देख चमचा घबराया और फौरन बोला, "पब्लिक जरूर समझ जाएगी सर जी। मैंने अरज किया ना कि वो भौत स्यानी हो गई है।" शो मैन बोला, "जिस देश में साबुन का नाम गंगा होता है, जिस देश में पॉप म्यूजिक गाने वाले राष्ट्रीय एकता का वीडियो बनाते हैं, जिस देश में लीडरान शाम को व्हिस्की पीने से पहले दो छींटे गांधी जी के नाम डाल देते हैं, जिस देश में आर्ट, कल्चर और मॉरल्टी के नाम पर मर-मिटने वाले पत्रकार फिल्म फैस्टिवल में 'माया मेमसाब' का शो देखने के लिए इसलिए मारा-मारी करते हैं कि उसमें एक बैडरूम सीन है, उस देश में कामयाबी हासिल करने के लिए यह जरूरी है कि चोली के पीछे की चीज दिखाई जाए मगर उसका नाम बताया जाए दिल।"

चमचा, जो अब सारी बात समझ चुका था, बोला, "और सर जी, इसके चलते जनानियों के दो-दो दिल हो जाएँ तो चंगी गल है क्योंकि उससे मुल्क में प्यार-मौहब्बत का प्रोडक्शन दुगुना हो जाना है।"

मुल्क की नब्ज पर मजबूती से हाथ रखने वाले शो मैन ने कहा, "इस एक गाने से ही काफी कन्ट्रोवर्सी हो जानी है इसलिए सब को बोल दो कि और किसी कंट्रोवर्सी में अपने को नहीं डालें।"

ऊपर वाला शो मैन नीचे वाले शो मैन पर ज्यादा मेहरबान था। इसलिए उसने दो-चार कंट्रोवर्सी और करा दीं। पहले हीरो अपनी भूमिका में इतना रम गया कि एक अदद ए. के. खरीद लाया और हीरोइन अपनी भूमिका में इतनी रमी कि शादीशुदा हीरो से प्यार कर बैठी। फिर बी. जे. पी. और शिव सेना ने, जिन्हें तब तक पता नहीं था कि खलनायक को राह पर लाने में राम और गंगा की महत्त्वपूर्ण भूमिका है, हीरो की फिल्मों के खिलाफ जेहाद छेड़ दिया। फिर एक अन्य निर्माता शो मैन का टाइटिल और हीरोइन की चोली ले भागा। फिर किन्हीं वकील साहब को चोली के पीछे से दूध पी चुके बच्चों के चोली के गाने से बिगड़ जाने की इतनी चिन्ता हुई कि वह चोली का गाना फिल्म से कटवाने के लिए अदालत में जा पहुँचे। अदालत ने फरमाया कि फिल्म पर रोक नहीं लगाई जा सकती, गाने के बारे में फैसला बाद में यह देख-समझकर किया जाएगा कि चोली के पीछे क्या है? फिल्म दिखाई जाने लगी और बाद में अदालत ने भी चोली के पीछे कोई काबिले-एतराज चीज नहीं पाई।

पहले शो के बाद ही शो मैन ने भविष्यवाणी की, "अब तुम देख लेना कि हर तिमाही किसी नई सनसनी की तलाश करने वाले इस देश में कम से कम तीन महीने तक इसी बात की चर्चा होगी कि चोली के पीछे क्या है?

और उसी गर्मजोशी से होगी जिससे बोफोर्स तोप की हुई थी। तुम देख लेना देश टैरर की समस्या भूलकर इसी सवाल से जूझने लगेगा कि चोली के पीछे क्या है?''

चमचा बोला, ''कोई ताज्जुब नहीं सर जी, जो सरकार आपको पद्म भूषण दे बैठे कि आपने तो हमारे पंजाब की प्रॉब्लम ही हल कर दी कि माधुरी दीक्षित और नीना गुप्ता उधर जाकर चोली के पीछे वाली दिल की महिमा सुना आएँ तो बन्दों ने दिल के आगे हथियार डाल देने हैं।''

शो मैन ने कहा, ''मैं किसी अवार्ड के वास्ते फिल्में नहीं बनाता। मुझे तो रिवार्ड बॉक्स ऑफिस पर मिलता है। और इस बार भी मिलेगा।''

हमेशा की तरह इस बार भी शो मैन की भविष्यवाणी सही साबित हुई। चोली के पीछे वाले दिल की दरिया-दिली से शो मैन का ही नहीं सम्पादक के नाम पत्र लिखने वालों का, समाज-शास्त्री सेमिनार करानेवालों का, हल्की-फुल्की बम्बइया फिल्मों पर भारी-भरकम लेख लिखने वालों का और व्यंग्यकारों का धन्धा चमक उठा।

सफल भविष्यवक्ता शो मैन से चमचे ने पूछा, ''सर जी, अगली फिल्म में आप कौन-सी प्रॉब्लम उठाओगे?''

शो मैन बोला, ''करप्शन की। और मेरे दिमाग में एक आइडिया आ रहा है कि उसमें गाने का मुखड़ा रखें—ये लँगोटी के पीछे क्या है?''

सुनकर चमचा चरणों में लोट गया और लोटते-लोटते ही उसने कहा, ''सर जी, आइडिया ग्रेट है मगर इसकी नैक्स्ट लाइन में तो बहुत प्रॉब्लम होनी है।''

शो मैन बोला, ''प्रॉब्लम कुछ नहीं है, साल्यूशन भी कुछ नहीं है।''

चमचा बोला, ''सर जी, मैं मतलब नहीं समझा।''

शो मैन बोला, ''मेरा मतलब है कि नैक्स्ट लाइन हम रखेंगे ही ये कि पीछे कुछ नहीं है। और यह बिलकुल सही कमेंट होगा, मुल्क पर। मुझे पता है क्योंकि मैं शो मैन हूँ और मेरा हाथ मुल्क की नब्ज पर है।''

एक कहानी चैनल बदलू पीढ़ी के लिए

''जालिम सिंह, मैं यह कहने आई हूँ कि तेरी बेटी की रगों में जवानी अँगड़ाई लेने लगी है और मेरे बेटे की मर्दानगी अब पूरे निखार पर है। वह तेरी बेटी के लिए बारात लेकर आएगा जल्दी।''

''जमुना, तूने जुर्रत कैसे की हमारे यहाँ आने की? औरतों पर हम हाथ नहीं उठाते वरना गंगा कसम इस समय तेरी यहाँ लाश बिछ जाती। जा अपने बेटे से कह दे कि अगर वह बारात लेकर यहाँ आया तो हम उसके और बारातियों के माथे पर अपनी स्टेन गन से तिलक करेंगे और अपनी रियासत के गिद्धों और कौवों को उनकी लाशें खाने की दावत देंगे।''

''जालिम सिंह, तुझे अपना होने वाला समधी समझकर छोड़े दे रही हूँ वरना बाप कसम तेरी बोलती और तेरी आँखें दोनों अब तक हमेशा के लिए बन्द हो चुकी होतीं। मेरे बेटे को रोकने के लिए तेरे पास हथियार काफी नहीं होंगे। ले कुछ मुझसे ले ले। मगर याद रख जो भी मेरे बेटे और तेरी बेटी की सुहागरात के रास्ते में आएगा उसे मौत के घाट उतार दिया जाएगा।''

मान्यवर गुरुजी स्पष्ट कर चुके हैं कि जो विधायक दल-बदल करके पार्टी के टुकड़े करेगा हम उसके पचास टुकड़े करके फेंक देंगे।

''इसका मतलब आप लोग कानून अपने हाथ में ले लेंगे?''

''तो क्या हमेशा के लिए आप लोगों के हाथ में रहने देंगे? मनु के जमाने से अब तक आप ही बाप बने हुए हैं कानून के!''

''तू चीज बड़ी है मस्त-मस्त, नहीं तुझको कोई होश-होश, उस पर जोबन का जोश-जोश, नहीं तेरा कोई दोष-दोष, मदहोश है तू हर वक्त-वक्त, तू चीज बड़ी है मस्त-मस्त।''

तो ये थे लगातार पाँच बार बजकर 'हॉल ऑफ फेम' में जाने वाले गाने।

और अब आपकी पसन्द के मुताबिक नम्बर दस से नम्बर एक तक के गाने लेकिन उससे पहले ये सन्देश!

''पोस्टकार्ड की दूसरी तरफ अपना नाम, पता और उम्र लिखें। याद रखिए

पहला इनाम है दो लोगों के लिए हनीमून होटल गोवा में दो रात और तीन दिन का कयाम मुफ्त और दूसरा इनाम है...।''

''जहर।''

''शराब के नशे में तुम अपना होश खो बैठे हो केशव। अपने बच्चों की माँ को जहर देने को कह रहे हो मुझसे?''

''हाँ। और पूरे होश में कह रहा हूँ सुरेश। अपनी भाभी को जहर देकर मार दो नहीं तो वह मेरी जिन्दगी में जहर घोलती रहेगी। ये गोलियाँ दूध में मिलाकर पिला दो कि वह हमेशा के लिए चैन की नींद सो जाए और मैं पिंकी के साथ चैन से सो सकूँ।''

''केशव, तुम कहो तो ये गोलियाँ मैं खुद खा लूँ लेकिन भाभी की जान मैं हरगिज नहीं ले सकूँगा।''

''क्यों नहीं ले सकोगे?''

''क्योंकि...मैं...भाभी पर जान छिड़कता आया हूँ शुरू से।''

''कमीने, नमक हराम...।''

''नमक है टाटा का, टाटा नमक।''

'''टा-टा प्रोफेसर षष्टीवल्लभ पन्त' कहानी है ही नहीं। मैं पूरी विनम्रता के साथ निवेदन करना चाहता हूँ कि मनोहर श्याम जोशी जानते ही नहीं कि कहानी क्या चीज है?''

''नहीं आप बताइए कि कहानी की आपकी परिभाषा क्या है?

देखिए कहानी की पहली और आखिरी शर्त यह है कि उसमें होना चाहिए...

स्विस फार्मूला स्पेशल एंटी रिंकल कम्पाउंड, जो झुर्रियाँ दूर करे और त्वचा को सदा जवान रखे।

कहते हैं इनके साबुन की टिक्की कम घिसे, ज्यादा चले। ऐसे नहीं मानूँगी।

और हमारी शनिवार की फिल्म है 'हसीना मान जाएगी'। रविवार को देखिएगा 'वक्त'।''

''वक्त के साथ बहुत कुछ बदल चुका है साहब। हरिजनों से न वैसा भेदभाव ही होता है और न वैसे अत्याचार ही किए जाते हैं उन पर।''

''एक अत्याचार तो आप ही कर रहे हैं उन्हें हरिजन पुकार के। और आपसे कौन कह दिए हैं कि वैसे अत्याचार नहीं होते हैं? अभी हाल ही में दरभंगे में एक दलित महिला को इसलिए मुँह पर कालिख पोत कर नंगा घुमवा दिया गया कि वो एक सवर्ण के बाग से एक ठो आम तोड़ कर खा ली थी।''

"बोतल में है आम, माजा है नाम।"

"मेरा मतलब ये नहीं था कि ज्यादती होती नहीं। मेरा मतलब था कि पहले के मुकाबले में...।"

"मतलब की है दुनिया सारी। बिछड़े सभी बारी-बारी। मुकेश गीतांजली डी. डी.-1 पर मंगलवार रात आठ बजे। डॉन्ट मिस इट!"

"आई मिस्ड यू डार्लिंग।"

"मी टू।"

"डार्लिंग, तुम्हारी एबसेंस में डॉक्टरनी के पास गई थी मैं।"

"सब खैरियत?"

"मैं तुम्हारे बच्चे की माँ बनने वाली हूँ।"

"मर्द-बच्चों का मनपसन्द कॉडोम-जंगली घोड़ा। बच्चे न पैदा होने का आसान तरीका।"

"जब भी कोई लड़की देखूँ, मेरा दिल दीवाना बोले, ओले-ओले-ओले। गाऊँ तराना यारा झूम-झूम के दिल ये बोले ओले-ओले-ओले।"

"उन्होंने कहा कि तिल का ताड़ बनाकर मुझे ही नहीं मेरे शहर, मेरे निर्वाचन क्षेत्र को बदनाम किया जा रहा है। अब तो खुद पुलिस यह कह रही है कि इस तथाकथित सैक्स स्कैंडल में पाँच सौ नहीं, मात्र पैंतालीस औरतों के साथ दुराचार हुआ था और वह सब भी किशोरियाँ नहीं थीं जैसा कि मेरे बदनीयत विरोधी कह रहे हैं।"

"हमारी कैमरा टीम ने स्थानिक महिला संगठन की एक प्रवक्ता से भी बात की। उन्होंने कहा कि अगर इसी तरह अत्याचार होते रहे तो नारी को पुरुषों के खिलाफ हथियार उठाने पड़ेंगे।"

"ये क्या कर रही हो तुम?"

"मैं इसका खून पी जाऊँगी, कमीना कल रात मेरे बिस्तर में घुस गया।"

"मेम साहब, अगर इसने कल रात आपको अपने बदन की गर्मी न दी होती तो ठंड से आपकी मौत हो गई होती। इसकी भलाई का बदला आपने इसे इसके ही खंजर से लहूलुहान करके दिया है?"

"ओह, माइ गॉड, ये तो मुझसे बड़ी गलती हो गई!"

"आपकी गलती से इस बिचारे की जान जा रही है, मेम साहब। नब्ज धीमी पड़ती जा रही है।"

"ओ नो! मैं इसे मरने नहीं दूँगी। अब मैं अपने बदन की गर्मी देकर इसे बचा लूँगी।"

"मेम साब! ओ मेम साब! आ जा मेरी गाड़ी में बैठ जा! आ जा मेरी गाड़ी में बैठ जा! लाँग ड्राइव जाएँगे, फुल स्पीड जाएँगे, गाना-बजाना, खाना-पीना गाड़ी में होगा सनम।"

मंत्री महोदय ने कहा कि मीडिया से जुड़े लोगों को उपभोक्तावाद और सांस्कृतिक प्रदूषण के खतरों से सावधान रहना चाहिए।

"तुम्हें मैं इस समय अपने बच्चे की माँ नहीं बनने दे सकता डार्लिंग। तुम तो जानती हो मेरी वाइफ मेरे बिजनेस राइवल्स से मिल गई है। अगर मेरे छोटे बेटे ने भी मुझसे खफा होकर अपने शेयर अपनी माँ को दे दिए तो उस कम्पनी का कन्ट्रोल मेरे हाथ से निकल जाएगा जिसे मैंने अपने खून-पसीने से सींच कर बड़ा किया है।"

"लेकिन अब मैं कर भी क्या सकती हूँ डार्लिंग? चार महीने से ज्यादा हो चुके हैं। सफाई कराने में मेरी जान चली जाने का खतरा है।"

"सफाई न कराने पर मेरी कम्पनी चले जाने का खतरा है। मैं अमेरिका गया हुआ था इसका मतलब यह नहीं था कि तुम मुझे फोन पर भी नहीं बता सकती थीं। बात छिपाने की कुछ तो सजा तुम्हें मिलनी ही चाहिए।"

'कानून ऑफ्टर द ब्रेक।'

यह पूछे जाने पर कि क्या भगोड़े डॉन की जायदाद के बारे में आपने गलत-बयानी नहीं की थी, उन्होंने कहा कि बयान उपलब्ध जानकारी के आधार पर ही दिया जाता है। जैसे ही बेनामी जायदाद की जानकारी मुझ तक पहुँची मैंने तुरन्त उसे जब्त करवाने का सिलसिला शुरू करवाया। जब डॉन से उनकी मिलीभगत होने के आरोप के बारे में पूछा गया तब उन्होंने कहा कि यह आरोप इतना वाहियात है मैं इसके बारे में बात भी नहीं करना चाहता।

"क्या बात है बेटी? तू कई दिनों से खामोश-खामोश क्यों है? मुझसे बोलती क्यों नहीं।"

"तुम्हारी खामोशी ने मुझे खामोश कर दिया है मम्मी। हर साँस के साथ मेरे भीतर से यही सवाल उठता है कि मेरे पापा कौन हैं? और तुम मेरे इस सवाल को टाल देती हो हमेशा। जज्बात का एक तूफान-सा मचा हुआ है मेरे भीतर और तुम उससे बेखबर घूम रही हो। प्लीज-प्लीज, मम्मी टैल मी हू इज माइ पापा? हूज डॉटर एम आइ?"

"बेटी, तेरी माँ भी मैं हूँ और बाप भी। इससे ज्यादा जानने की तुझे कोई जरूरत नहीं है।"

"मैं इससे ज्यादा ऑलरेडी जानती हूँ मम्मी। आई एम नॉट अ चाइल्ड। मैंने क्लास में बॉयलाजी पढ़ी हुई है। मेरे को पता है कि अकेली मम्मी बेबी

पैदा नहीं ना कर सकती, डैडी की जरूरत पड़ती है। बताओ ना मम्मी मेरे डैडी का नाम ?"

"कैसे बताऊँ बेटी ? झूठ से तो चलेगा नहीं, और सच अब कहा नहीं जा सकता।"

"जैसे सच का अपोजिट झूठ है वैसे ही अब मैं जो हिन्दी वर्ड बोलूँ उसका अपोजिट हिन्दी वर्ड आप लोगों को बताना होगा। पहले मैं तुमसे पूछूँगी रीटा। रेडी ? योर टाइम स्टार्ट्स नॉव।"

"अच्छा ? बुरा। बुद्धिमान ? पास। मोटा। स्याह ? पास। गन्दा ? नीट।"

"आई एम सॉरी इंग्लिश वान्ट डू। तो रीटा तुम्हारा फाइव में से सिर्फ एक आंसर करेक्ट है। तो अब तुम्हारे पॉइंट्स हुए फिफ्टी। अब घुमाओ भाग्या चक्रा। वॉव। वन थाउजैंड। तो अब तुम्हारे पॉइंट्स हो गए वन थाउजैंड फिफ्टी। गिव हर अ बिग हैंड।"

"और अब बारी है डॉली की। रेडी ? योर टाइम स्टार्ट्स नॉव। दिन ? रात।"

दिन-रात वह पूछती रही है कि मम्मी मेरे पाप कौन हैं ?

"तुम उसे मेरा नाम क्यों नहीं बता देती ?"

"अगर मुझसे तुमसे और उससे ये धोखा करना होता तो मैं तभी कर लेती, जब बेबी मेरी कोख में आई थी।"

"धोखा तो तुम अपने साथ कर रही हो। मुझे अपना पति और अपनी बेबी का पिता न मानकर तुमने हम तीनों को ही तकलीफ पहुँचाई है।"

"जालिम सिंह की बेटी को मेरे घर में लाकर तूने मुझे कितनी तकलीफ पहुँचाई है, ये मैं ही जानती हूँ। इसे फौरन विदा कर दे यहाँ से।"

"तकलीफ के उन दिनों में महिलाओं के दुख-दर्द में सच्चा साथी, ऋषि-मुनियों की खोजी हुई जड़ी-बूटियों से विदेशी लैबोरेट्रीज में ईजाद किया गया प्रभावशाली टॉनिक मेन्सॉल। शीघ्र असर करे और दर्द की आह से राहत की आहा तक पहुँचाए।

"मैं समझती थी कि बुढ़ापे में मुझे तू राहत पहुँचाएगा बेटा लेकिन जालिम सिंह की बेटी को घर में लाकर तू मुझे ठेस पहुँचा रहा है। या तो इसे विदा कर दे फौरन या फिर मुझे निकाल दे घर से।"

"माँ अब मैं इसे कभी नहीं छोड़ सकता।"

"तो मुझे छोड़कर चला जा। भूल गया जालिम सिंह ने तेरे बाप की जान ली थी ? ये ले, देख ले फ्लैशबैक में !"

"उफ माँ, मैं खानदानी दुश्मनी भुलाकर इसे दिल दे बैठा। इसे बहू बना ले माँ, मैं वचन देता हूँ कि अपने ससुर का सिर काट कर तेरे चरणों में ला फेंकूँगा।"

"नहीं बेटे, ये लाग-डाँट और मार-काट का सिलसिला पीढ़ी-दर-पीढ़ी बहुत चल चुका है। तुम दोनों की मुहब्बत के साथ एक नया दौर शुरू होना चाहिए। तू जालिम सिंह का सिर काट मत बेटे, बस झुका दे मेरे सामने।"

'मिले सुर हमारा तुम्हारा तो बने...।'

उन्होंने कहा कि जम्मू-कश्मीर में स्थिति बहुत तेजी से सामान्य होती जा रही है और लोगों ने भाड़े के आतंकवादियों से परेशान होकर खुलेआम उनका विरोध करना शुरू कर दिया है।

आज तड़के श्रीनगर में हमारे केन्द्र पर राकेटों से हमला होने के बाद सुरक्षाकर्मियों ने आतंकवादियों के एक अड्डे पर छापा मारा। खूँखार उग्रवादी मकबूल समेत तीन आतंकवादी मारे गए। दो सुरक्षा कर्मियों की जान गई।

'मिले सुर हमारा तुम्हारा।'

'लव-लव-लव-लव, लव हुआ। मुझको तुझसे लव हुआ।'

"प्रेम ? घृणा। अँधेरा ? रोशनी। बलवान ? निर्बल। हिंसा ? अहिंसा। जीवन ? मरण।"

"वॉव। ऑल करेक्ट। तो ज्ञानरंजन तुम्हारे पाइंट्स हुए फिफ्टी इन टू फाइव। मैं तो मैथ्स में कमजोर हूँ। यू टैल मी हाउ मच इज दैट ?"

"ढाई सौ ? वॉट्स दैट इन इंग्लिश ? टू हंड्रेड फिफ्टी, वंडरफुल। तो ज्ञान, अब तुम घुमाओ भा-भा-भा-भा-भाग्या चक्रा।"

"ऊऽऽऽ बैड लक ! तुम्हें माइनस फिफ्टी पॉइंट्स मिले। तो फाइनल स्कोर्स इस राउंड के—रीटा वन थाउजैंड फिफ्टी, डौली सेवन हंड्रेड और ज्ञान टू हंड्रेड। तो ज्ञान इज आउट। रीटा और डौली जाएँगी नैक्स्ट राउंड में, ऑफ्टर द ब्रेक।"

भारत और पाकिस्तान की सचिव-स्तर की बातचीत का दूसरा दौर इस्लामाबाद में होगा।

आज भारत ने पाकिस्तान के दो राजनयिकों को जासूसी करते हुए पकड़ा और उन्हें अमान्य करार देकर वापस भेज दिए जाने की माँग की। उधर इस्लामाबाद में दो भारतीय राजनयिकों को उनके निवास स्थान से उठाकर ले जाया गया और तरह-तरह की यातनाएँ दी गईं। बाद में उन्हें अमान्य घोषित कर दिया गया।

संयुक्त राष्ट्र के एक प्रेक्षक के अनुसार रूआंडा के गृहयुद्ध में कबाइली जनसंहार में मारे गए लोगों की संख्या पाँच लाख तक पहुँच चुकी है।

व्यावसायिक समाचारों में शेयर बाजार में भारी उछाल, ऊर्जा के क्षेत्र में अमेरिका से सहयोग और महँगाई का बढ़ना रुका।

"सर, हमें यह मालूम करना चाहिए कि कम्पनी के शेयर खरीद कौन रहा है ?"

"मालूम करने की कोई जरूरत नहीं है क्योंकि जो भी खरीद रहा है मेरी वाइफ के इशारों पर खरीद रहा है।"

"तब तो हमें खुद मार्केट से शेयर खरीदने शुरू कर देने चाहिए सर। आपकी वाइफ के हाथ में कन्ट्रोल चला गया तो वह वैसे ही आपकी कम्पनी को भी आपसे छीन लेंगी जैसे आपकी औलाद को छीन चुकी हैं।"

"नहीं, हमें शेयर खरीदने नहीं चाहिए, उलटे बेचने चाहिए।"

"ये आप क्या कह रहे हैं सर!"

"मैं बिलकुल ठीक कह रहा हूँ।"

"कैसे सर?"

"ये अगले एपीसोड में।"

"अगली बार हम आपको मणिपुर ले जाएँगे, वहाँ की कला और संस्कृति से आपका परिचय कराएँगे। तो सिद्धार्थ, अब जल्दी से प्रश्न कर डालो।"

"यशोधरा, सवाल करने का अधिकार तो मैंने तुम्हें दे रखा है।"

"अच्छा मैं ही पूछ लेती हूँ। हमारा आज का सवाल है ढाई मन की धोबन देखो, कलकत्ता का जोबन देखो, लन्दन की महारानी देखो, शहर एक जापानी देखो। इस तरह पुकार-पुकार कर मजमा जुटाने वाला क्या लेकर आया करता था?"

"थोड़ा-सा हिंट दे दूँ यशोधरा! इस सवाल का जवाब आप अपने दादा-दादी और नाना-नानी से पूछें।"

"इन पंक्तियों पर आपका ध्यान चाहूँगा—मेरा दादा मेरा नाना जो भी है। वाल्टडिज्नी है। मेरा बचपन सुन रहा है हर कहानी, आज उसकी ही जबानी।"

"वाह-वाह, फिर से कहिए।"

"मेरी चोट पर मिक्की माउस वाली पट्टी लगी है—आ हा, आ हा!"

"मेरी तो दो पट्टी लगी देख।"

"अपने गरेबान में झाँककर देखो। अपनी बेटी की उदासी को सुइसाइडल डिप्रेशन तक जाने की जिम्मेदार तुम हो। तुम्हारा मुझसे शादी न करना ही इस बात का सबूत है कि तुम आज भी उस कमीने को प्यार करती हो, जिसकी वजह से तुमहें हराम की बेटी हुई।"

"ऐसा न कहो प्लीज।"

"कैसे न कहूँ? तुमने अपनी बेटी को खुदकुशी के कगार पर ला खड़ा कर दिया है।"

"मैडम-मैडम, गजब हो गया। बेबी छत से नीचे कूद गया।"

'यही है राइट चॉइस बेबी आ हा।'

''बेबी, मेरी बच्ची, तू होश में नहीं है। उसने तुझे भी ड्रग्स की लत लगा दी है।''

''मुझसे बेबी-बेबी मत करो डैडी। मैं बालिग हो गई हूँ, अपना अच्छा-बुरा पहचानती हूँ। हट जाओ मेरे रास्ते से, हट जाओ। हट जाओ डैडी वरना मैं गोली चला दूँगी।''

''मैं अपनी जान दे दूँगा बच्ची लेकिन तुझे उस नरक में नहीं जाने दूँगा।''

''वो नरक इस नरक से बेहतर है डैडी जिसे आप घर कहते हैं। पिस्तौल छीनने की कोशिश मत करो डैडी।''

''ये क्या हो गया है तुम दोनों को? बाप-बेटी में गुत्थमगुत्था! मुहल्ले वाले क्या कहेंगे? आह!''

''ये क्या किया बेटी, तुमने तो मम्मी को मार दिया।''

''आप भी तो मम्मी को तिल-तिल कर मार रहे थे डैडी।''

प्रवक्ता ने कहा कि इन दंगों में मरने वालों की कुल संख्या तीन सौ से भी कम है। कुछ अखबारों में साढ़े सात सौ लोगों के मरने की जो बात कही गई है वह बिलकुल गलत है।

देखना न भूलिए न्यूजवॉच। जिसमें खबर देने वालों की खबर दी जाती है।

मंत्री महोदय ने कहा कि मेरे बेटे द्वारा नशे में एयर होस्टेस से दुर्व्यवहार किए जाने की खबर उतनी ही बेमतलब साबित होगी कि जितनी कभी उसके कोठे में पकड़ लिए जाने की खबर गलत साबित हुई थी। असली बात यह है कि समाज का विभाजन करने में जुटी हुई शक्तियों ने मुझे इस बात के लिए माफ नहीं किया है, मैंने उनसे मुँह मोड़कर देश और समाज की एकता की मुहिम से अपने को जोड़ लिया है।''

'दाग ढूँढ़ते रह जाओगे।'

'दल-बदल के विरोध में हुई रैली में उन्होंने कहा कि हम मुख्यमंत्री को नीचा इसलिए दिखा रहे हैं कि वह बहुत ऊँचा उड़ने लगे थे। लेकिन जब तक हमारे विरोधी उनका विरोध कर रहे हैं तब तक मुख्यमंत्री को हमारा समर्थन बदस्तूर मिलता रहेगा।'

'देश राग, देश राग, देश राग।'

'आगजनी की चार अलग-अलग घटनाओं में तीन बच्चे मारे गए और पाँच करोड़ की सम्पत्ति का नुकसान हुआ।'

'आज मिस यूनीवर्स के भारत लौटने पर उनका भव्य स्वागत किया गया। इस पर हमारे संवाददाता की स्पेशल रिपोर्ट, ब्रेक के बाद।'

'अमेरिका में वैज्ञानिकों ने पेप्सी कोला की एक अन्य अन्तर्राष्ट्रीय कोला से तुलना करने के लिए एक विशेष प्रयोग किया। जहाँ अन्य अन्तर्राष्ट्रीय कोला पीने वाले चिम्पांजी के तालमेल में सुधार हुआ वहाँ पेप्सी पीने वाला चिम्पांजी तो गायब ही हो गया।'

'हाँ-हाँ, यह वही है। लड़कियों के साथ।'

'दीदी तेरा देवर दीवाना, हाय राम कुड़ियों को डाले दाना।'

'आपकी खातिर हम लाए हैं ढेरों इनाम। आज का प्राइज विनिंग मेल मैसेज है—ये दिल मैं किस-किस को दूँ। हर एक लड़की मुझपे है मरती, मैं सबके दिल में रहूँ। क्योंकि मेरी पैंट भी सैक्सी, मेरी शर्ट भी सैक्सी।'

'और बैस्ट फीमेल मैसेज है—चेहरा मैं ले जाऊँ कहाँ, हुस्न को छुपाऊँ कहाँ। रोमियो हजार आगे-पीछे दौड़ें। सैक्सी, सैक्सी, सैक्सी मुझे लोग बोलें।'

'अब आ रहे हैं खेल-कूद और मौसम के समाचार। लेकिन इससे पहले एक जरूरी सन्देश।'

'मानसिक दृष्टि से अक्षम व्यक्तियों को अपनी क्षमता सिद्ध करने का अवसर दीजिए।'

□□□